最高効率を
実現する

経理の

Excel

羽毛田睦土

技術評論社

サンプルのダウンロードについて

本書の内容を試していただけるサンプルファイルをご利用いただけます。サンプルファイルは、下記のリンクより圧縮ファイル形式（zip）でダウンロードできます。解凍してご利用ください。

URL：https://gihyo.jp/book/2025/978-4-297-14794-5/support

免責

- 本書に記載された内容は、情報の提供のみを目的としています。本書を用いた運用は、必ずお客様自身の判断・責任において行ってください。
- ソフトウェアに関する記述は、特に断りのない限り、2025年2月現在のExcel（Microsoft 365）最新バージョンおよび弥生会計25に基づいています。ソフトウェアのバージョンによっては、本書の説明とは機能・内容が異なる場合がございますので、ご注意ください。

以上の注意事項をご承諾していただいたうえで、本書をご利用ください。これらの注意事項に関わる理由に基づく返金・返本等のあらゆる対処を、技術評論社および著者は行いません。あらかじめご了承ください。

本書中に記載の会社名、製品名などは一般に各社の登録商標または商標です。なお、本文中には™、®マークは記載していません。

はじめに

単純作業に時間を奪われていませんか?

「5分以上同じ作業の繰り返し」は危険信号

どんな仕事でも、効率よく終わらせるのはなかなか難しいことです。この本を手に取った方も、それぞれのお仕事、なかでもエクセルを使った業務をもっとスムーズに行えないものかと、引っかかりを覚えているかもしれません。

あなたの作業を効率化する余地があるかどうか —— それを見極めるサインとして有効なのが、「5分以上同じ単純作業を繰り返しているかどうか」です。

ほとんどの場合、正しくエクセルの使い方を学べば、単なる繰り返しのような単純作業はなくすことができます。その効果は絶大で、丸1日かかっていた作業が30分で終わることも珍しくはありません。

自分の意思で時間を使うために

エクセルの使い方を学んで、単純作業をなくすことができれば、劇的に時間を確保できるようになります。時間を確保する一番のメリットは、自分で時間の使い方が決められるところです。

もちろん、業務時間中ですから、なんでも自由に決められるわけではありませんが、次のように、自分の意思である程度選択できるようにはなります。

- 成果物を改良して、より良いものにする
- エクセルや会計の勉強や研究をして、さらに作業効率を上げる
- より多くの作業を請け負って、会社に貢献する
- 残業を減らして、プライベートを充実させる

キャリアアップをはかるにせよ、プライベートを充実させるにせよ、まずは、時間を確保しないと話になりません。

そして、時間を確保する一番の近道は、エクセルの使い方を学ぶことです。そうすれば、エクセルで単純作業を繰り返さないで済むようになります。

経理業務に特化してエクセルの使い方を学ぶ

　とはいえ、エクセルの機能・関数は膨大にあります。すべてを学ぼうとすると、いくら時間があっても足りません。

　そこで、本書では、余計な機能・関数の解説はしない代わりに、経理担当者や会計事務所勤務者が知っておくべき機能・関数・応用事例に特化して解説をしています。

　本書の内容は、監査法人勤務〜会計事務所運営を通して、私が実際に使ってきた知識をまとめたものです。必ず業務効率化のお役に立てると信じています。

本書の上手な使い方

まずはショートカットキーを身に付けて時間の余裕を作る

　最初に、Chapter 1 の前半で紹介しているショートカットキーの練習をしてみてください。

　ショートカットキーの練習には、まとまった時間はいりません。「ショートカットキーを練習する」意識さえあれば、日々の業務の中で、大きな負担をかけずに練習をすることができます。

　特に、まとまった勉強時間を確保できない場合には、無理に本全体を読もうとせず、まずショートカットキーだけを練習するのがおすすめです。ショートカットキーを身に付けるだけでも、エクセルの操作速度は明らかに速くなるはずです。

はじめに

頭の中に目次を作るつもりで読む

ショートカットキーの練習をして、少しでも時間に余裕を作ったら、次の内容に進んでください。Chapter 1の後半～Chapter 7については、まずは自分の頭の中に目次を作るつもりで、一巡、ざっと読みましょう。もし、難しいと感じる部分がある場合には、その場ですべてを理解する必要はありません。まずは一巡読んでみて、全体像を理解することを優先することをおすすめします。

もちろん、本書の内容を暗記する必要もありません。実務で似たような事例が出てきたときに、改めて、本を読み直してみてください。

絶対参照とSUMIFS関数が最重要ポイント

本書の中では、下記のページの内容が最も重要です。本を一巡読む時間がない、あるいは、一巡読み終わったというときには、優先的に下記のページを読むことをおすすめします。

2-2 計算方法と参照方式

相対参照・絶対参照の知識は、効率よく数式を入力する（＝数式をコピーして貼り付けられるようにする）ためには欠かせません。特に、「マトリックス表は二つの参照方式を組み合わせて作る」（60ページ）の内容は非常に重要です。暗記するくらいのつもりで、何度でも見直してください。

3-1 関数で「集計」と「転記」を自動化する

この節で説明している「元データの形」は、エクセルで作業をする上で基本中の基本となる、超重要項目です。元データの形が適切でないと、業務効率が一気に落ちる原因となるので、注意が必要です。

はじめに

3-9 SUMIFS関数で条件に合った値を集計する〜
3-14 在庫の増減明細を作成する

SUMIFS関数は、経理業務を行う上では肝となる関数です。特に、レポートに集計金額を表示するときには、ほとんどの場合SUMIFS関数を使うと効率的に作業をすることができます（実際、Chapter 6で作成するほぼすべてのレポートでSUMIFS関数を使っています）。レポートを作成するときには、毎回、金額集計にSUMIFS関数を使えないか、関連ページを見返して確認してみることをおすすめします。

スピルする関数を活用する
3-18 既存関数でスピルをする〜
3-24 PIVOTBY 関数で集計表を作る

Excel 2021以降、スピルの機能が導入されるとともに、様々な関数が導入されています。

たとえば、データのうち条件に一致する部分を抽出するFILTER関数、見出しを含めた集計表を一気に作成できるGROUPBY関数、PIVOTBY関数など、今までの関数では書きにくかった処理を簡単に書くことができます。

使いこなせるようになると、旧バージョンのエクセルとは比べ物にならないくらい、作業効率を上げることができますので、ぜひ内容を確認してみてください。

本書の内容を一通りマスターすれば、経理業務でエクセルを効率よく使う基礎知識は身に付いた状態になっていると思います。ぜひ、本書の内容を駆使して、業務を効率化して、あなたのライフスタイルに合った生活を手に入れてください。

CONTENTS

はじめに 3

Chapter **1**

経理に役立つ
エクセルの基本機能 **13**

1-1 経理にエクセルが必要な理由 14
1-2 キーボードを使いこなす 17
1-3 同一ファイルを複数のウィンドウで開く 28
1-4 数値と文字列を扱う 30
1-5 形式を選んで貼り付けする 34
1-6 ユーザー定義書式を設定する 37
1-7 フィルターでデータを抽出する 43

Chapter **2**

関数でデータを適切な形にする **53**

2-1 関数を使うと何ができるのか? 54
2-2 計算方法と参照方式 57
2-3 SUM関数でセルの合計を求める 61

7

2-4	IF 関数で処理を分岐させる	64
2-5	前期比を計算する	70
2-6	年度を計算する	73
2-7	OR 関数・AND 関数で条件を表す	76
2-8	日付を処理する	80
2-9	日付処理でよく使う関数	85
2-10	今月の指定した日付を計算する	87
2-11	TEXT 関数で数値や日付を文字列に変換する	92
2-12	端数を処理する関数	95

Chapter 3

関数でデータの
処理を自動化する … 101

3-1	関数で「集計」と「転記」を自動化する	102
3-2	VLOOKUP 関数で表から値を探す	108
3-3	商品コードに対応する商品名と単価を転記する	112
3-4	IFERROR 関数で「#N/A」エラーを防ぐ	116
3-5	商品名に対応する単価と商品コードを表示する	119
3-6	旧システムの勘定科目・補助科目を 新システムのものに変換する	122
3-7	表記の違いを関数で補正する	127
3-8	段階的に税率が変わる所得税の計算をする	131

3-9	SUMIFS 関数で条件に合った値を集計する	135
3-10	売上明細を様々な切り口で分析する	141
3-11	必要な列を付け足して好きな切り口で集計する	145
3-12	売上金額を請求先ごとに集計する	147
3-13	勘定科目残高の月別比較表を作成する	149
3-14	在庫の増減明細を作成する	153
3-15	COUNTIFS 関数でデータの件数を集計する	159
3-16	顧客区分別の売上件数を計算する	163
3-17	数式でスピルを使って一気に計算をする	165
3-18	既存関数でスピルをする	169
3-19	UNIQUE 関数で重複のない一覧を作成する	173
3-20	SORTBY 関数で並べ替える	176
3-21	FILTER 関数で条件に一致するデータを抽出する	178
3-22	XLOOKUP 関数で表から値を検索する	181
3-23	GROUPBY 関数で集計表を作る	184
3-24	PIVOTBY 関数で集計表を作る	187

CONTENTS

仕訳データを会計ソフトにインポートする … 191

- **4-1** エクセルで仕訳データを作成する … 192
- **4-2** インポートできるデータ形式を調べる … 196
- **4-3** CSV出力用シートにデータを直接入力する … 200
- **4-4** CSV出力用シートと入力用シートを分ける … 212
- **4-5** 「入力用シート」に便利な機能を付ける … 224
- **4-6** インポート時のトラブルを減らすコツ … 232

様々なデータを会計ソフトにインポートする … 237

- **5-1** 様々な一覧表から
データをインポートする仕組みを作る … 238
- **5-2** 出納帳データをインポートする … 241
- **5-3** 仕訳パターンを工夫して業務効率を上げる … 249
- **5-4** 出納帳形式のインポートシートを工夫する … 255

5-5　売上明細からインポートデータを作成する ……………… 268
5-6　売上日計表から支払方法別の
　　　インポートデータを作成する ……………………………… 274

Chapter

会計ソフトから
データをエクスポートして
活用する …………………………………………………… **281**

6-1　会計ソフトのデータをエクスポートする ……………………… 282
6-2　売上の内訳分析を行う …………………………………………… 291
6-3　摘要欄の内容別に売上高を分析をする ……………………… 307
6-4　売上高の前期比較をする ………………………………………… 313
6-5　経費の内訳分析を行う …………………………………………… 318
6-6　見やすい月次推移表を作成する①
　　　〜会計ソフトのデータを貼り付ける ………………………… 325
6-7　見やすい月次推移表を作成する②
　　　〜必要な行・列だけを転記する ……………………………… 329
6-8　見やすい月次推移表を作成する③
　　　〜集計区分を入力する ………………………………………… 339
6-9　月次推移表に便利な機能を付ける …………………………… 347

Chapter 7

ピボットテーブルで
データを集計する······· **357**

7-1 SUMIFS 関数の代わりにピボットテーブルを使う······ 358
7-2 ピボットテーブルの基本操作································ 361
7-3 ピボットテーブルに表示する項目の
　　並び順を整える······································ 370
7-4 ピボットテーブルで売上高を
　　月別・年度別に集計をする···························· 375

索引·· 380

_Chapter

1

経理に役立つ
エクセルの基本機能

1-1 経理にエクセルが必要な理由

■ 業務ソフトの隙間を埋めるのがエクセルの役割

　経理業務に会計ソフトは欠かせません。ただ、会計ソフトには「データの入力が面倒」「会計ソフトから出力される帳票が使いにくい」といった欠点もあります。このような**会計システムの欠点は、エクセルを使うことで手軽に補うことができます**。そこで、この本では**弥生会計を例に**、会計ソフトの周りの仕組みをエクセルで整える方法を紹介していきます。

■ エクセルを使うと便利な場面

売上一覧表・経費一覧表などの基礎データを整備する

　エクセルで売上一覧・経費一覧を管理しておくことで、仕訳の基礎データとして使えるとともに、好きな切り口で売上高の集計が簡単にできるようになります。たとえば、次のA列からC列のように売上一覧を作成しておけば、E列～G列のような月別・取引先別の集計表が簡単に作成できます。

	A	B	C	D	E	F	G	H	I	J
1	月	取引先名	売上金額			1月	2月			
2	1月	明光商事株式会社	10,000		シグマ株式会社	20,000	140,000			
3	1月	シグマ株式会社	20,000		株式会社スカイ	0	50,000			
4	1月	幸和株式会社	30,000		幸和株式会社	30,000	70,000			
5	1月	明光商事株式会社	40,000		明光商事株式会社	50,000	90,000			
6	2月	株式会社スカイ	50,000							
7	2月	シグマ株式会社	60,000							
8	2月	幸和株式会社	70,000							
9	2月	シグマ株式会社	80,000							
10	2月	明光商事株式会社	90,000							

仕訳データを入力する

　エクセルを使うと**仕訳データを自動生成して、弥生会計に取り込むことができます**。たとえば、出納帳、売上明細など仕訳の基礎となるデータがあれば、それ

をエクセルシートに貼り付けるだけで、仕訳データを自動生成することもできます。仮に、預金入出金のCSVデータや現金出納帳、各種明細などのデータを紙でしか入手できず、手入力せざるを得ない場合でも、次のような出納帳形式の入力様式から仕訳を自動生成する仕組みを作っておくと、実務担当者や会計事務所の顧客など、会計ソフトに不慣れな人に入力を任せやすくなります。

	A	B	C	D	E	F	G	H
1			親科目		現金		対象外	
2								
3	取引日付	出金	入金	摘要	相手勘定科目	相手補助科目	相手税区分	残高
4				30,000 期首残高				30,000
5	2024/3/2	2,460		切手				27,540
6	2024/3/6	4,230		電気代				23,310
7	2024/3/10	1,236		文房具				22,074
8	2024/3/15	1,200		収入印紙				20,874
9	2024/3/31		9,126	小口現金補充				30,000
10								30,000

会計データから分析資料・レポートを作る

代表的な会計ソフトである弥生会計では、試算表・決算書など、あらかじめ決められたレポートしか作れません。もし、弥生会計から目的のレポートを出力できないか、出力できてもレポートが見にくいときには、エクセルにデータを取り込んでレポートを作成しましょう。たとえば、エクセルを使えば主要科目の推移・グラフをA4用紙1枚にまとめた経営者報告用の月次資料を、一瞬で作成することができます。

	A	B	C	D	E	F	G	H	I	J	K	L	M	N
1	月次推移表													
2														(単位：千円)
3														
4		4月	5月	6月	7月	8月	9月	10月	11月	12月	1月	2月	3月	合計
5	売上高	1,436	1,151	1,247	1,757	1,726	1,653	1,594	1,556	1,587	1,868	3,002	2,638	21,215
6	売上原価	249	106	368	350	345	265	339	382	349	508	549	342	4,152
7	売上総利益	1,186	1,045	879	1,407	1,381	1,388	1,255	1,174	1,238	1,360	2,453	2,296	17,063
8														
9	役員報酬	350	350	350	350	350	350	350	350	350	350	350	350	4,200
10	人件費	318	284	297	343	347	305	197	367	344	364	382	404	3,953
11	荷造運賃	56	33	42	33	54	36	57	23	41	31	37	79	522
12	交際費	4	14	0	38	11	35	17	0	4	15	16	23	178
13	消耗品費	63	5	12	23	16	51	39	13	7	27	27	90	373
14	地代家賃	70	70	70	70	70	70	70	70	70	70	70	70	840
15	減価償却費	6	6	6	6	6	6	6	6	6	6	6	6	71
16	その他営業費用	134	148	312	154	231	150	156	245	185	185	190	148	2,237
17	販売管理費合計	1,000	910	1,088	1,017	1,084	1,003	891	1,074	1,007	1,049	1,079	1,171	12,375
18	営業利益	186	135	-209	390	296	384	364	100	231	311	1,375	1,125	4,688
19														
20	その他利益	0	0	0	0	0	0	0	0	0	0	0	0	0
21	その他損失	3	3	3	3	3	3	3	3	3	3	3	3	34
22	税引前当期純利	183	132	-212	387	293	381	361	97	228	308	1,372	1,122	4,653
23														
24	現預金	1,178	1,147	1,205	892	1,369	1,768	1,852	2,541	2,759	2,959	3,225	4,831	
25	借入金	1,950	1,900	1,850	1,800	1,750	1,700	1,650	1,600	1,550	1,500	1,450	1,400	

また、弥生会計は、勘定科目の内訳分析をするときに、補助科目以外の項目で分類・集計することも苦手です。そういうときにも、エクセルは便利です。たとえば、摘要の内容に応じて、売上高の内訳を分析することもできます。

■ エクセルで作業効率を上げる最大のコツ

経理業務においてエクセルの作業効率を上げるためには、次の点を意識することが大切です。

元データは１シートにまとめて、１データを１行に入力する

エクセルに売上データや経費データなどの取引データを入力するときには、**全データを１枚のシートにまとめて、１データを１行に入力する**ようにしましょう。

また、元データを入力するシートと計算式を入力するシートができるだけ分けるようにしましょう。そうすることで、元データを貼り付け直すだけでレポートが自動でできるようになります。数式が別のシートに入力されているため、壊れにくくなるのも大きなメリットです。

覚えるべき関数・機能は最低限

元データを適切な形で入力してあれば、それ以降の作業は基本的な関数・機能のみで加工できます。たくさんの関数・機能を覚えるよりも、まずは、よく使う関数・機能を徹底的に使い込みましょう。

COLUMN

5分以上同じ作業をしていたら調べる

エクセルの作業効率を上げる情報はあふれていますが、そもそも「作業を効率化できる」と思いつかなければどうしようもありません。そこで、おすすめしているのが「5分以上同じ単純作業をしていないか?」を考える方法です。同じ単純作業を繰り返しているときには、たいてい改善する手段があります。もし、5分以上同じ作業をしているようであれば、「自分の作業方法は効率が悪いのではないか?」と疑って、改善方法がないか調べてみましょう。

1-2 キーボードを使いこなす

Chap 1 経理に役立つエクセルの基本機能

■ まず身に付けるべきキーボード操作とショートカットキー

エクセルを使う場合、まず、次の表のショートカットキーを使えるように練習をしてみましょう。

これらの操作は頻繁に出てくるため、キーボード操作で素早く操作できるようになると、大きな効果が得られます。

No.	操作	用途
1	Enter	下に進む
	Tab	右に進む
2	矢印キー	矢印の方向に進む
		矢印の方向にセル参照を入力する
3	Ctrl + C	コピー
	Ctrl + V	貼り付け
4	Ctrl + 矢印キー	矢印の方向に表の端まで進む
		矢印の方向に表の端まで進み、そのセルのセル参照を入力する
5	Shift + 矢印キー	矢印の方向のセルも含めて選択する
		矢印の方向のセルも含めたセル参照を入力する
6	Ctrl + Shift + 矢印キー	矢印の方向に表の端まで進み、そのセルまで含めて選択する
		矢印の方向に表の端まで進み、そのセルまで含めたセル参照を入力する
7	Esc	操作中の処理を中断する
8	Ctrl + Z	元に戻す
	Ctrl + Y	やり直し
9	Ctrl + S	上書き保存

■ ショートカットキーを覚えるときの注意点

ショートカットキーの具体的な説明をする前に、まずは、ショートカットキーを学

17

ぶときに意識しておくべき重要なポイントを二つ紹介します。

一度に一つずつ無意識に操作できるまで反復練習しよう

ショートカットキーは、一度に一つずつ覚えていきましょう。

ショートカットキーは、**無意識で操作できるまで体に叩き込まないと意味がありません。** そのため、ショートカットキーを身に付けるときには、覚えるショートカットキーを一つ（あるいは、強く関連する少数のショートカットキー）に的を絞って、無意識に操作できるようになるまでひたすら反復練習をしてください。

さきほどの表では、関連するショートカットキーは、同一の「No」にまとめてあります。たとえば、No.1 には Enter と Tab を入れています。**この二つは、強い関連がありますので、同時に覚えましょう。** Enter や Tab が使える操作は、必ず Enter や Tab で操作をするつもりで練習をしてください。そういう意識で、1週間程度練習していれば、勝手に指が動くようになると思います。そうしたら、次のショートカットキーに進んでください。

逆に、様々なショートカットキーを並行して覚えようとすると、無意識で操作するレベルに達せず、中途半端に終わってしまうことがほとんどです。必ず、**無意識に操作できるレベルまで**練習をした後に、次のショートカットキーの練習に進むようにすることをおすすめします。

どの指でショートカットキーを押すか気を付けよう

指の使い方が悪いと、ショートカットキーを使っても、操作速度は上がりません。次のような指づかいでショートカットキーを押せるように練習をしてください。

- Ctrl は左手小指で押す
- Shift は左手小指（か薬指）で押す
- 左手で押せる範囲のキー（たとえば C V S など）は、Ctrl や Shift と同時に押すときも右手は使わず左手で押す

たとえば、Ctrl + C というショートカットキーを押すときに、Ctrl を左手、C を右手で押してしまうと、**両手がふさがってしまい、ショートカットキーの効果が半減してしまいます。** Ctrl + C を使うときは、Ctrl と C の両方を左手（Ctrl は小指、C は人差し指）で押しましょう。こうすることで、右手でマウスを操作しながら、Ctrl + C を押せるので、操作速度が上がります。

■ 複数のセルに次々と入力する：Tab と Enter

基本的な使い方

セルに値を入力後 Tab で「右のセル」、Enter で「下のセル」に移動します。このキーは、連続してセルに値を入力していくときに使うと便利です。たとえば、A1セルに「1」を入力後 Tab と押すと、B1セルに移動することができます。

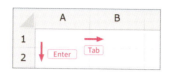

Tab と Enter を組み合わせる

Enter は、Tab と併用するとやや複雑な動きをします。何回か Tab で右に移動した後に、Enter を押すと**真下のセルに移動せず、最初に入力を開始した列に移動します。**

たとえば、A1セルを選択した状態で、「1」→ Tab →「2」→ Tab →「3」→ Enter と入力すると、次の図のように移動します。

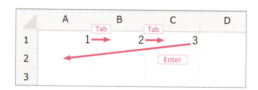

■ セルを移動する、参照先セルを指定する：矢印キー

基本的な使い方

矢印キーを押すと、選択しているセルを移動することができます。現在選択しているセルの**近くのセルを選択したいとき**には、矢印キーで移動すると便利です。

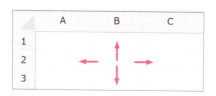

数式入力中は参照先セルを指定できる

　数式を入力しているときに矢印キーを押すと、セル参照を入力することができます。近くのセルを参照するような数式を入力するときに矢印キーを使うと、素早くセル参照が入力できるので便利です。

　たとえば、C1セルに「＝」と入力した後に ←、←、＋、← と押すと、A1セルとB1セルが参照され、「=A1+B1」という数式が入力されます。

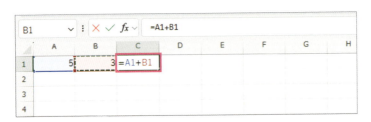

　いったん「＋」を入力すると、次に矢印キーを押したときには、**再度「C1セル」から参照先セルの選択が始まります**。ですから、＋ のあとに ← を押すとC1セルの一つ左のセルである「B1」を入力することができます。

COLUMN

数式入力中に矢印キーでセル選択ができない場合

　数式入力時には「編集」モードと「入力」モードがあります。そして、**矢印キーでセル選択ができるのは「入力」モードの場合だけ**です。「編集」モードのときには、矢印キーは**数式内の選択箇所を変える**操作になるため、矢印キーでセルを選択することはできません。どのモードになっているかは、数式入力中に画面左下で確認できます。

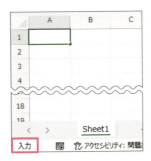

　セルに数式を初めて入力するときは「入力」モード、入力済みの数式を編集するときは「編集」モードになっています。「入力」モードと「編集」モードは F2 キーで切り替えられるので、矢印キーがうまく反応しないときには F2 キーを押してみてください。

1-2 キーボードを使いこなす

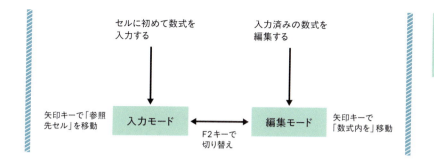

■ コピーする、貼り付ける：Ctrl + C 、Ctrl + V

基本的な使い方

Ctrl + C を押すとコピーができます。その後、Ctrl + V を押すと貼り付けをすることができます。

矢印キーによるセル選択と組み合わせる

Ctrl + C 、Ctrl + V は、矢印キーやマウス操作と組み合わせることで、高い効果を発揮します。たとえば、A1セルを選択した状態で Ctrl + C を押し、↓、→、Ctrl + V と押すと、A1セルの内容をコピーして、B2セルに貼り付けることができます。後で解説する「Ctrl + 矢印キー」「Ctrl + Shift + 矢印キー」に Ctrl + C 、Ctrl + V を組み合わせると、さらに効果的です。

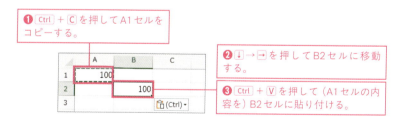

マウスによるセル選択と組み合わせる

Ctrl + C 、Ctrl + V はマウスによるセル選択と組み合わせても威力を発揮します。たとえば、A1～C3セルの内容を、F1～H3セルに貼り付けるという場合、下の図のようにキーボードとマウスを併用することで、素早くコピー・貼り付けをすることができます。②の手順で Ctrl + C を押す間に、マウスでF1セルに向け

21

て移動できるのがポイントです。わずかな時間にも感じますが、意外と時間短縮に効果があります。

表の端に移動する：Ctrl＋矢印キー

基本的な使い方

Ctrl＋矢印キーを押すと、表の端まで移動することができます。たとえば、1,000行以上あるような縦に長い表を作成している場合、マウス操作だけで最終行に移動するのは大変です。そういう場合でも、Ctrl＋↓を押せば、表の端まで簡単に移動することができます。

1-2 キーボードを使いこなす

	A	B	C	D	E	F
1	月	取引先名	売上金額			
2	1月	明光商事株式会社	10,000			
3	1月	シグマ株式会社	20,000			
4	1月	幸和株式会社	30,000			
5	1月	明光商事株式会社	40,000			
6	2月	株式会社スカイ	50,000			
7	2月	シグマ株式会社	60,000			
8	2月	幸和株式会社	70,000			
9	2月	シグマ株式会社	80,000			
10	2月	明光商事株式会社		表の端に移動する。		

参照先セルの指定にも使える

通常の矢印キーと同様に、Ctrl＋矢印キーも、数式入力中に使うことができます。たとえば、次のような表があるときに、D2セルを選択して =、←、/、← と入力した後に、Ctrl＋↓と押すことで、「=C2/C10」という数式を入力することができます。

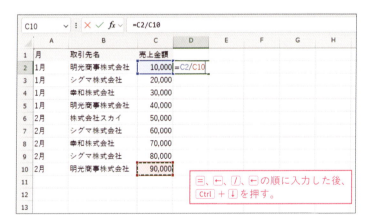

=、←、/、←の順に入力した後、Ctrl＋↓を押す。

Ctrl＋矢印キーを使うことを前提にした表の作り方

Ctrl＋矢印キーは、正確には当初選択されているセルの値が空欄の場合は「値が入力されている最初のセル」まで移動し、空欄以外の場合は「値が入力されている最後のセル」まで移動します。ですから、表の内部に空欄があるときにCtrl＋↓を押すと、**その空欄の直前で止まってしまいます**。

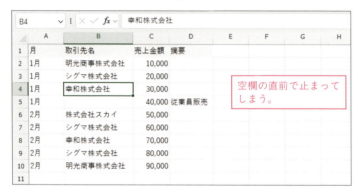

　そこで、表を作成するときには、少なくとも**一番左の列については、全セルに値を入力しておく**ことをおすすめします。こうしておけば、**いったん Ctrl + ← で一番左の列に移動してから** Ctrl + ↓ を押すことで、必ず表の一番下に移動できるようになります。

■ 複数セルを選択する： Shift ＋矢印キー

基本的な使い方

　 Shift ＋矢印キーを押すと、セルの選択範囲を広げることができます。たとえば、A1セルを選択している状態で、 Shift + ↓ 、 Shift + ↓ 、 Shift + → と入力すると、A1 〜 B3セルを選択した状態になります。

この操作は、Ctrl＋C、Ctrl＋Vと組み合わせると効果的です。たとえば、先ほどの手順でA1～B3セルを選択した状態で、Ctrl＋Cを押すことで、A1～B3セルをコピーすることができます。ちょっとしたセルの範囲選択時には便利です。

複数セルでも参照先に指定できる

Shift＋矢印キーも数式入力中に使うことができます。たとえば、次のような表があるときに、B5セルに「=sum(」、↑と入力し、Shift＋↑を2回押してから「)」と入力することで、「=SUM(B2:B4)」という数式を入力することができます。

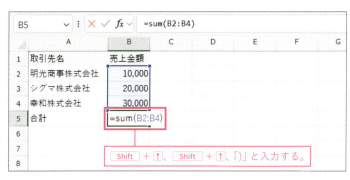

Ctrl ＋ Shift ＋矢印キーで表の端まで選択する

Ctrl ＋ Shift ＋矢印キーを押すと、表の端まで選択範囲を広げることができます。要するに、Ctrl ＋ Shift ＋矢印キーは、Ctrl ＋矢印キー（表の端まで移動する）と、Shift ＋矢印キー（選択範囲を広げる）を合わせた動きをします。

たとえば、次のような表でC2セルを選択している状態で、Ctrl ＋ Shift ＋ ↓ を押すと、C2 〜 C10セルが選択されます。

Ctrl ＋ Shift ＋矢印キーは、縦に長い表の「列全体」を選択したいときに使うと、非常に効果的です。

	A	B	C	D	E	F	G
1	月	取引先名	売上金額				
2	1月	明光商事株式会社	10,000				
3	1月	シグマ株式会社	20,000				
4	1月	幸和株式会社	30,000				
5	1月	明光商事株式会社	40,000				
6	2月	株式会社スカイ	50,000				
7	2月	シグマ株式会社	60,000				
8	2月	幸和株式会社	70,000				
9	2月	シグマ株式会社	80,000				
10	2月	明光商事株式会社	90,000				
11							
12							
13							

■ 操作を元に戻す、やり直す： Ctrl ＋ Z 、 Ctrl ＋ Y

処理を元に戻す Ctrl ＋ Z 、やり直す Ctrl ＋ Y

Ctrl ＋ Z を押すと、直前に行った処理を取り消すことができます。たとえば、A1セルに「123」を入力、Enter を押して確定した後に、Ctrl ＋ Z を押すと、A1セルの「123」を入力する前の状態に戻ることができます。

Ctrl ＋ Y を押すと、Ctrl ＋ Z で取り消した処理をもう一度やり直すことができます。Ctrl ＋ Z と、Ctrl ＋ Y は、対で使う機能ですので、まとめて覚えましょう。

■ 処理を中断する：Esc

困ったときにはEscを連打

エクセルを操作していて、下記のような状況に陥ったときには、**Escを何回か押しましょう。**

- セルへの入力を中断して元に戻したい
- セルをコピーした状態を解消したい
- 意図せず表示されたウィンドウを消したい

Escを何回か押すことで、操作途中の状態を解消して、まっさらな状態に戻ることができます。状況が、よくわからなくなったときは、とりあえずEscを連打してみましょう。

Ctrl＋Zとの使い分け

Escは、**処理途中**の状態で処理を取り消すために使います。一方で、Ctrl＋Zは、**すでに処理が終わったもの**について、処理を取り消すために使います。ですから、処理を中断しつつ、確定した処理を元に戻したい場合には、「Escを連打して処理を中断」→「Ctrl＋Zを押して処理を戻す」という順序で操作をしましょう。

■ 上書き保存する：Ctrl＋S

こまめにCtrl＋Sで保存をしよう

Ctrl＋Sを押すと、編集中のファイルを上書き保存することができます。エクセルが突然異常終了したり操作ができなくなる場合に備えて、こまめに上書き保存しておくことをおすすめします。

1-3 同一ファイルを複数のウィンドウで開く

■ ウィンドウの開き方

メニューから「表示」→「新しいウィンドウを開く」をクリックすると、**現在操作しているファイルを二つのウィンドウで表示する**ことができます。二つのウィンドウで同一のシートの別の箇所を表示することもできますし、それぞれのウィンドウで別々のシートを表示することもできます。

各ウィンドウのファイル名の部分を見ると「ファイル名.xlsx - **1**」「ファイル名.xlsx - **2**」というように、番号が振られた状態になります。

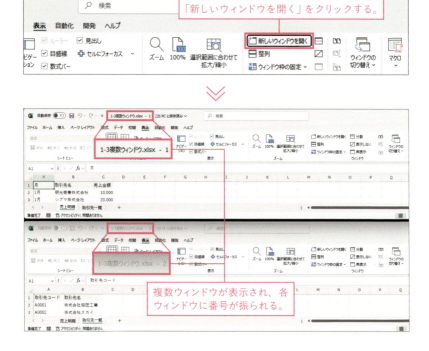

複数のウィンドウが不要になった場合には、ウィンドウ右上の「×」マークをクリックしてください。また、複数のウィンドウを開いていた場合、次にファイルを開くと最初から複数のウィンドウが表示されます。開くウィンドウを一つだけにしたいときには、ウィンドウが一つだけ開いている状態で上書き保存をしてください。

複数ウィンドウを並べる

Windows 11の場合、ウィンドウをドラッグして画面の端に移動することにより、ウィンドウの大きさを変えられます。

操作	意味
上端に移動	全画面に表示
左端に移動	左半分に表示
右端に移動	右半分に表示
四隅に移動	4分の1の大きさで表示

ウィンドウをドラッグで移動するときに、半透明な枠が表示されるのが目印です。たとえば、次のように左上・4分の1部分に枠が出ている状態でマウスのクリックを止めると、ウィンドウは左上・4分の1サイズに変わります。

なお、これらの操作をしたときに、他のウィンドウが縮小表示されて、どれかを選択する画面になる場合があります。そのときは、ウィンドウを一つ選んでください。そのウィンドウが空いているスペースに表示されます。

ウィンドウ移動時にマウスカーソルを左上に移動させると、半透明な枠が表示される。

1-4 数値と文字列を扱う

エクセルのデータの扱い方

エクセルでセルに入力されたデータは、次の4通りのどれかに区分されます。

1. 数値

「0」「12345」「-234」など、いわゆる「数」です。四則演算などの計算をするために使います。

後で説明するように、**日付や時刻も、エクセル内部では数値として扱われています** (80ページ参照)。

2. 文字列

「ABC」「山田 太郎」などの文字データです。

3. 論理値

「TRUE」「FALSE」の二つがあり、二者択一の値を表す場合に使います。

4. エラー値

「#N/A」「#REF!」など、エラーの状態を表します。

数値と文字列は、見た目だけでは区別ができない場合もあることに注意が必要です。たとえば「123」のような数字だけが並んだデータは、数値の場合と、文字列の場合の両方があり得ます。

そして、数値か文字列かの区分は非常に重要です。たとえば、**「123」という値が数値か文字列かで、計算結果が変わる場合があります。**

一般的には、金額など四則演算などの計算をしたい値は数値、商品コードなど計算を目的としない値は文字列で統一しておくことをおすすめします。

COLUMN

文字列扱いされている数字セルは警告が出る

「123」など、数字だけのセルが文字列扱いされている場合には、セルの左上に緑色三角が表示されます。

数値、日付、時刻などに勝手に変化するのを防ぐ

セルに文字列として値を入力する

セルに値を入力すると、多くの場合、エクセルが数値か文字列かを自動で判定し、さらに、表示形式を適切に設定してくれます。たとえば、「123」は数値、「ABC」は文字列として記録されます。ただし、セルに「00001」「1-2-3」「(1)」「2024/3」「1:2」などのデータを入力すると、**意図に反する値・表示形式が設定される場合があります**。

入力した文字	画面表示	補足
00001	1	数字だけのデータは「数値」として認識され前の0が消える
1-2-3	2001/2/3	ハイフン区切りの数値は、日付として認識される
(1)	-1	かっこ書きの数値は、負の数値として認識される
2024/3	Mar-24	「2024年3月1日」の日付データになる
3/4	3月4日	**入力した年**の「3月4日」の日付データになる。たとえば、2024年に「3/4」と入力すると「2024年3月4日」の意味になる
1:2	1:02	時刻として認識される

このような意図しない変化を防ぐためには、以下の方法で、強制的に文字列として入力しましょう。

■ **事前に表示形式を「文字列」に設定しておく**

セルに値を入力する前に、表示形式を「文字列」に設定します。その後、セルの値を入力しましょう。

■ **最初に「'」を付けて入力する**

「00001」「1-2-3」「(1)」「2024/3」「3/4」「1:2」のように、**値の最初に「'」（シングルクォーテーション）を付ける**と、入力した値がそのまま表示されます。「'」は Shift + 7 で入力できます。

以上の流れを図解すると、次のようになります。

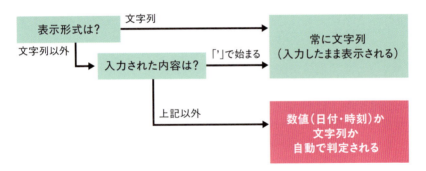

数式で文字列を入力する

数式中でも数値と文字列は、区別して入力する必要があります。

数値を入力するときには、そのまま値を入力します。一方で、文字列を入力するときには、前後を「"」(ダブルクォーテーション) で囲みましょう。たとえば、ABCを文字列として入力するときは"ABC"、123を文字列として入力するときは"123"と入力します。「"」は Shift +2で入力できます。

数式	意味
=1	(数値の)1を表示する
="1"	(文字列の)1を表示する

数値と文字列の区別は、特にIF関数 (64ページ参照) を使うときに重要になります。たとえば、「=IF(B2>10000,100,0)」と「=IF(B2>10000,"100","0")」のように二つ目、三つ目の引数を「"」で囲むかどうかで、意味はまったく変わってしまいます。数式を入力するときには、数値か文字列かを意識して入力しましょう。

■ 入力済みのセルのデータの形式を揃える

表を作るときに同一の列に数値と文字列が混在しているとトラブルの元です。次のようにすることで、データの形式を数値か文字列のどちらかに統一することができます。

文字列に変換する

A1セルのデータを、文字列に変換してB1セルに入れるには、B1セルに次の数式を入力しましょう。

```
=A1&""
```

""は、後で解説をしますが、空欄を意味しています。そして「&」はデータをくっつける（結合する）働きがあります。この**「&」を使って結合をした結果は、常に文字列になるという性質があります**。そのため、この数式を入力すると、元の値がそのまま文字列に変換されるのです。

A列全体を文字列化したい場合には、他の列に「=A1&""」と数式を入れコピーし、下に貼り付けましょう。

数値に変換する

逆に、A1セルのデータを、数値に変換してB1セルに入れるには、B1セルに次の数式を入力しましょう。これで、A1セルのデータが数値に変換されます。

```
=A1*1
```

元の数値に1を掛けても値は変化しません。そして、**掛け算の結果は常に数値になる性質があります**。そのため、この数式でデータを数値に変換できるのです。A列全体を数値化したい場合には、他の列に「=A1*1」と数式を入れコピーし、下に貼り付けましょう。この方法を使うと、日付として解釈できる文字列データを日付に変換することもできます（94ページ参照）。

1-5 形式を選んで貼り付けする

■ 値貼り付け・数式貼り付けを使う

　書式を設定済みの表の中で、値の更新をするときに、通常のコピー・貼り付け処理をしてしまうと、書式が壊れてしまいます。こういうときには、値貼り付け・数式貼り付けの機能を使いましょう。

操作方法

　コピー（Ctrl＋C）をした後、右クリックをすると、右クリックメニューの通常貼り付けのアイコン（📋）の右に「値貼り付け（📋）」、「数式貼り付け（📋）」のアイコンが表示されます。計算結果を貼り付けたいときには「値貼り付け」を、元々の数式を貼り付けたいときには「数式貼り付け」を使いましょう。

　たとえば、下記の例では、C2セルの数式をコピーして、C3〜C6セルに「数式貼り付け」することで、書式を崩さずに数式だけをコピーすることができます。

　なお、コピー元のセルに数式ではなく値が入力されているときには、値貼り付けでも数式貼り付けでも、貼り付け結果は変わりません。

2種類の図形貼り付けを使う

図として貼り付け

「図として貼り付け」をすると、文字通り、コピーしたセルを「図として」貼り付けられます。

この機能の一番のメリットは、貼り付け先のセルの幅・高さを無視して、**コピー元のレイアウトを保ったまま貼り付けができる**ということです。たとえば、セル幅の違う表を同じ列に並存させることができます。

図形としてリンク貼り付け

リンクされた図を使って貼り付けをするとコピー元と貼り付けた先を連動（リンク）させることができます。リンクさせることで、コピー元のセルを修正したときに、連動して貼り付け先の内容も変わります。

リンクされた図ではない図の貼り付けをする場合、貼り付けた先では内容を直接修正できません。貼り付け後に、内容を修正したいときにはリンクされた図を貼りつける機能を使うようにしましょう。

なお、リンクされた図で貼り付けをした場合には、**貼り付け元のセルは、そのまま残しておいてください**。貼り付け元のセルを削除すると、貼り付け先の内容も消えてしまいます。

操作方法

まずは、通常通り、コピーしたいセル範囲を指定してコピー（Ctrl + C）をします。

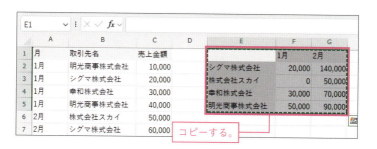

その後、右クリックをして、右クリックメニューの「形式を選択して貼り付け」の右側の「▶」をクリックします。一番下の段の右から2番目（🖼）が「図（の貼り

付け）」、一番下の段の一番右（🖼）が「リンクされた図（の貼り付け）」のアイコンですので、そのどちらかをクリックしてください。下記では「リンクされた図（の貼り付け）」をクリックしています。

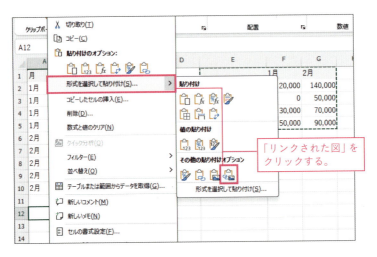

これで、コピー元のセルの内容が「図形として」貼り付けられます。しかも、元のセルにリンクされているので、元データを変更すると、コピー先のデータも変化します。

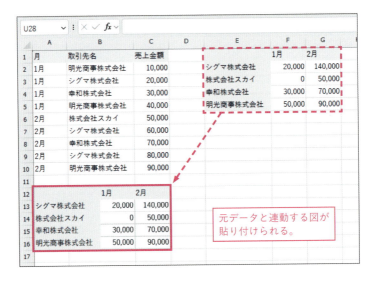

1-6 ユーザー定義書式を設定する

■ ユーザー定義書式とは？

　ユーザー定義書式とは、オリジナルの表示形式を設定できる機能です。右クリックメニューから「セルの書式設定」をクリックし、「表示形式」タブの「ユーザー定義」書式を選択しましょう。その後、「種類」欄にユーザー定義書式を入力します。

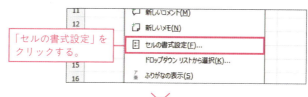

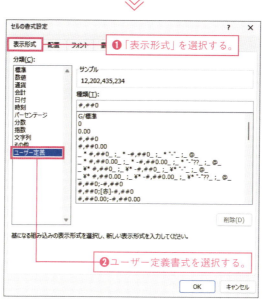

ユーザー定義書式は千円単位、百万円単位での金額の表示や、日付、時刻、曜日の表示などでよく使われます。

■ 千円単位、百万円単位で表示する

セルに入力された値を千円単位、百万円単位で表示するには、「種類」欄に次の値を入力しましょう。千円単位で表示する場合は、0の後に「,」(カンマ)を一つ、百万円単位で表示する場合には、0の後に「,」を二つ入れています。

ユーザー定義書式の種類欄に入力する値	元の数値	表示形式適用後	意味
#,##0,	1,234,567	1,235	千円単位で表示 (端数は四捨五入)
#,##0,,	1,234,567	1	百万円単位で表示 (端数は四捨五入)

計算には元の値が使われることに注意

表示形式を設定したセルを使った数式では、表示形式**適用前**の値を使って計算されることに注意しましょう。

たとえば、次の表では、A1セルとA2セルに「1500」という値を入力し、A列

全体に「#,##0,」というユーザー定義書式を設定しています。ここで、A3セルに「=A1+A2」という数式を入力すると、A3セルには「3」と表示されます。

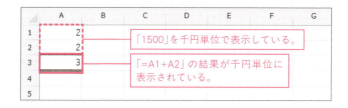

この数式では、A1セル、A2セルの表示形式設定前の数値「1500」を使って「1500+1500＝3000」という計算が行われています。そして、3000を千円単位で四捨五入した「3」が表示されるのです。もし、**端数処理後の値を使って計算をしたい場合には、ROUND関数など、関数を使って端数処理をしてください。**

日付をさまざまな表示形式で表示する

ユーザー定義書式を使うと、下記のように、表示形式の「日付」カテゴリの中で指定できない表示形式を指定することができます。

たとえば、セルに「2024/1/31」と入力されているときに、ユーザー定義書式を設定すると、それぞれ次のように表示されます。

ユーザー定義書式の種類欄に入力する値	表示形式適用後	意味
yyyy/m	2024/1	年4桁／月
yy/m	24/1	年の下2桁／月
aaa	水	曜日
aaaa	水曜日	曜日
ddd	Wed	曜日（英語表記）
dddd	Wednes	曜日（英語表記）
yyyy/m/d (aaa)	2024/1/31（水）	年／月／日（曜日）
[$-411]ge/m	R6/1	元号（英語1文字）年／月
[$-411]ggge年m月	令和6年1月	元号（日本語）年月

1日～31日までの日付と曜日を並べた表を作る

　それでは、実際の活用事例を見てみましょう。ここでは、2024年1月1日～2024年1月31日までの日付と曜日をA列、B列に表示させてみます。

　まず、A1セルに「2024/1/1」と入力し、オートフィルなどを使ってA1～A31セルに「2024/1/1」～「2024/1/31」と入力します。次に、B1セルに「=A1」と入力してからB1セルをコピーして、B31セルまで貼り付けます。その後、B1～B31セルの表示形式にユーザー定義書式の「aaa」を設定すると、B列に曜日が表示されます。

A列とB列のデータは全く同じですが、B列に表示形式を設定することで、曜日を表示させられるのがポイントです。

なお、ユーザー定義書式は単に見た目を変える効果しかありません。ですから、曜日別に金額を集計したいなど、集計の元データとして「曜日」の情報を使いたいときには、TEXT関数（92ページ参照）を使いましょう。

2023年4月〜2024年3月までの見出しを作る

ユーザー定義書式の活用例として、A1〜L1セルに「2023/4」「2023/5」・・・「2024/3」という見出しを表示させてみます。

A1セルに「2023/4/1」と入力します。次に、A1セルの右下で、マウスの**右ボタン**を押しっぱなしにして、L1セルまで移動して、右ボタンを離します（要するに、マウスの右ボタンでドラッグアンドドロップをする）。メニューから連続データ（月単位）を選択すると、2023/4/1〜2024/3/1まで1か月刻みの日付データが生成されます。いくつかのセルが「####」と表示されるかもしれませんが、問題ありませんのでそのまま次に進んでください。

その後、A1〜L1セルを選択して、右クリックメニューから「セルの書式設定」を選択してください。

ユーザー定義書式タブの種類欄に「yyyy/m」と入力して「OK」をクリックすると「2023/4」〜「2024/3」と表示されます。

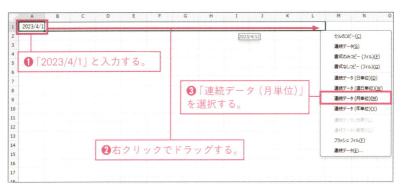

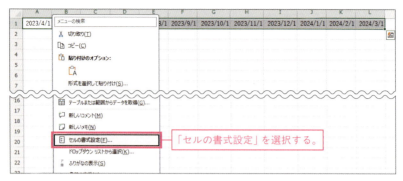

1-7 フィルターでデータを抽出する

■ フィルターとは？

　フィルターとは、明細データから**条件に該当するデータ**だけを表示する機能です。特に、大量にデータがある場合、見たい明細だけを素早く抽出するために、とても便利な機能です。たとえば、次のような売上の一覧表で、「9月」と「10月」の「明光商事株式会社」の明細だけを表示させることができます。

	A	B	C	D	E
1	日付	会社名	売上金額	入金予定日	入金日
2	2024/9/9	シグマ株式会社	166,098	2024/10/31	2024/10/31
3	2024/9/10	明光商事株式会社	81,856	2024/10/31	2024/10/31
4	2024/9/12	株式会社スカイ	131,101	2024/11/30	2024/11/30
5	2024/9/17	幸和株式会社	92,098	2024/10/31	2024/10/31
6	2024/9/19	株式会社スカイ	94,934	2024/11/30	2024/11/30
7	2024/9/23	幸和株式会社	123,153	2024/10/31	2024/10/31
8	2024/10/3	シグマ株式会社	25,672	2024/11/30	2024/11/30
9	2024/10/12	株式会社スカイ	140,137	2024/12/31	
10	2024/10/16	幸和株式会社	99,774	2024/11/30	2024/11/30
11	2024/10/21	シグマ株式会社	154,480	2024/11/30	2024/11/30
12	2024/10/22	明光商事株式会社	88,471	2024/11/30	2024/11/30
13	2024/10/27	幸和株式会社	134,289	2024/11/30	2024/11/30
14	2024/10/28	明光商事株式会社	54,422	2024/11/30	
15	2024/11/10	株式会社堀田工業	182,056	2024/12/31	
16	2024/11/12	明光商事株式会社	57,221	2024/12/31	
17	2024/11/13	株式会社スカイ	84,208	2025/1/31	
18	2024/11/14	明光商事株式会社	109,925	2024/12/31	

	A	B	C	D	E
1	日付	会社名	売上金額	入金予定日	入金日
3	2024/9/10	明光商事株式会社	81,856	2024/10/31	2024/10/31
14	2024/10/28	明光商事株式会社	54,422	2024/11/30	
19					
20					
21					

フィルターの基本的な使い方

フィルターを使う準備

まず、表の一番上に「▼」マークが表示されているかどうかを確認してください。その状態になっていれば、フィルターが使える状態です。もし、「▼」が表示されていない場合には、A1セルなど表の中を選択した状態で、メニューから「データ」→「フィルター」をクリックしてください。表の一番上の行の各セルに「▼」マークが表示されて、フィルターが使える状態になります。

フィルターをかける

絞り込む条件を指定したい列の「▼」を押して、表示させる項目を選択しましょう。今回は、「日付」列が2024年9月のものだけを表示させようと思います。

まず、「日付」列を選択します。「日付」列の「▼」マークをクリックして、「(すべて選択)」のチェックをはずします。そして、「9月」にチェックを入れて「OK」をクリックすると、9月の明細だけが表示されます。

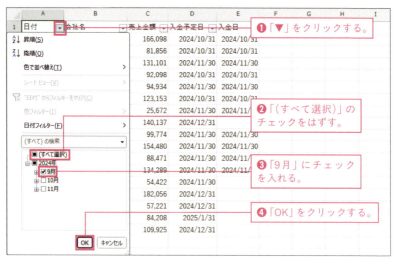

1-7 フィルターでデータを抽出する

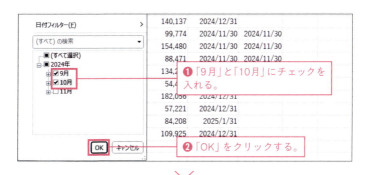

複数の「月」にチェックを入れれば、複数の「月」のデータが表示されます。たとえば、「日付」列の「▼」マークをクリックして、「9月」「10月」の2か所にチェックを入れて「OK」をクリックすると、9月と10月の明細が表示されます。

このように、フィルターを使うと、それぞれの列で表示させたい項目を選んで、その項目だけを表示させることができます。

45

複数の列に条件を指定する

　さらに、別の列の「値」に応じて、表示する列を絞り込むこともできます。さきほどの状態から、「会社名」列の「▼」マークをクリックして、「明光商事株式会社」にだけチェックを入れましょう。すると、9月・10月の「明光商事株式会社」の明細が表示されます。

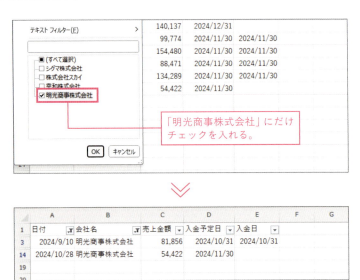

　フィルターを使うと、それぞれの列で表示させたい項目を選んで、その項目だけを表示させることができます。

フィルターを解除する

　いったんかけたフィルターを解除して、すべての明細を表示させたいときには、メニューの「データ」→「クリア」をクリックしてください。すべての明細が表示されます。

46

フィルターを使って未入金の明細を表示する

入金予定日と入金日でフィルターをかける

43ページのデータをもとに、複数の列へのフィルターを使って、入金予定日が2024年11月以前のうち未入金の明細（＝入金日が空欄のもの）だけを表示させてみようと思います。

まず「入金予定日」列の「▼」マークをクリックして、「10月」と「11月」にだけにチェックを入れて「OK」をクリックしましょう。これで、2024年11月以前のものだけが表示されます。

次に、「入金日」列の「▼」マークをクリックして、「(すべて選択)」のチェックをはずします。今度は、「(空白セル)」にチェックを入れて「OK」をクリックしましょう。

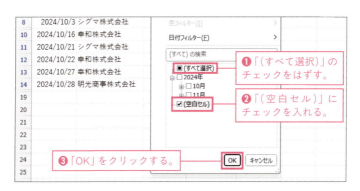

これで、入金予定日が2024年11月以前のもののうち、未入金の明細だけを表示させることができました。

月ごとにシートを「分けない」のがポイント

売上明細など明細データを作るときには、月ごとにシートを分けずに、**すべての売上データを一つのシートに入力するようにしましょう**。そうすることで、今回紹介したフィルターの処理や、後で紹介する、VLOOKUP関数やSUMIFS関数、ピボットテーブルでの処理がしやすくなるので、作業効率が大きく上がります。

もし、**月ごとにデータを表示させたいときには、フィルターを使って、月ごとの売上明細を表示させましょう**。その後、コピー、貼り付けをすれば、その月の分だけを別シートに貼り付けることができます（具体的な手順は50ページで説明します）。

COLUMN

▶ 並べ替えはできるだけ使わない

　フィルター、後で紹介するSUMIFS関数やExcel 2021以降で使えるSORTBY関数を使いこなせるようになると、並べ替えを使う必要性は、ほとんどなくなります。並べ替えには、元の順番に戻せなくなる、表の一部だけを並べ替えるとデータが壊れてしまう、などデメリットも多いため、できるだけ並べ替えは使わないようにすることをおすすめします。

複雑な条件を指定する

　「▼」をクリックすると、列の内容に応じて「数値フィルター」「テキストフィルター」「日付フィルター」というメニューが表示されます。これを使うと、より詳細な条件を指定することができます。

数値フィルターで指定した範囲内の値の行を表示する

　数値が入力されている列で「▼」をクリックすると、「数値フィルター」が表示されます。数値フィルターを使うと、次のような指定をすることができます。

- 指定の値より大きい値の行を表示する
- 指定の値以下の値の行を表示する
- 指定の二つの値の間の行を表示する
- 指定の一つ目の値より小さい行と、指定の二つ目の値より大きい行を表示する

　たとえば、売上金額が「100,000」以上「150,000」以下の明細を表示させてみます。売上金額列の「▼」をクリックし、「数値フィルター」→「指定の範囲内」の順にクリックします。「カスタムオートフィルター」のウィンドウが表示されるので、売上金額の上の段に「100000」、下の段に「150000」と入力します。そして、数値を入力する欄の間にあるオプションボタンで「AND」が選択されていることを確認したら、「OK」をクリックしましょう。これで、売上金額が100,000以上150,000以下の行が表示されます。

48

1-7 フィルターでデータを抽出する

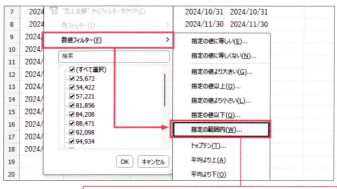

「数値フィルター」→「指定の範囲内」をクリックする。

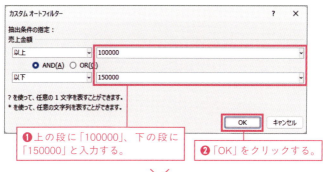

❶ 上の段に「100000」、下の段に「150000」と入力する。

❷「OK」をクリックする。

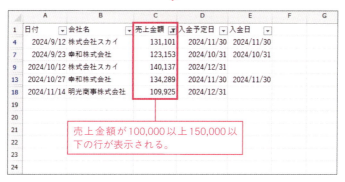

売上金額が100,000以上150,000以下の行が表示される。

フィルターの応用例

必要な行だけ抽出する

フィルターは、明細データの一部の行だけを別のシートにコピーしたり、削除したりするときに便利です。たとえば、以下の表から、D列の入金予定日が2024年10月のデータだけを抽出してみます。

まず、フィルターで、入金予定日が2024年10月の明細だけを表示させます。そして、表全体をコピーし、別のシートに貼り付けると、必要な情報を転記できます。

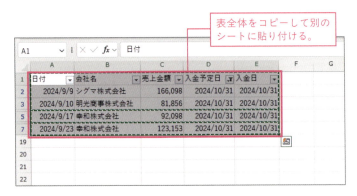

表全体をコピーして別のシートに貼り付ける。

逆に、削除したい行だけ表示した後に、表全体を選択して「行を削除」することで、不要な行を削除することもできます。

文字列フィルターで指定した文字を含む行を表示する

文字列データが入力されている列で「▼」をクリックすると、「テキストフィルター」が表示されます。テキストフィルターを使うと、次のような指定ができます。

- 「指定の値で始まる」行を表示する
- 「指定の値で終わる」行を表示する
- 「指定の値を含む」行を表示する
- 「指定の値を含まない」行を表示する

たとえば、次のようなデータがあるときに、摘要に「明光商事」が含まれている明細を表示させてみます。摘要列の「▼」をクリックし、「テキストフィルター」→「指定の値を含む」をクリックしましょう。

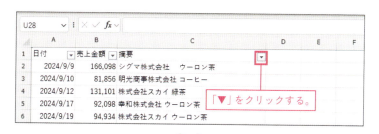

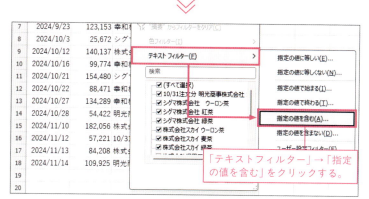

「カスタムオートフィルター」ウィンドウが表示されるので、上の段に「明光商事」と入力し、「OK」をクリックします。これで、摘要列に明光商事が含まれる行が表示されます。

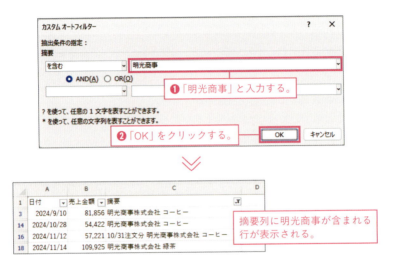

フィルターの利用を終える

もうフィルターを使わない、というときには、再度メニューの「データ」→「フィルター」をクリックしてください。「▼」マークが消え、フィルターの利用を終了します。

COLUMN

FILTER関数

Excel 2021以降では、FILTER関数を使うと、フィルターと実質的に同じことを関数で処理できます。

フィルターをかける作業を自動化したい場合には、FILTER関数を使いましょう。

_Chapter 2

関数でデータを
適切な形にする

2-1 関数を使うと何ができるのか?

■ 関数を使うメリットは?

エクセルを使っている人なら「関数」という言葉を一度は聞いたことがあるでしょう。関数とは「ある値を入力すると自動で一定の処理を行ってその結果を返してくれる機能」です。例えば、SUM関数であったら、いくつかの値を指定（入力）するとそれらの合計を計算してくれる、といった具合です。

関数を使うと、次のようなメリットがあります。

- 元の値を変えたときに、自動で計算し直すことができる
- 複雑な処理を、簡単に行うことができる

毎月同じような処理をする場合、関数を使って処理をするための「ひな形」を作っておけば、毎月の作業は元データを貼り付けるだけで済むようになり、作業を大幅に省力化できるようになります。

■ 関数の書式

関数は、次のような形をしています。

```
=関数名（ ［引数1］ ）
=関数名（ ［引数1］ ， ［引数2］ ， ［引数3］ ， … ）
```

関数名の後に「かっこ」で囲まれた部分があること、そして「かっこ」の中はカンマでいくつかの部分に区切られていることの2点に注目してください。

カンマで区切られたそれぞれの部分を「引数」といいます。左から「一つめの引数」「二つめの引数」……というふうに表現をします。

たとえば、「=ROUND(A1,0)」という関数であれば、

- 関数名：ROUND
- 一つめの引数：A1
- 二つめの引数：0

ということになります。関数を見るときには関数名のほか、「かっこ」とカンマにも注目してみてください。

関数と引数のイメージ

関数を見たときには、その関数がどういう意味なのか日本語で考えることが大切です。たとえば、「=ROUND(A1,0)」という関数は、①**A1セル**の値を　②小数第**0**位（＝整数）に四捨五入する、という意味になります。

このように、関数は「作業内容」、引数は「空欄に埋める内容」を表しています。もし、関数の意味がわからないと感じたら、まずは、その作業内容を日本語で考えるようにしてみてください。

COLUMN

関数の入れ子は「かっこ」に注目して見る

関数の中に関数を入れることを関数の入れ子（ネスト）と呼びます。関数が入れ子になっている場合には、かっこの対応関係に注目して見ると、関数の意味が理解しやすくなります。

=IFERROR(VLOOKUP($A3,商品一覧!SA:$C,B$1,FALSE),"")

関数を手入力する

　関数を入力するときには、オートSUMやメニューの「数式」→「関数の挿入」からの関数入力は利用せずに、**できるだけ手入力することをおすすめします**。手入力することで、関数の入れ子（55ページ参照）が入力しやすくなります。

　関数を手入力するのは大変そうに感じるかもしれません。しかし、次のポイントを押さえておくと意外と簡単に入力できます。

関数の入力は小文字でもOK

　本書では関数名を大文字で表記していますが、小文字で入力しても問題ありません。数式の入力が終わると自動的に大文字に変わります。

関数の入力候補を活用する

　関数名を途中まで入力すると入力候補が出てきます。 ⬆ ・⬇ と Tab で関数を選択して入力することができます。

　たとえば、VLOOKUP関数は文字数が長くて入力するのが大変ですが、「=vl」まで入力すると入力候補としてVLOOKUP関数が表示されます。あとは Tab を押せば「=VLOOKUP(」まで入力されます。

引数のヒントに注目する

　関数名と「(」まで入力すると、引数のヒントが表示されます。

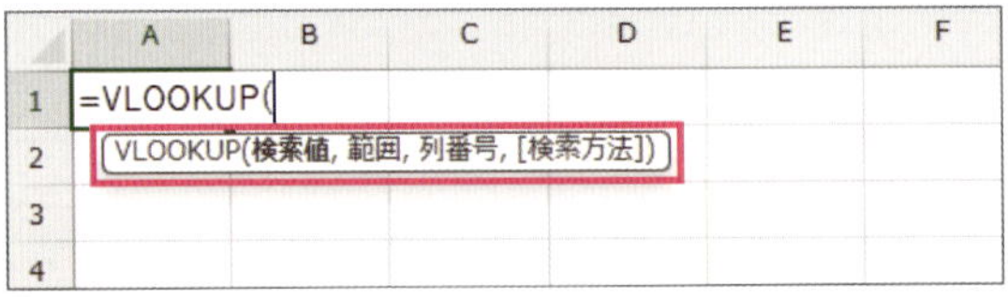

	A	B	C	D	E	F
1	=VLOOKUP(					
2	VLOOKUP(検索値, 範囲, 列番号, [検索方法])					
3						
4						

　引数のヒントでは入力中の引数は太字で表示されます。これで、どの引数を入力中か、入力中の引数はどういった意味かわかります。

　たとえば、上の図では、「検索値」という引数を入力中であることがわかります。もし、**自分が入力しているはずの箇所と違う場所が太字になっている場合には、カンマ、括弧、ダブルクォーテーションなどの漏れ・重複があるか全角で入力をしている可能性が高い**ので、再度確認してください。

56

2-2 計算方法と参照方式

四則演算と結合演算

エクセルにおける計算の基本は**四則演算**と**結合演算**です。いずれの計算も記号を利用して表します。

記号	意味	例	計算結果
+	足し算	=6+2	8
-	引き算	=6-2	4
*	掛け算	=6*2	12
/	割り算	=6/2	3
&	結合	="6"&"2"	62

四則演算のうち、掛け算と割り算の記号は一般的に用いられるものと異なるので注意しましょう。「*」は Shift + : で表示できます。

「結合」は&の両脇の文字をくっつけます。馴染みがないかもしれませんが、エクセルでは頻繁に利用する計算です。このタイミングで覚えてしまいましょう。

相対参照・絶対参照

関数を使いこなすためには「参照」の理解が絶対に欠かせません。参照は大まかに相対参照と絶対参照に分けられます。この相対参照と絶対参照について理解し、うまく使えるようになると、**数式をコピー・貼り付けするだけで、適切な数式を入れられる**ようになります。ぜひ、身につけてください。

相対参照・絶対参照の四つのパターン

相対参照と絶対参照は「$」を付けることで区別されます。また、セルの行・列のどこに「$」を付けるかで、「相対参照」「絶対参照」「縦だけ絶対参照」「横だ

け絶対参照」の四つのパターンが生まれます。「縦だけ絶対参照」「横だけ絶対参照」は、相対参照と絶対参照の両方が含まれている（＝複合して使っている）ということで「複合参照」とも呼ばれます。

■ 1. 相対参照

「=A1」というように、「$」をどこにも付けない普通の参照です。参照の数式が入力されたセルをコピーすると参照するセルも連動して移動します。

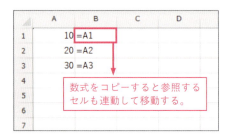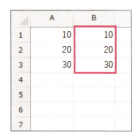

■ 2. 絶対参照

「$A$1」というように、「A」「1」両方の前に「$」を付ける参照です。参照の数式が入力されたセルをコピーしても参照するセルは変わりません。

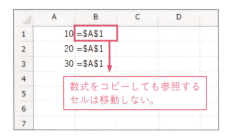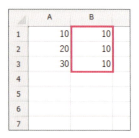

■ 3. 縦だけ絶対参照

「=A$1」というように、数字の前にだけ「$」を付ける参照です。参照の数式が入力されたセルをコピーすると横方向（列＝A、B、C）にだけ数式が変化し、**縦方向（行＝1、2、3）には数式が変化しません**。

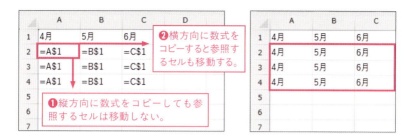

4. 横だけ絶対参照

「=$A1」というように、英文字の前にだけ「$」を付ける参照です。参照の数式が入力されたセルをコピーすると縦方向（行＝1、2、3）にだけ数式が変化し、**横方向（列＝A、B、C）には数式が変化しません。**

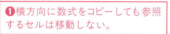

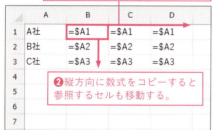

総合計に対する割合は絶対参照を使う

それでは、実際の例を見てみましょう。各行ごとに総合計に対する割合を計算するような場合には、「絶対参照」を使うと便利です。

たとえば、以下の表では、C2セルに「=C2/**$C$6**」と入力しましょう。C6セルへの参照を絶対参照にしておくのがポイントです。この数式をコピーしてC3〜C6セルに貼り付けると、各行の構成比が計算できます。

マトリックス表は二つの参照方式を組み合わせて作る

縦・横に見出しがある表に数式を入力する場合には、「縦だけ絶対参照」「横だけ絶対参照」を組み合わせます。

たとえば、以下の表で「数量×単価」の計算をするには、C3セルに「=$B3*C$2」と入力しましょう。この数式をコピーしてC3～E5セルまでに貼り付ければ、すべてのセルで「数量×単価」が計算できます。

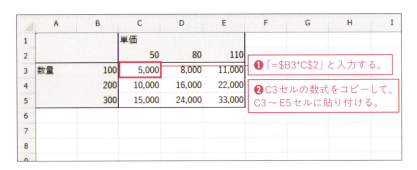

このようなマトリックス型の表を作るときには、次のようなルールで絶対参照を付けましょう。

- 表の**左端**への参照は、横だけ絶対参照（例：$B3）
- 表の**上端**への参照は、縦だけ絶対参照（例：C$2）

2-3 SUM関数で セルの合計を求める

SUM関数とは何か?

SUM関数は、**指定したセルの合計を取る関数です**。足し算と違い合計する「セル範囲」を指定できるので、多くのセルの合計を計算するときに便利です。

SUM関数の書式

SUM関数の書式は、次のとおりです。

```
=SUM(数値1,数値2, ・・・ )
     ①      ②
```

引数	意味
① 数値1	合計を取りたい数値、セル、セル範囲を指定します
② 数値2	同上

SUM関数は、次のようにセル範囲を指定して使うことがほとんどです。

```
=SUM(A1:A5)
```

この式でA1 ～ A5 セルの合計を計算できます。

合計を画面上部に表示する

たとえば、売上の明細データがあって、その明細の合計金額を計算したい場合を考えてみます。こういうときは、シート最上部にSUM関数を入れて合計を計算

しましょう。

	A	B	C	D	E	F	
1		合計	100,000				
2							
3	月	取引先名	売上金額				
4	2024/1/5	明光商事株式会社	10,000				
5	2024/1/10	シグマ株式会社	20,000				
6	2024/1/15	幸和株式会社	30,000				
7	2024/1/20	明光商事株式会社	40,000				
8							

　シート最上部に合計を表示するメリットは、次の三つです。

■ **合計データを先に見られる**

　合計データを最上段に配置すると、合計データが最初に目に入り、全体感が掴みやすくなります。

■ **ウィンドウ枠の固定と相性がいい**

　ウィンドウ枠の固定をすると、シートの上端が常に表示されます。合計金額を上に配置することで、合計金額を常に確認できる状態にすることができます。

■ **他シートから参照しやすくなる**

　合計を入力するセルの番地が固定されるので、このセルを参照する数式が入力しやすくなります。

■ 数字を符号付で入れて数式を単純にする

　次に、月初在庫・入庫・出庫数量から期末在庫を計算する状況を考えます。以下の表では、F2セルに「=C2+D2-E2」という数式を入れて月末在庫を計算しています。

2-3 SUM 関数でセルの合計を求める

	A	B	C	D	E	F
1	商品コード	商品名	月初在庫	入庫	出庫	期末在庫
2	A001	緑茶	＋ 83	＋ 291	△ 271	103
3	A002	麦茶	152	268	319	101
4	A003	ウーロン茶	198	323	227	294
5	B001	紅茶	127	125	138	114
6	B002	コーヒー	118	379	364	133
7	C001	コーラ	243	241	369	115
8	C002	サイダー	165	316	327	154

各セルを参照して足し算・引き算を行わなくてはならない。

　このように、月初在庫・入庫・出庫数量をすべてプラスの数値で入力している場合、月末在庫の計算式には足し算だけでなく引き算を使わざるをえません。その結果、数式が若干複雑になってしまいます。

　一方で、次のように、出庫数量をマイナスの符号で入れると、月末在庫の数式はとても簡単になります。**F2 セルには SUM 関数を使って「=SUM(C2:E2)」と入力するだけで済みます。**

	A	B	C	D	E	F
1	商品コード	商品名	月初在庫	入庫	出庫	期末在庫
2	A001	緑茶	83	291	-271	103
3	A002	麦茶	152	268	-319	101
4	A003	ウーロン茶	198	323	-227	294
5	B001	紅茶	127	125	-138	114
6	B002	コーヒー	118	379	-364	133
7	C001	コーラ	243	241	-369	115
8	C002	サイダー	165	316	-327	154
9						

「=SUM(C2:E2)」だけで済む。

　このように、足し算・引き算が混在するような表については、表の中に入力する符号を工夫することで、足し算だけの計算をすれば済むようになり、数式がとても簡単になります。今回の例以外にも、給与の集計表（給与＋残業代＋交通費－源泉所得税－社会保険料＝差引支給額）など、計算に使う項目が多くなればなるほど効果的なテクニックです。ぜひ、覚えておいてください。

Chap
2
関数でデータを適切な形にする

63

2-4 IF関数で処理を分岐させる

■ IF関数とは何か？

IF関数は条件に応じて処理を変えるための関数

　IF関数とは条件分岐をする（条件に応じて処理を変える）ための関数です。

　例えば売上金額の目標金額を達成したかどうかをエクセルに表示したいとします。このとき、売上金額と目標金額を目視で比較して、手作業でセルに「達成」「未達成」と入力しようとすると手間がかかり大変です。そこで役立つのが「IF関数」です。IF関数を使うと、このような作業が自動化できます。

　次の図では、IF関数を使ってB2セルの金額が10,000より大きいときには「達成」、それ以外の場合は「未達成」と表示させています。

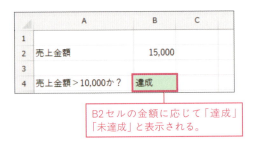

　IF関数が便利なところは、**元の値が変わったときに、自動的に表示結果を変えることができる**ところです。たとえば、先ほどの図のB2セルを8,000に打ち替えると、それに連動してB4セルの表示が「未達成」に変わります。

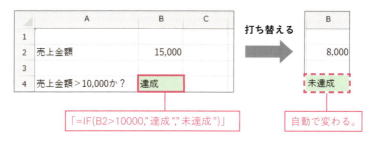

IF関数を使うべき場面

先ほどの例のような、**「条件分岐」が必要なすべての場面で、IF関数が使えます**。

ただし、「条件分岐」の中には、後述するSUMIFS関数、VLOOKUP関数を使ったほうが、処理を簡単に書ける場合があります。そのため、実務的には、**SUMIFS関数、VLOOKUP関数が使えないような「条件分岐」の処理を書きたいときにだけIF関数を使うことになります**。

条件分岐を理解する

IF関数で重要なのは「日本語力」

IF関数は、一般的に難しい関数だと言われます。実際、**IF関数の書式だけを学んでも、IF関数を使いこなせるようにはなりません**。IF関数を使いこなすためには、次の二つの知識が必要です。

- 1. 判断している内容（条件分岐）を日本語で言語化・図解する
- 2. 図解した内容をIF関数の書式で表す

「1」のステップは**自分のやりたいことを整理して、日本語で他人に説明する**ための知識です。エクセルに直接関係する知識ではありませんが、非常に重要です。この知識を身に付けてから「2」のIF関数の書式を勉強することで、はじめてIF関数が使いこなせるようになります。

たとえば、どんなに英語が堪能でも、日本語で説明できないことを英語で説明できるはずがありません。同じように、いくらIF関数を勉強しても、**もともと、どういう判断をしているか日本語で説明できないことはIF関数で表現できない**のです。

ですから、まずは、自分が判断している内容、つまり条件分岐を、他の人に

日本語で説明・図解できるようになることが非常に重要なのです。

条件分岐を言語化・図解する

たとえば、この章の冒頭で紹介した、売上金額（B2セル）が10,000を超えるときには「達成」、それ以外の場合は「未達成」と表示させる処理を図解すると、次のようになります。

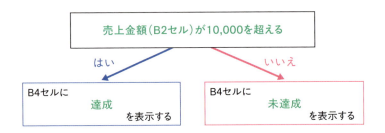

B4セルに入れるIF関数の図解なので、はい・いいえの下の枠には、「**B4セルに…を表示する」という形で処理を書くのがポイントです**。ここまで整理ができたら、あとはIF関数の形に置き換えていきましょう。

■ IF関数の書式

図解した内容をIF関数の書式で表す

IF関数の書式は、次のとおりです。

```
=IF(論理式,真の場合,偽の場合)
     ①      ②      ③
```

引数	意味
① 論理式	条件を指定します
② 真の場合	条件に当てはまる（TRUE）場合の処理を書きます
③ 偽の場合	条件に当てはまらない（FALSE）場合の処理を書きます

言葉で書くと難しく感じるかもしれませんが、次の図のように、この三つの引数は、さきほど書いた図の三つの枠に対応しています。**ですから、先ほどの図さえ**

書ければ、あとは、それをエクセルの言葉に変換するだけでIF関数が使えるようになります。

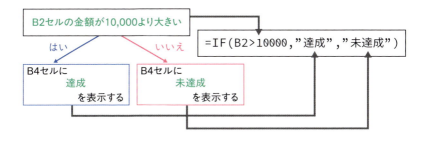

論理式は「六つの形」で表す

それでは、日本語や図で考えた条件分岐をエクセルの言葉にどう直すか、実際に見ていきましょう。

まずは、「①論理式」に入れる「B2セルの金額が10,000より大きい」という条件について考えます。エクセルの論理式で表現できる条件は、基本的に次の6パターンしかありません。ですから、様々な条件をこの「六つの形」で表せるように表現を工夫しましょう。

記号	記号の意味	論理式の例	論理式の意味
=	等しい	A1=3	A1セルは3と等しい
<>	等しくない	A1<>3	A1セルは3と等しくない
<	小さい	A1<3	A1セルは3より小さい
<=	以下	A1<=3	A1セルは3以下
>	大きい	A1>3	A1セルは3より大きい
>=	以上	A1>=3	A1セルは3以上

「B2セルの金額が10,000より大きい」という条件を「六つの形」にあてはめると、「B2>10000」と表現できます。なお、「以下」と「小さい」、「以上」と「大きい」は、指定した値を含むかどうかが違いますので、注意してください。たとえば、「B2セルの金額が10,000より大きい」という場合は、10,000は条件を満たす値には含まれません。

文字列にはダブルクォーテーションを付ける

次に、「②真の場合」の「B4セルに達成を表示する」をエクセルの言葉に直してみましょう。

数式中に「達成」のような文字列データを入力するときには、半角の「"」(ダブルクォーテーション。 Shift + 2 で入力します) で回りを囲みます。今回は「"達成"」と入力してください。同様に、「③偽の場合」の「B4セルに未達成を表示する」は「"未達成"」と入力します。

最後に、エクセルの言葉に直した引数を一つにまとめて入力すると、次の数式ができあがります。

```
=IF(B2>10000,"達成","未達成")
```

コピー・貼り付けをするとさらに便利

IF関数は、数式をコピー・貼り付けすることでさらに便利に使えます。次のように、C2セルに数式を入力して、下にコピー・貼り付けをすると、複数の担当者それぞれが目標を達成したかどうかを判定することもできます。

比較演算子とは

「=」「<>」「<」「<=」「>」「>=」の六つは、比較演算子と呼ばれます。

この記号は、IF関数の一つ目の引数の中だけでなく、数式の好きな場所で使えます。そして、この記号の両側の値を比較して、条件が成り立てば「TRUE」、成り立たなければ「FALSE」が表示されます。

次の画像では、C1～C6セルに次の数式を入力しています。

2-4 IF 関数で処理を分岐させる

	A	B	C	D	E	F	G	H	I	J
1	5		FALSE							
2			TRUE							
3			FALSE							
4			FALSE							
5			TRUE							
6			TRUE							
7										
8										
9										
10										

セル	数式
C1セル	=A1=3
C2セル	=A1<>3
C3セル	=A1<3
C4セル	=A1<=3
C5セル	=A1>3
C6セル	=A1>=3

　たとえば、C1セルは「A1セルが3と等しい」という条件を満たしていないので「FALSE」が表示されます。一方で、C2セルは「A1セルが3と等しくない」という条件を満たしているので「TRUE」が表示されます。

　これらの数式を見るときには、最初の「=」は無視すると読みやすくなります。数式の先頭の「=」は、数式であることを表す「=」です（通常の数式入力時に「=」を入れるのと同じ意味の「=」です）。数式の意味には影響を与えませんので、無視して考えましょう。

　たとえば、C1セルの数式は、最初の「=」を無視すると「A1=3」になります。このように見ると、「A1セルが3と等しい」かどうかを調べていることがわかりやすくなります。

2-5 前期比を計算する

■ IF関数で前期比を計算する

次のように、取引先別の前期売上と当期売上が入力されている表があります。そこで、D列に増減割合を表示させてみましょう。

	A	B	C	D	E
1	取引先	前期売上	当期売上	増減割合	
2	(株)キムラ電機	2,420,324	2,642,386		
3	(有)ベータ	1,409,833	1,290,853		
4	(株)TAR	0	864,230		
5	(株)丸正	1,642,340	0		
6	(株)アドネット	246,890	913,480		
7					

増減割合は「当期売上÷前期売上」で計算をします。そこで、D2セルに「＝C2/B2」という数式を入力した後、その数式をコピーして下に貼り付けてみましょう。すると、D4セルに「!DIV/0!」エラーが出てしまいます。

	A	B	C	D	E
1	取引先	前期売上	当期売上	増減割合	
2	(株)キムラ電機	2,420,324	2,642,386	109%	
3	(有)ベータ	1,409,833	1,290,853	92%	
4	(株)TAR	0	864,230	#DIV/0!	
5	(株)丸正	1,642,340	0	0%	
6	(株)アドネット	246,890	913,480	370%	
7					

処理の流れを図解してみる

では、エラーを表示させないために、どうすればいいか考えてみましょう。D4セルの「#DIV/0!」エラーは、0で割ってはいけないという意味のエラーです。増減割合は「当期売上÷前期売上」で計算をするので、前期売上が0のときにエラーが出てしまいます。

ですから、**前期売上が0のときだけ、「99999%」と表示させましょう**。(99999%と表示させる理由は、この後のColumnで解説します)この処理を、図解すると次のようになります。

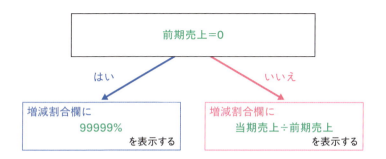

IF関数の形にする

先ほどの図を、IF関数の形で表現してみます。D2セルの数式を考えると、前期売上はB2セル、当期売上はC2セルに入力されています。ですから、IF関数の形で表現すると次のようになります。

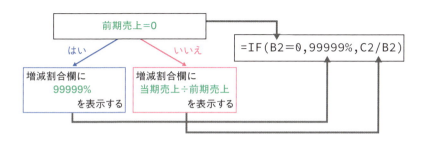

実際に、数式を入れてみましょう。まず、D2セルに「=IF(B2=0,99999%,C2/

B2)」と数式を入力しましょう。その後、D2セルの数式をコピーして、D3セル〜D6セルに貼り付けると、図のように計算されます。

	A	B	C	D	E	F
1	取引先	前期売上	当期売上	増減割合		
2	(株)キムラ電機	2,420,324	2,642,386	=IF(B2=0,99999%,C2/B2)		
3	(有)ベータ	1,409,833	1,290,853			
4	(株)TAR	0	864,230			
5	(株)丸正	1,642,340	0			
6	(株)アドネット	246,890	913,480			

「=IF(B2=0,99999%,C2/B2)」と入力する。

	A	B	C	D	E	F
1	取引先	前期売上	当期売上	増減割合		
2	(株)キムラ電機	2,420,324	2,642,386	109%		
3	(有)ベータ	1,409,833	1,290,853	92%		
4	(株)TAR	0	864,230	99999%		
5	(株)丸正	1,642,340	0	0%		
6	(株)アドネット	246,890	913,480	370%		

D2セルの数式をコピーして、D3セル〜D6セルに貼り付ける。

COLUMN

99999%と表示する理由

　本来は、前期売上が0のときには前期比は計算不能なので「-」と入れるほうが自然です。ただ、今回はあえて「99999%」と入力する方法を紹介しています。というのは増減率欄に「-」と入れると、著増減のある取引先として抽出がもれる場合があるからです。
　たとえば、前期比が「-」となっている状態で、オートフィルターで前期比が120%以上の先を抽出しようとしても、うまく抽出できません。
　一方で、計算不能な取引先の増減割合を「99999%」と表示すると、前期売上と当期売上の増減割合が「99999%」を超えるような取引先がある場合に、増減割合の大小関係がおかしくなってしまうデメリットもあるので、注意してください。

2-6 年度を計算する

別のセルに入力されている年・月から年度を計算する

年（A列）と月（B列）から、年度（C列）を計算する方法を考えてみます。3月決算会社を前提に、次のようにして年度を計算します。

年月	年度
2022年4月～2023年3月	2022
2023年4月～2024年3月	2023

	A	B	C
1	年	月	年度
2	2022	12	2022
3	2023	3	2022
4	2023	12	2023
5	2024	3	2023

具体例を挙げて、法則がないかを考える

数式を考えるときのコツは、いろいろな具体例を挙げて、法則がないかを考えることです。今回は1年分、年・月と年度を並べて書いてみましょう。

年	月	年度	年	月	年度	年	月	年度
2023	1	2022	2023	5	2023	2023	9	2023
2023	2	2022	2023	6	2023	2023	10	2023
2023	3	2022	2023	7	2023	2023	11	2023
2023	4	2023	2023	8	2023	2023	12	2023

73

この表を見ていると、次のような関係があることがわかります。

- 1月～3月の場合は「年度＝年 -1」
- 4月～12月の場合は「年度＝年」

このように、「月に応じて年度の計算方法が変わる」という処理は、IF関数を使って書くことができます。

IF関数で表現しやすい形に言い換える

先ほどの日本語をIF関数で表現しようと思うと、もう少し形を変える必要があります。そこで、IF関数で表現するために、次のような形に言い換えていきます。

- 「AのときはB。**そうでないときはC**」という形に整理する
- 条件（＝「A」の部分）を67ページの「**六つの形**」で表現する

まず、月は1月～12月までしかありませんので「4月～12月」＝「1月～3月でない」と言い換えられます。

- 1月～3月の場合は「年度＝年 -1」
- **そうでないとき**は「年度＝年」

さらに、「1月～3月の場合」＝「月が3以下」と言い換えると、次のようになります。

- **月が3以下**の場合は「年度＝年 -1」
- そうでないときは「年度＝年」

これで、IF関数で表現できる形になりました。図解すると、次のようになります。

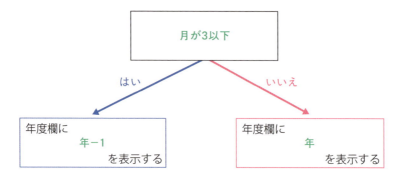

■ IF関数を使って数式化する

さきほどの図を参考に、C2セルにIF関数を入れましょう。月はB2セル、年はA2セルに入っているので、年度は次の式で計算することができます。

```
=IF(B2<=3,A2-1,A2)
     ①      ②   ③
```

引数	内容	数式
① 論理式	月が3以下	B2<=3
② 真の場合	年-1	A2-1
③ 偽の場合	年	A2

この式をC3以下のセルにコピーすれば、A列・B列の情報に応じてC列に年度を表示することができます。

=「IF(B2<=3,A2-1,A2)」と入力して、下にコピー・貼り付けする。

2-7 OR関数・AND関数で条件を表す

■ 「または」「かつ」の条件を表す

IF関数で指定できる条件式は、基本的には67ページで書いた六つの形しかありません。もし、その六つの形を1回使っただけでは表しきれない複雑な条件を表現しなければいけないときには、**OR関数・AND関数を使いましょう。**

OR関数を使うと「または」、AND関数を使うと「かつ」の意味を表せます。そこで、この二つの関数と六つの形（＝、≠、＜、＞、≦、≧）を組み合わせることで、より複雑な条件を記述することができるのです。

■ OR関数とAND関数の書式

OR関数とAND関数の書式は次のとおりです。

OR(論理式1,論理式2, ・・・)
　　① 　　　②

AND(論理式1,論理式2, ・・・)
　　 ① 　　　②

OR関数とAND関数は、引数に二つ以上の論理式（条件）を指定します。

そして、OR関数は**いずれか一つの条件を満たす**場合に、AND関数は**すべての条件を満たす**場合に、条件を満たしたものと判断されます。

■ 著増減項目をOR関数で識別する

まずはOR関数の具体例を見てみましょう。下の表で、F列に「前月比＜80%または120%＜前月比」の場合に「*」と表示させ、それ以外の場合は、空欄のままにしたいと思います。

	A	B	C	D	E	F	G
1	取引先	11月	12月	差額	差異率	著増減	
2	シグマ株式会社	179,248	214,943	35,695	119.9%		
3	株式会社スカイ	218,549	168,230	-50,319	77.0%		
4	幸和株式会社	321,245	309,145	-12,100	96.2%		
5	明光商事株式会社	64,356	84,320	19,964	131.0%		
6							
7							

そこで、F2セルに次の数式を入力します。

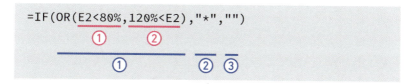

上の式で、赤字の①②はOR関数の引数、青字の①②③はIF関数の引数を表します。OR(...)の部分を、IF関数の一つめの引数に入れるのがポイントです。あとは、この数式をコピーして、F3セル以下に貼り付けると、次のように著増減がある行に「*」が表示されます。

■ チェックリストをAND関数で作成する

今度は、次のような表があるときに、B6セルに「B3セル≦20,000,000 かつ

B4セル≦200,000」ならば「OK」、そうでない場合に「NG」と表示させたいと思います。

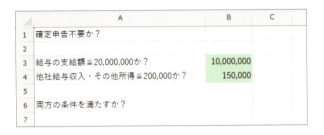

B6セルに、次の数式を入力しましょう。

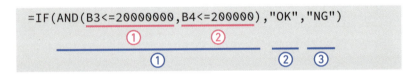

条件が「AかつB」の場合は、論理式にAND関数を利用します。OR関数のときと同じように、「AND(...)」の部分を、IF関数の一つめの引数として使いましょう。これで、二つの条件を両方満たす場合に「OK」、そうでない場合に「NG」と表示されます。

■ OR関数やAND関数の代わりに足し算や掛け算を使う

複数の条件を組み合わせるときに、OR関数やAND関数の代わりに、足し算や掛け算を使って書くこともできます。たとえば、先ほどのIF関数の例で、OR関数やAND関数を使う代わりに、足し算や掛け算を使って書くと次のようになります。

2-7　OR関数・AND関数で条件を表す

もちろん、書き換え前、書き換え後の数式で計算結果は変わりません。

書き換え前	書き換え後
=IF(OR(E2<80%,120%<E2),"*",""))	=IF((E2<80%)+(120%<E2),"*",""))
=IF(AND(B3<=20000000,B4<=200000),"OK","NG")	=IF((B3<=20000000)*(B4<=200000),"OK","NG")

ここでは、次の図のB6セルに入力した「=IF((B3<=20000000)*(B4<=200000),"OK","NG")」という数式で、どのような計算が行われているかを考えてみようと思います。

	A	B	C
1	確定申告不要か？		
2			
3	給与の支給額≦20,000,000か？	10,000,000	
4	他社給与収入・その他所得≦200,000か？	150,000	
5			
6	両方の条件を満たすか？	OK	

（1）条件式を評価する

まず、括弧で囲まれた二つの条件を計算します。最初の「B3<=20000000」は成り立つので「TRUE」、次の「B4<=200000」も成り立つので「TRUE」になります。

（2）（論理値を数値に変換して）掛け算をする

次に、この二つの結果の掛け算をします。ただし、論理値そのままで掛け算をすることはできません。そこで、TRUEを1に、FALSEを0に変換したうえで掛け算が行われます。つまり、「TRUE*TRUE」が「1*1」に変換されて、計算結果は「1」になります。

（3）（数値を論理値に変換して）論理式の判定をする

IF関数は、一つ目の引数に入力された論理式の計算結果がTRUEなら二つ目の引数を、FALSEなら三つ目の引数を返します。今回のように、IF関数の一つ目の引数の計算結果が数値になってしまった場合には、計算結果が0以外ならばTRUE、0ならばFALSEに変換して、条件が成り立っているかを判定します。

今回は、計算結果は「1」なので「TRUE」に変換されます。ですから、二つ目の引数で指定した「*」が表示されます。

2-8 日付を処理する

■ 日付データは1900年1月1日からの日数で表される

　エクセルでは、日付を「1900年1月1日からの経過日数」を使って管理しています。たとえば、「1900年1月1日」＝「1」として、「1900年1月2日」＝「2」、「1900年1月3日」＝「3」・・・というように日付に数値が割り当てられているのです。**この数値のことをシリアル値**といいます。

　「シリアル値」は英語ではserial numberと表記されます。考え方は、いわゆるシリアルナンバーとまったく同じで、日付を1列に並べて、古い日付から順番に通し番号を振っています。

　たとえば、A1セルに「2024/4/1」と入力した後に、表示形式を「標準」に戻すと「45383」と表示されます。これは、2024年4月1日が、1900年1月1日から数えて45383日目であることを示しています。

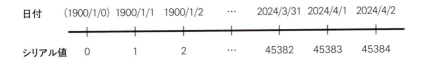

　なお、シリアル値の「0」には、「1900/1/0」という存在しない日付が対応していることも覚えておきましょう。

■ 翌日・前日の日付を計算する

　このシリアル値の考え方を理解していると、日付の計算や比較方法が理解しやすくなります。たとえば、A1セルに「2024/4/1」が入っているときに、1を引くと前日、1を足すと翌日の日付が計算できます。

2-8 日付を処理する

	A	B	C
1	基準	2024/4/1	
2	前日	2024/3/31	
3	翌日	2024/4/2	
4			
5			
6			

　翌日・前日以外のn日後・n日前の日付の計算も足し算・引き算で計算できます。たとえば、A1セルに「2024/4/1」が入っているときに、45日前の日付は「=A1-45」、45日後の日付は「=A1+45」で計算することができます。

	A	B	C
1	基準	2024/4/1	
2	45日前	2024/2/16	
3	45日後	2024/5/16	
4			
5			
6			

■ 二つの日付の間の日数を計算する

　二つの日付の間の日数も引き算で計算できます。たとえば、B1セルに「2024/4/1」、B2セルに「2024/2/29」が入っているとき、この二つの日付間の日数を計算するには、B3セルに「=B1-B2」と入力しましょう。

	A	B	C
1	納期	2024/4/1	
2	今日の日付	2024/2/29	
3	納期までの日数	32	
4			
5			
6			

　これも、「日付」が「古い日付」→「新しい日付」の順番で、通し番号が付されているので、新しい日付のシリアル値から、古い日付のシリアル値を引くと、次の図のように日数が計算できるのです。

入金予定日を超過した明細を判定する

日付の大小で未来や過去の日付の判定ができる

基本が理解できたところで、関数と組み合わせて次のような処理をしてみましょう。

- 「今日の日付」（B1セル）が「入金予定日」（B2セル）を過ぎている場合には、B4セルに「入金遅延」と表示
- それ以外の場合は、空欄のままにする

このように表示させるには、B4セルに次の数式を入力しましょう。

```
=IF(B2<B1,"入金遅延","")
```

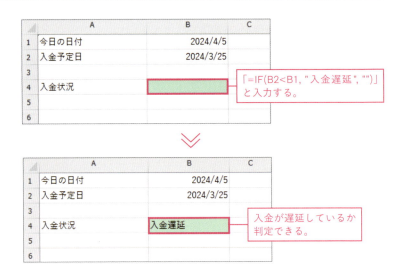

B2セル（入金予定日）とB1セル（今日の日付）はどちらも日付データなので、エクセル内部では次の図のようなシリアル値で管理されています。

今回の例では、「B2セルのシリアル値＜B1セルのシリアル値」なので、条件を満たしていることになり「入金遅延」と表示されるのです。このように、**日付同士の大小比較をすることで、未来日付・過去日付の判定ができる**ということを覚えておきましょう。

未入金明細に目印を付ける

先ほどの数式を応用すると、次の図のように未入金明細に目印を付けることができます。たとえば、今日の日付（B1セル）が入金予定日（D列）を過ぎていて、かつ入金日（E列）が空欄の場合、F列に「X」と表示させてみます。

	A	B	C	D	E	F	G
1	今日の日付		2024/4/5				
2							
3	売上日	会社名	売上金額	入金予定日	入金日	入金遅延	
4	2024/3/25	中田　綾乃	4,900	2024/4/1		X	
5	2024/3/26	山田　隆	9,800	2024/4/2	2024/4/2		
6	2024/3/26	木村　裕子	9,800	2024/4/2		X	
7	2024/3/26	鈴木　卓也	4,900	2024/4/2	2024/4/2		
8	2024/3/29	中村　信二	9,800	2024/4/5			
9	2024/3/29	横山　健一	4,900	2024/4/5			
10	2024/3/29	村瀬　恵子	9,800	2024/4/5			
11							

今回の条件を図解すると、次のようになります。

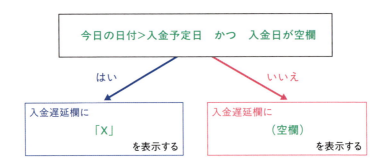

これを数式化すると、次のようになります。

```
=IF(AND($B$1>D4,E4=""),"X","")
```

二つの条件が「かつ」でつながれているので、AND関数を使うのがポイントです。その中に「$B$1>D4」「E4=""」を入れましょう。AND関数の中を見ると、一つ目の「$B$1>D4」という条件は、先ほどの例とまったく同じで、「今日の日付＞入金予定日」という条件を表しています。ただし、数式を下にコピー・貼り付けすることを考えて、B1セルへの参照を絶対参照にしています。

なお、二つ目の条件「E4=""」では「入金日が空欄」という条件を表しています。空欄を「""」で表していることに注意してください。あとは、この数式をコピーして、F5～F10セルに貼り付ければ、入金が遅延している行に「X」を表示させることができます。

2-9 日付処理でよく使う関数

日付処理の関数の書式

日付の処理では、YEAR関数・MONTH関数・DAY関数とDATE関数をまず使えるようになりましょう。この四つの関数は、日付を扱ううえで基本となります。

まずはYEAR関数・MONTH関数・DAY関数の書式を見てみましょう。

```
=YEAR(シリアル値)
```

```
=MONTH(シリアル値)
```

```
=DAY(シリアル値)
```

これらの各関数を使うと、日付データから年・月・日の部分を取り出すことができます。YEAR関数は「年」、MONTH関数は「月」、DAY関数は「日付」を取り出します。

次に、DATE関数の書式を見てみましょう。

```
=DATE(年,月,日付)
```

DATE関数は、年・月・日のデータから日付データを作ることができます。

売上明細の日付データを年・月・日に分解する

それでは、実際に関数を使う例を見てみましょう。ここでは、売上明細の日付データ（A列）を年（D列）・月（E列）・日（F列）に分解します。たとえば、A2

85

セルの日付データをD2セル、E2セル、F2セルに分解するには、それぞれ次の数式を入力します。

```
=YEAR(A2)
```

```
=MONTH(A2)
```

```
=DAY(A2)
```

これで、A2セルの日付データから、D2セルに年、E2セルに月、F2セルに日付を表示させることができました。

	A	B	C	D	E	F	G	H
1	日付	会社名	売上金額	年	月	日		
2	2024/9/9	シグマ株式会社	166,098	2024	9	9		
3	2024/9/19	株式会社スカイ	94,934					

D2〜F2セルに「=YEAR(A2)」「=MONTH(A2)」「=DAY(A2)」と入力する。

📗 年・月・日から日付データを作る

次に、預金入出金明細の年（A列）・月（B列）・日（C列）のデータから日付データを作成してH列に表示します。H2セルに次の数式を入力することで、A2セルの年、B2セルの月、C2セルの日に対応する日付データを表示させることができます。

```
=DATE(A2,B2,C2)
```

「=DATE(A2,B2,C2)」と入力する。

2-10 今月の指定した日付を計算する

■ 「年・月の情報」から今月の日付を計算する

ある日付の年・月の情報がB1、B2セルに入力されているときに、その情報から今月の1日、15日、末日の日付を計算しようと思います。これはDATE関数を利用することで計算できます。

	A	B	C	D	E	F
1	年	2024		月初	2024/1/1	
2	月	1		15日	2024/1/15	
3				月末	2024/1/31	

指定した年月の「1日」は、DATE関数を使って次のように計算できます。

```
=DATE(B1,B2,1)
```

引数となっているB1セルが年、B2セルが月を指定しています。あとは日の引数に「1」を入力するだけです。

15日の日付を計算する

指定した年月の「15日」を表示する計算も1日の場合と同様です。DATE関数で次のように計算できます。

```
=DATE(B1,B2,15)
```

月末の日付を計算する

月末は1日、15日と違い、少し工夫する必要があります。次のような数式で計算します。

```
=DATE(B1,B2+1,0)
```

　月末の日付を計算する場合、月末の日付が月ごとに変わるため、1日・15日のときのように日付を直接指定することはできません。そこで、月末の日付を直接指定するのではなく、**翌月1日の1日前**という指定をします。

　ためしに、先ほどの数式の各引数に参照先セルの値をあてはめて計算すると、次のような値になります。

　　　=DATE(B1, B2+1, 0)
→ =DATE(**2024**, **1**+1, 0)
→ =DATE(2024, 2, 0)

　要は「2024年2月0日」の日付データを取得する意味になります。このような、あり得ない日付を指定すると、エラーにはならず、2024年2月1日**の1日前**という意味に解釈されます。その結果、2024年1月31日の日付が得られるのです。

　先ほどの数式の月の部分に足す数を調整することで、翌月の日付も計算できます。たとえば、1か月後の末日は「=DATE(B1, B2+2, 0)」で計算できます。2か月後、3か月後の日付や、前月の日付を計算したいときには、月の部分に足す数を調整してください。

■ 日付データから対応する月初・15日・月末日付を計算する

　先ほどの例では「2024」「1」が別々のセルに入っていました。今度は、B1セルに「2024/1/10」と入っているときに、この日付データから、月初・15日・月末日付を計算してみます。

	A	B	C	D	E	F
1	日付	2024/1/10		月初	2024/1/1	
2				15日	2024/1/15	
3				月末	2024/1/31	
4						

日付データから年・月を抽出する

　一番簡単なのは、YEAR関数、MONTH関数で、B1セルの日付データから年・月を別のセルに抽出する方法です。年、月をセルに表示できれば、あとは、先

ほどと同じです。ここではD〜F列を挿入してE1セル、E2セルに年・月を入れる欄を作り、数式を入れていきます。

それぞれのセルには、次の数式を入力してください。

セル	数式
E1セル	=YEAR(B1)
E2セル	=MONTH(B1)
H1セル	=DATE(E1,E2,1)
H2セル	=DATE(E1,E2,15)
H3セル	=DATE(E1,E2+1,0)

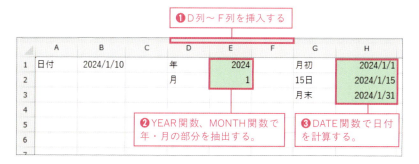

DATE関数の中にYEAR関数・MONTH関数を入れる

年・月を別セルに抽出せず、一気に目的のセルで計算することもできます。関数の中に関数を入れるので数式が複雑になりますが、余計なセルを使わないで済みます。

セル	数式
E1セル	=DATE(YEAR(B1),MONTH(B1),1)
E2セル	=DATE(YEAR(B1),MONTH(B1),15)
E3セル	=DATE(YEAR(B1),MONTH(B1)+1,0)

COLUMN

月初・月末日付はEOMONTH関数を使うと便利

指定した日付データのnか月後（nか月前）の月末日付はEOMONTH関数でも計算できます。EOMONTH関数は指定した月数前／月数後の月の月末の日付を返す関数で、これを使うと月初・月末の計算を簡単に書くことができます。たとえば、「B1セル」の日付に対応する月末の日付は「=EOMONTH(B1,0)」で計算できます。月初の日付は、少しややこしいですが「=EOMONTH(B1,-1)+1」（前月末の1日後）で計算することができます。

購入日から支払日の計算をする

たとえば、次のような購入した商品の明細表があるとします。この商品を「25日締め翌月15日払い」という条件で購入しているとしたときに、支払日を自動計算させようと思います。

	A	B	C	D	E	F	G
1	購入年	購入月	購入日	商品名	金額	支払日	
2	2024	1	5	ウーロン茶	97,928		
3	2024	1	25	コーラ	112,834		
4	2024	1	26	サイダー	96,846		
5	2024	1	31	紅茶	74,512		
6	2024	2	1	緑茶	81,122		
7	2024	2	25	ウーロン茶	97,953		
8	2024	2	26	サイダー	113,395		
9	2024	2	29	緑茶	110,680		
10							
11							
12							

支払日を自動計算させるためには、F2セルに次の数式を入力しましょう。これで、A2 〜 C2セルに入力された仕入年月日から支払日を計算することができます。

```
=DATE(A2,B2+IF(C2<=25,1,2),15)
```

	A	B	C	D	E	F	G
1	購入年	購入月	購入日	商品名	金額	支払日	
2	2024	1	5	ウーロン茶	97,928	2024/2/15	
3	2024	1	25	コーラ	112,834		
4	2024	1	26	サイダー	96,846		
5	2024	1	31	紅茶	74,512		

「=DATE(A2,B2+IF(C2<=25,1,2),15)」と入力する。

この数式をコピーして、下に貼り付ければ支払日が計算できます。

2-10 今月の指定した日付を計算する

	A	B	C	D	E	F	G
1	購入年	購入月	購入日	商品名	金額	支払日	
2	2024	1	5	ウーロン茶	97,928	2024/2/15	
3	2024	1	25	コーラ	112,834	2024/2/15	
4	2024	1	26	サイダー	96,846	2024/3/15	
5	2024	1	31	紅茶	74,512	2024/3/15	
6	2024	2	1	緑茶	81,122	2024/3/15	
7	2024	2	25	ウーロン茶	97,953	2024/3/15	
8	2024	2	26	サイダー	113,395	2024/4/15	
9	2024	2	29	緑茶	110,680	2024/4/15	

F2セルの数式をコピーして、F3セル以降に貼り付ける。

　各行ごとに支払日が計算できると、たとえば、次の章で説明するSUMIFS関数（135ページ参照）を使って、支払日ごとの支払金額を計算することができるようになります。

25日以前と25日より後で支払月を変える

　今回の数式のポイントは、購入日が25日以前か、25日より後かで、支払日の計算方法が変わるというところです。整理すると次のようになります。

購入日	数式
1〜25日	=DATE(A2,B2+**1**,15)
26日〜月末	=DATE(A2,B2+**2**,15)

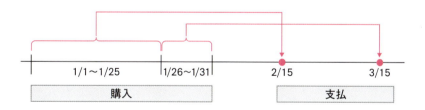

　購入日が1日〜25日であれば、支払日は購入月の**翌月**15日です。ですから、購入月に1を足せば支払月が計算できます。一方で、購入日が26日〜月末であれば、支払日は購入月の**翌々月**15日になります。この場合には、購入月に2を足すと支払月になります。
　そこで、IF関数を使って「購入日が25日以前」か「それ以外」かで場合分けをする数式を作れば、支払日を計算することができるのです。

2-11 TEXT関数で数値や日付を文字列に変換する

■ 数値や日付を指定した書式の文字列に変換する

TEXT関数は「数値や日付」を指定した書式で整形して「文字列」に変換します。たとえば、次のような処理ができます。

- 「1」という数値に前0を詰めて「00001」という文字列データに変換する
- 「2024/1/25」という日付から「年4桁、月2桁」を抽出して「202401」という文字列データに変換する

■ TEXT関数の書式

TEXT関数の書式は次のとおりです。二つの引数を指定して使います。

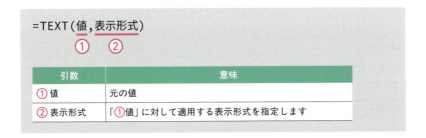

たとえば、先ほどの例では、次のような数式が入力されています。

・A1セルの値を前0を詰めた5桁でC1セルに表示する

```
=TEXT(A1,"00000")
```

・A2セルの値を年4桁、月2桁でC2セルに表示する

```
=TEXT(A2,"yyyymm")
```

表示形式の指定方法

二つ目の引数の「表示形式」の指定方法は、**ユーザー定義書式とまったく同じ**です。38、39ページで紹介した書式記号もそのまま使えます。ここでは、ユーザー定義書式の項では説明しきれなかったものを中心に、TEXT関数でよく使われる表示形式を紹介します（逆に、ここで紹介する書式はユーザー定義書式でも使えます）。

元の数値	二つ目の引数に入力する値	表示形式適用後の文字列	意味
1	00000	00001	前0を詰めて5桁で表示する
-1234	#,##0;△ #,##0	△ 1,234	カンマ区切り（負の数は△を付けて表示）
2024/1/25	aaa	木	日付形式のデータに対応する曜日を表示
20240125	0000!/00!/00	2024/1/25	8桁の数値を、YYYY/MM/DD形式で表示
240125	2000!/00!/00	2024/1/25	6桁の数値の先頭に「20」を付け足して、YYYY/MM/DD形式で表示

たとえば、C1セルに「=TEXT(A1,"#,##0;△ #,##0")」という数式を入力してC2セルにコピーアンドペーストすると、次のように表示されます。

	A	B	C	D	E	F	G
1	10000	→	10,000				
2	-10000	→	△10,000				
3							

なお、先ほどの表の、下の二つの表示形式（「0000!/00!/00」、「2000!/00!/00」）では、**「/」を表示したい位置に「!/」と入れています**。単に「/」と入力してしまうと分数表示の意味になり、うまく日付に変換できないので、注意してください。

ユーザー定義書式との違い

　TEXT関数を使った結果は「文字列」になります。ですから、**TEXT関数の出力結果を、そのまま数値計算に使ったり日付データとして使うことはできません**。

　一方で、37ページで紹介したユーザー定義書式では、データの種類は変化しません。たとえば、元データが数値（あるいは日付、時刻）の場合、ユーザー定義書式を使って見た目を変えても、データは数値（あるいは日付、時刻）のままとなります。

文字列データを日付データに変換する

　文字列データを数値データに変換する方法（33ページ参照）と同じように、数式の末尾に「*1」を付けると「日付として解釈できる文字列データ」を「日付データ」に変換できます。たとえば、A2セルに以下のデータが入っているときに、**B2セルに「=A2*1」という数式を入力すると、A2セルに対応する日付データが得られます**。

　TEXT関数を使った後に「*1」を使うと、「20240125」「240125」といった数字8桁、数字6桁のデータを日付データに変換できます。よく使うパターンですので覚えておきましょう。

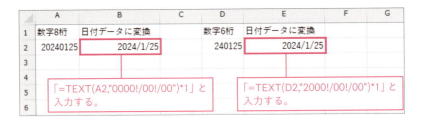

2-12 端数を処理する関数

指定した桁で端数処理をする

エクセルで端数処理をするときには、次の三つの関数を使いましょう。

- 切り捨て：ROUNDDOWN関数
- 四捨五入：ROUND関数
- 切り上げ：ROUNDUP関数

これらの関数を使うと、元数値の端数を、指定した桁で処理をすることができます。

端数処理関数の書式

ROUNDDOWN関数、ROUND関数、ROUNDUP関数の書式は、次のとおりです。

・ROUNDDOWN関数

=ROUNDDOWN(数値,桁数)

・ROUND関数

$$=ROUND(\underset{①}{\underline{数値}},\underset{②}{\underline{桁数}})$$

・ROUNDUP関数

$$=ROUNDUP(\underset{①}{\underline{数値}},\underset{②}{\underline{桁数}})$$

これらの関数は、次の二つの引数を指定して使います。

引数	意味
① 数値	端数処理をしたい「値」を指定します
② 桁数	端数処理をする「桁数」を指定します

桁数は、次のように指定をします。

桁数	意味	例
2	小数第2位まで表示	3333.333 → 3333.33
1	小数第1位まで表示	3333.333 → 3333.3
0	整数にする	3333.333 → 3333
-1	10の位まで表示	3333.333 → 3330
-2	100の位まで表示	3333.3333 → 3300

95ページの画面イメージでは、次のような数式が入力されています。

セル	数式	元数値	端数処理後
① B3セル	=ROUNDDOWN(A3, 1)	3333.333	3,333.30
② C3セル	=ROUND(A3, 1)	3333.333	3,333.30
③ D3セル	=ROUNDUP(A3, 1)	3333.333	3,333.40
④ E3セル	=ROUNDDOWN(A3, 0)	3333.333	3,333.00
⑤ F3セル	=ROUND(A3, 0)	3333.333	3,333.00
⑥ G3セル	=ROUNDUP(A3, 0)	3333.333	3,334.00
⑦ H3セル	=ROUNDDOWN(A3, -1)	3333.333	3,330.00
⑧ I3セル	=ROUND(A3, -1)	3333.333	3,330.00
⑨ J3セル	=ROUNDUP(A3, -1)	3333.333	3,340.00

表示形式での端数処理との違い

端数処理をする方法は、ROUND関数などの関数を使う方法と、85ページで紹介した表示形式を使う方法の二つに大別できます。この二つの方法は、次のように使い分けましょう。

ROUND関数など関数を使って端数処理をする場合、**セルの値は端数処理後の数値になります**。そのため、そのセルを数式で参照すると、端数処理**後**の値が計算に使われます。

一方で、表示形式で端数処理をした場合には、**セルの値は端数処理がされない状態のままになります**。そのため、そのセルを数式で参照すると、端数処理**前**の値が計算に使われます。

ですから、**端数処理後の数値を後続の計算で使う場合には関数を使い**、そうでない場合には表示形式を使いましょう。

それでは、端数処理の違いがわかる例を見てみましょう。次の図で、B2 ～ B4セルは何もしていませんが、C2 ～ C4セルはROUND関数でB2 ～ B4セルの値を四捨五入、**D2 ～ D4セルはB2 ～ B4セルの値を転記後「カンマ区切りで整数表示」の表示形式を設定**しています。そして、B5、C5、D5セルではSUM関数を使って各列の数値を合計しています。

	A	B	C	D	E
1		元の値	ROUND関数で 端数処理	表示形式で 端数処理	
2		1000.5	1001	1,001	
3		1000.5	1001	1,001	
4		1000.5	1001	1,001	
5	合計	3001.5	3003	3,002	
6					

「=ROUND(B2,0)」と入力されている。

「=B2」の結果を表示形式でカンマ区切り整数表示している。

ここで、5行目のSUM関数の計算結果を見てみましょう。

B列、C列は2行目～ 4行目の合計が5行目と一致している一方で、D列は、**見かけ上**合計が一致していないように見えてしまいます。これは、D列の計算に**表示形式適用前の数値が使われる**ことが原因です。

D2 ～ D4セルには、B2 ～ B4セルの値を転記しているので「1000.5」が入力

されています。そして、この値が計算に使われた結果、D5 セルには「1000.5 ＋ 1000.5 ＋ 1000.5 ＝ 3001.5」を整数で四捨五入した「3,002」と表示されるのです。

関数を使って端数処理をすべき場面

関数を使って端数処理をすべき場面としては、次のような例があります。

社内ルールや法令で端数処理をすべきタイミングが指定されている場合

次のように、端数処理をするタイミングが指定されている場合には、関数を使って端数処理をしましょう。

- 請求書作成時に請求額全体に対して税込金額の端数を切り捨て
- 税額計算時に 100 円未満の端数を切り捨て

エクセルで作成したデータを、他システムで使う場合

他システムへの入力時には、通常、端数処理後の結果を使います。そのため、エクセルで、他システムに入力するためのデータを作る場合には、関数で端数処理をしておきましょう。たとえば、Chapter 4 で解説する「仕訳インポート用のデータ」を数式で作成する場合には、関数で端数処理をしましょう。

端数処理と按分計算のコツ

按分後の合計金額を元金額に合わせる

経費の按分計算で端数処理をすると、按分後の金額合計が元々の金額に一致しない場合があります。

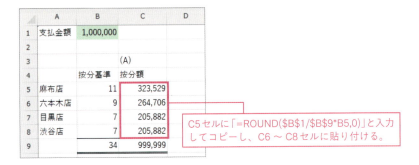

上の図では、C5セルに「=ROUND($B$1/$B$9*B5,0)」という数式が入っており、C6 ～ C8セルにはその数式をコピー・貼り付けしてあります。そして、C9セルでは、「=SUM(C5:C8)」という数式でその端数処理後の金額の合計を計算しています。

ところが、C9セルの金額（999,999円）は、元々の支払金額（1,000,000円）に比べて1円足りません。

同じ列に違う数式は入れない

そこで、端数をうまく調整して、合計金額を元の支払金額に一致させましょう。

まずはダメな例を見てみましょう。差額を調整するときに、C列の按分する数式の一部だけを変更してはいけません。たとえば、C5セルの数式「だけ」を、「=ROUND($B$1/$B$9*B5,0)+1」に修正すれば、計算結果は一致します。ただ、この方法だと、B1セルの支払金額を変えたときに、計算結果がおかしくなります。

	A	B	C
1	支払金額	1,000,000	
2			
3			(A)
4		按分基準	按分額
5	麻布店	11	323,530
6	六本木店		264,706
7	目黒店		205,882
8	渋谷店	7	205,882
9		34	1,000,000

C5セルの数式だけを「=ROUND($B$1/$B$9*B5,0)+1」に修正。

	A	B	C
1	支払金額	950,000	
2			
3			(A)
4		按分基準	按分額
5	麻布店	11	307,354
6	六本木店	9	251,471
7	目黒店	7	195,588
8	渋谷店	7	195,588
9		34	950,001

C5セルの数式を変更した状態でB1セルの数値を変更すると、端数が合わなくなる。

調整用に新たな列を付け加える

このような時は、新しい列を付け加えて、その列で差額を補正しましょう。

差額を調整する一番簡単な方法は、常に特定の部署で差額を調整をする方法です。たとえば、常に麻布店で調整をすると決めてしまえば、次のように表を簡単に作ることができます。

D5セルには「=B1-C9」、D9セルには「=SUM(D5:D8)」と入力しています。これで、支払金額と按分額合計の差額がD5セルとD9セルに表示されるように

なりました。あとは、E5セルに「=C5+D5」と入力して、その数式をE6〜E9セルにコピー・貼り付けすれば、処理完了です。

_Chapter 3

関数でデータの
処理を自動化する

3-1 関数で「集計」と「転記」を自動化する

■ VLOOKUP関数とSUMIFS関数を使って業務を効率化する

　経理業務でエクセルを使う目的の大半は、**元データを集計・加工して目的の データを作ること**です。このときポイントになるのがVLOOKUP関数、SUMIFS 関数です。**この二つの関数をうまく使うことが、経理業務を効率的に行う最大の コツ**です。

　この二つの関数は、以下のような用途で使います。

VLOOKUP関数：ある情報に対応したデータを別の箇所に転記する

　VLOOKUP関数は次のような用途で使います。

- 指定した「従業員コード」に対応する「従業員名」を表示する
- 指定した「勘定科目」に対応する「税区分」を表示する
- 「PCA会計の勘定科目」に対応する「弥生会計の勘定科目」を表示する
- 元々の表の「特定の列」だけを抽出する

　VLOOKUP関数をうまく使うと、**同じ内容を、別の場所に2回入力しないで済 むようになります**。

SUMIFS関数：元データを指定した切り口で集計する

　SUMIFS関数は次のような用途で使います。

- 売上明細について「取引先別」に「売上高を集計」する
- 給与明細について「部門別」に「総支給額を集計」する
- 経費明細について「勘定科目別」に「支払額を集計」する

　SUMIFS関数をうまく使うと、元データを、指定した切り口で自動的に集計でき るようになります。

■ エクセルファイルのよくある作り方

エクセルで作業効率を上げるには、様々な関数・機能を使って元データに必要なデータを付け足した後にVLOOKUP関数・SUMIFS関数で目的の表を作成することが王道パターンです。多くの場合、シート構成は、次のどちらかの形になります。

1. 元データの右に直接列を付加する

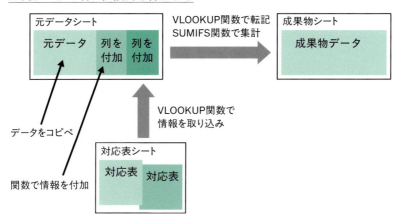

2. 元データの一部を別シートに転記し、その横に必要な列を付加する

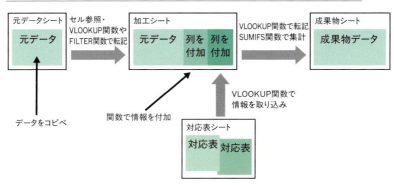

どちらも、元データにVLOOKUP関数などの関数で使う情報（列）を足して、最後にVLOOKUP関数・SUMIFS関数で転記・集計をして成果物を作る、とい

う流れは同じです。一方で、後者は、元データを別シートに加工・転記している点が異なります。この二つのパターンは次のように使い分けましょう。

前者は、元データシートに直接必要な情報を付加しています。ですから、**元データを入力している途中で付加された列の情報を見たい場合に便利**です。本書では、Chapter 4、5の仕訳帳・出納帳の入力時に使っています。

一方で、後者は、**元データがそのままの形では使いにくいので、いったん表を整形する必要がある場合や、外部システムで準備した元データをエクセルシートに貼り付けて運用する場合に便利**です。本書では、Chapter 6の分析資料作成時に使っています。

■ 元データの表の形が作業効率を左右する

VLOOKUP関数、SUMIFS関数をうまく使うためには、**元データの形が非常に重要です**。元データの作り方が悪いと、**どんなにがんばっても作業効率は上がりません**。そこで、次のことを意識して元データを作成しましょう。

1行に1データの表を作る

最終目的が、次のような縦・横に金額を集計した集計表を作ることだとしても、**いきなり、この集計表を作ろうとしてはいけません。**

	A	B	C	D	E
1		1月	2月	3月	
2	シグマ株式会社	20,000	140,000	110,000	
3	株式会社スカイ	0	50,000	130,000	
4	幸和株式会社	30,000	70,000	120,000	
5	明光商事株式会社	50,000	90,000	100,000	
6					
7		いきなり集計表を作らない			
8					

集計表は「元データ」としては使いにくく、この表を加工して別のデータを作ろうとすると莫大な手間がかかります。まずは、1行に1データの表を作るようにしましょう。**元データさえしっかりしていれば、目的の集計表は一瞬で作れます。**

104

1行に1データの表を作る

同じ内容のデータを複数の表に分割しない

　同じ内容のデータが複数の表やシートに分かれていると、集計にとても手間がかかります。同じ内容のデータは、一つの表にまとめるようにしてください。

　たとえば、売上明細を入力するときに、月ごとにシートを分けると1年間を通じた分析がしにくくなります。ですから、売上明細は、月ごとに分けず、すべてのデータを一つの表に入力するようにしましょう。

複数の表にデータを分けない

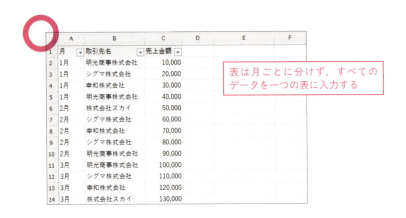

できるだけ細かいデータを準備する

　エクセルの機能を使うと、自動で集計することはできますが、**自動でデータを分解することはできません**。エクセルで処理を自動化するためには、**目的の表よりも、区分が細かいデータを準備しましょう**。

　たとえば、売上高が月次で集計されている表から、日次売上高の集計表を計算することはできません。日次売上高を自動集計したいのであれば、1件1件の売上データ（売上明細）など、日次単位かそれよりも細かいデータを準備してください。

取引データと一覧表データを分ける

　取引ごとに変化するデータ（取引データ、トランザクションデータ）と、取引ごとに変化しないデータ（一覧表データ、マスタデータ）は別々の表として作成しましょう。

データ種類	例
取引データ	売上明細、仕訳データ、給与データ、経費明細
一覧表データ	取引先一覧、商品一覧、従業員一覧、勘定科目一覧

　表の分割の仕方を決めるときには、あなたが**普段使っている業務システムを参考にするといいでしょう**。業務システムでは、取引データを入力する画面と、一覧表データを入力する画面が分かれています。エクセルの表を作るときにも、その入力画面ごとに一つの表を作ると、使いやすい表になることが多いです。

　この章の冒頭で書いた「元データ用シート」「対応表シート」と、今説明した「取引データ」「一覧表データ」の関係を考えると**「取引データ」を「元データ用シート」として使い、「一覧表データ」を「対応表シート」として使うケースが非常に多い**ということも覚えておいてください。

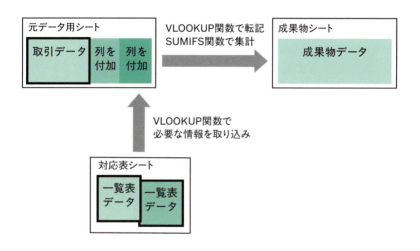

　Excel 2021以降を使っている場合には、VLOOKUP関数の変わりにXLOOKUP関数を、Microsoft 365環境のExcelを使っている場合には、SUMIFS関数の変わりにGROUPBY関数、PIVOTBY関数を使っても良いでしょう。

3-2 VLOOKUP関数で表から値を探す

VLOOKUP関数とは何か？

VLOOKUP関数は、次のような働きをする関数です。

- ① 指定した値を
- ② 指定した表の一番左の列から探して
- ③ 指定した列の値を抽出する

たとえば、次のようにD～E列に取引先の一覧表があり、A2セルに取引先コードが入力されているとします。ここで、VLOOKUP関数を使うと、「A2セルの取引先コード」を、D～E列の表の一番左の列から探して、対応する「取引先名」をB2セルに表示させることができます。

	A	B	C	D	E	F
1	取引先コード	取引先名		取引先コード	取引先名	
2	A0004	シグマ株式会社		A0001	株式会社堀田工業	
3				A0002	株式会社スカイ	
4		指定した取引先コードに対		A0003	幸和株式会社	
5		応した取引先名を表から探		A0004	シグマ株式会社	
6		して表示する。		A0005	明光商事株式会社	
7						
8						

要するに、VLOOKUP関数は「①どの値を」「②どの表から探して」「③どの列を表示するか」の三つの情報を指定すると、対応する値を抽出してくれる関数ということです。

VLOOKUP関数を使ううえでは、この三つの引数が非常に重要ですので、常に意識するようにしましょう。この章では、わかりやすいように、**これらの値が出てくるときには、先頭に「①」「②」「③」と付けて表記をしていきます。**

108

■ VLOOKUP関数はどのように動いているのか

　VLOOKUP関数を理解するためには、VLOOKUP関数がどのような動きをしているかを理解するのが一番の近道です。そこで、VLOOKUP関数がどのようにして、目的のデータを表示しているか、そのステップを追ってみましょう。

　VLOOKUP関数を使うためには、「①どの値を」「②どの表から探して」「③どの列を表示するか」の情報が必要になります。この三つの情報がどう使われているかを見ていきましょう。

ステップ1：目的の値を縦方向に探す

　指定した値（「①A0004」）を「②取引先一覧表」の一番左の列から探します。

ステップ2：指定した列の値を表示する

　ステップ1で探した行の「③2列目」（「取引先名」）の値を取得・表示します。

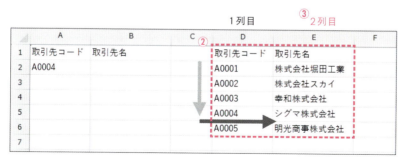

　上から下に「目的の値」を探して、左から右に「指定の列」を探すような動きをして、目的の値を探しています。VLOOKUP関数は、このような**Lの字に沿って目的の値を探したい**ときに使います。

VLOOKUP関数の書式

VLOOKUP関数の書式は、次のとおりです。

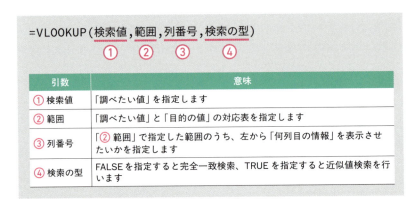

引数が四つもありますが、最初の三つの引数は、先ほど出てきた「①指定した値」「②指定した表」「③指定した列」の三つの要素に対応しています。ですから、**この三つの要素をエクセルの言葉に翻訳できれば、最初の三つの引数を入力することができます。**

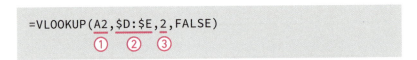

上の表であれば、B2セルには以下のような数式を入力します。

```
=VLOOKUP(A2,$D:$E,2,FALSE)
        ①   ②   ③
```

VLOOKUP関数を使うときには、**二つ目の引数は、常に絶対参照**で指定します。また、**四つ目の引数は、常にFALSEを指定しましょう**。TRUEを使うのは、

非常に例外的な場面だけで、通常は使いません（132ページ参照）。

　結局、「①指定した値」を「②指定した表」の一番左の列から探して「③指定した列番号の値を表示する」ということを意識していれば、VLOOKUP関数の引数も入力できるようになります。

VLOOKUP関数を使うべき場面

VLOOKUP関数を使うべき場面をいくつかの切り口から見てみます。

ある情報に対応する情報を「検索」したい場合

- 「①商品コード」を「②商品一覧表」から**検索**し、対応する「③商品名」を取得する
- 「①勘定科目コード」を「②勘定科目一覧表」から**検索**し、対応する「③税区分コード」を取得する
- 「①勘定科目」を「②試算表」から**検索**し、対応する「③期末残高」を取得する

ある情報を別の情報に「変換」したい場合

- 「客先システムの勘定科目コード」を「自社の勘定科目コード」に**変換**する
- 「様々な表記がされているデータ」を「表記を統一したデータ」に**変換**する

ある表に、別の表を「結合」したい場合

- 「売上明細」に「取引先一覧表」の情報を**結合**する

「変換」の項目で挙げた例は、一見、VLOOKUP関数が使えない形に見えるかもしれませんが、あらかじめ対応表を作成しておけば、VLOOKUP関数が使える形になります。たとえば、一つ目の例は次のように表現できます。

- 「①客先システムの勘定科目コード」を「②客先システムの勘定科目コードと、自社の勘定科目コードの対応表」から**検索**し、対応する「③自社の勘定科目コード」を取得する

自分がしたい操作を「言葉」にしたときに、「検索」「変換」「結合」というキーワードが含まれたら、VLOOKUP関数が使えないか考えてみてください。

3-3 商品コードに対応する商品名と単価を転記する

商品一覧から商品名を転記する

請求書に商品コードを入力すると、商品一覧表から商品名を検索して自動で挿入される仕組みを作ろうと思います。

	A	B	C
1			
2	商品コード	商品名	
3	A003		
4	C001		
5	C002		
6			
7			
8		「請求書」シート	
9			

	A	B	C	D
1	商品コード	商品名	単価	
2	A001	緑茶	50	
3	A003	ウーロン茶	51	
4	B002	コーヒー	48	
5	C001	コーラ	46	
6	C002	サイダー	44	
7				
8		「商品一覧」シート		
9				

まず、VLOOKUP関数を使って「請求書」シートのB3セルに、商品コード「A003」に対応する商品名を表示させます。VLOOKUP関数に必要な「①どの値を」「②どの表から探して」「③どの列を表示するか」の三つの情報を整理すると次のようになります。

- 「①A003」(商品コード)を
- 「②商品一覧表」の一番左の列から探して
- 対応する「③商品名列」を表示する

この内容をエクセルの言葉に直して、数式化すると次のようになります。

```
=VLOOKUP(A3,商品一覧!$A:$C,2,FALSE)
```

112

3-3 商品コードに対応する商品名と単価を転記する

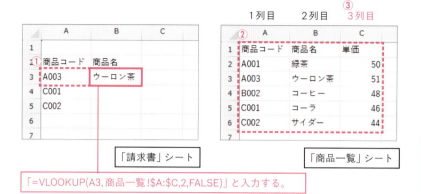

「=VLOOKUP(A3,商品一覧!$A:$C,2,FALSE)」と入力する。

なお、**四つ目の引数は、原則としてFALSEを指定する**ことを再確認してください。

単価も転記する

さらに、C列に「単価」欄を作り、C3セルに商品コード「A003」に対応する単価を表示させようと思います。

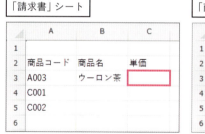

「①どの値を」「②どの表から探して」「③どの列を表示するか」を整理すると次のようになります。

- 「①A003」を
- 「②商品一覧表」の一番左の列から探して
- 対応する「③**単価列**」を表示する

先ほどと比べると、**③の部分だけが違っています**。当然、数式も、三つ目の

113

引数だけが変わった形になります。

```
=VLOOKUP(A3,商品一覧!$A:$C,3,FALSE)
```

先ほどの数式と今回の数式は、下にコピー・貼り付けすることができます。B3〜C3セルを選択してコピー。4行目、5行目に貼り付けましょう。これで、商品コードに対応する商品名・単価を入力できました。

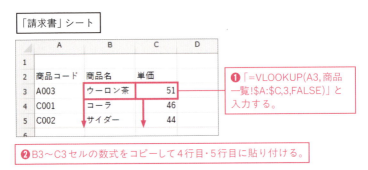

■ 複合参照を使って数式を横にコピーできるようにする

先ほどのように数式を作ると、**B3セルの数式をC列に貼り付けることはできません**。たとえば、C3セルには、本来は「=VLOOKUP(A3,商品一覧!$A:$C,3,FALSE)」という数式を入力したいところです。ところが、先ほどの**B3セルの数式を**コピーして、C3〜C5セルに貼り付けると、「=VLOOKUP(**B3**,商品一覧!$A:$C,**2**,FALSE)」という数式になってしまい、正しい計算結果が得られません。

そこで、少し工夫をします。まず、B1セルに「2」、C1セルに「3」と入力します。これを、VLOOKUP関数で三つめの引数に指定する「③列番号」として使います。そして、B3セルの数式を次のように変更しましょう。

```
=VLOOKUP($A3,商品一覧!$A:$C,B$1,FALSE)
```

三つめの引数をB1セルを参照する形に変え、一つめと三つめの引数を複合参照を使う形にしているのがポイントです。こうしておくことで、B3セルの数式をコピーしてB3～C5セルに貼り付けることができるようになります。

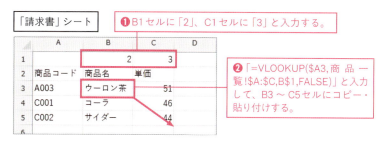

複合参照を付ける法則

一つ目、三つ目の引数の複合参照は、60ページで紹介した法則を使っています。数式を入れる表から見たときに、**A3セルは表の左端、B1セルは表の上端**に位置しています。ですから、**A3セルへの参照はAの前に＄（=$A3）、B1セルへの参照は1の前に＄（=B$1）**が付いています。

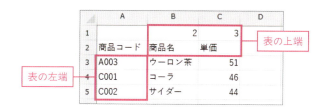

VLOOKUP関数を使う場合、ほとんどのケースで、次のように絶対参照を付けることになるので、覚えておきましょう。

引数	絶対参照の付け方	例
①検索値	横方向だけ絶対参照	$A3
②範囲	絶対参照	商品一覧!$A:$C
③列番号	縦方向だけ絶対参照	B$1

3-4 IFERROR関数で「#N/A」エラーを防ぐ

■ VLOOKUP関数で「#N/A」エラーを回避する

前ページで「請求書」シートB3セルに入力した数式をコピーして、B6 ～ C6セルに貼り付けると「#N/A」と表示されます。これは、「Not Assigned」の略で、「検索値」が空欄か、**「検索値」に指定した値が「範囲」の一番左の列に存在していない**かどちらかの場合に表示されます。

下記の例では、A6セルが空欄なので、「#N/A」が表示されてしまうのです。このエラーを防ぐためには、IFERROR関数を使います。

「請求書」シート

	A	B	C	D
1		2	3	
2	商品コード	商品名	単価	
3	A003	ウーロン茶	51	
4	C001	コーラ	46	
5	C002	サイダー	44	
6		#N/A	#N/A	
7				
8				

A6セルが空欄のため「#N/A」エラーになる

「商品一覧」シート

	A	B	C	D
1	商品コード	商品名	単価	
2	A001	緑茶	50	
3	A003	ウーロン茶	51	
4	B002	コーヒー	48	
5	C001	コーラ	46	
6	C002	サイダー	44	
7				
8				

まず、「請求書」シートのB3セルの数式を次のように変えましょう。

```
=IFERROR(VLOOKUP($A3,商品一覧!$A:$C,B$1,FALSE),"")
```

あとは、数式をコピーして、B3 ～ C6セルに貼り付ければ、エラーが表示されなくなります。

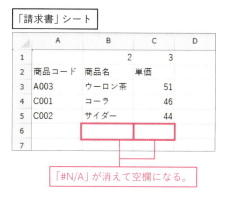

■ IFERROR関数の書式

IFERROR関数の書式は、次のとおりです。

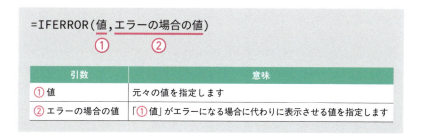

IFERROR関数は、多くの場合「①値」に別の関数を入れて使います。今回の例では、「①値」の部分にVLOOKUP関数を入れて、次のような形で使います。

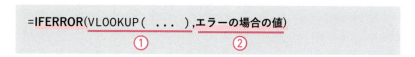

こうすることで、VLOOKUP関数でエラーが発生した場合に「②エラーの場合の値」を表示させることができます。たとえば、次の数式を入力すると、VLOOKUP関数でエラーが発生した場合には、空欄を表示することができます（数式末尾の「""」は空欄を意味しています）。

`=IFERROR(VLOOKUP($A3,商品一覧!$A:$C,B$1,FALSE),"")`

■ IFERROR関数のよくある使い方

IFERROR関数の使い方でよく出てくるパターンは、次の二つです。

■ 1. エラーのときに「0」を表示する

```
=IFERROR(VLOOKUP( ... ),0)
```

■ 2. エラーのときに「空欄」を表示する

```
=IFERROR(VLOOKUP( ... ),"")
```

エラー時に表示する値は、VLOOKUP関数で表示する内容とデータの種類（文字列・数値）を合わせておくと、後処理でのトラブルが減ります。ですから、通常は、VLOOKUP関数で表示する内容が数値のときは「0」、文字列のときは「""」を表示させるようにしましょう。

■ IFERROR関数は後から入力する

慣れないうちは、IFERROR関数を入力するときには、次の手順で入力することをおすすめします。

- 1.「①値」の部分を入力して、いったん数式を確定させる
- 2. その後に、外側を囲むように「=IFERROR(」と「,」以降の部分を入力

たとえば、今回の例であれば、最初にVLOOKUP関数部分を入力して、いったん数式を確定させます。そして、その後に最初の「IFERROR(」と、最後の「,"")」の部分を入力しましょう。

```
=VLOOKUP($A3,商品一覧!$A:$C,B$1,FALSE)
↓
=IFERROR(VLOOKUP($A3,商品一覧!$A:$C,B$1,FALSE),"")
```

このように、少しずつ数式を確定させていくことで、数式をうまく入力できなかったときに、その原因を特定しやすくなります。

3-5 商品名に対応する単価と商品コードを表示する

■ VLOOKUP関数の動きに注意して単価を転記する

　3-3「商品一覧表から商品名と単価を転記する」では、商品コードから、それに対応する商品名などを表示させました。今度は、商品名から、それに対応する単価と商品コードを表示させる場面を考えてみます。

　まず、D3セルに、商品名「ウーロン茶」に対応する単価を表示させてみましょう。

	A	B	C	D	E
1					
2	日付	商品名	数量	単価	商品コード
3	4/1	ウーロン茶	10		
4	4/2	コーラ	15		
5	4/3	サイダー	20		
6					
7					
8				「請求書」シート	
9					

	A	B	C	D
1	商品コード	商品名	単価	
2	A001	緑茶	50	
3	A003	ウーロン茶	51	
4	B002	コーヒー	48	
5	C001	コーラ	46	
6	C002	サイダー	44	
7				
8			「商品一覧」シート	
9				

　まず、今までと同じように「①どの値を」「②どの表から探して」「③どの列を表示するか」を整理すると次のようになります。

- 「①ウーロン茶」を
- 「②商品一覧表」の**一番左の列から探して**
- 対応する「③単価列」を表示する

検索値が範囲の一番左の列にないと「#N/A」エラーが出る

　実は、今回の例を今までと同じように、日本語を数式に変えていくと、「#N/A」エラーが出てしまいます。

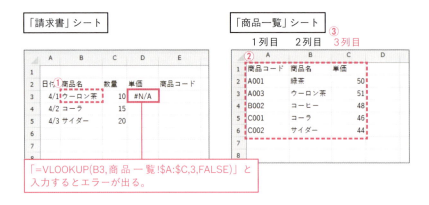

VLOOKUP関数は、検索値である「①ウーロン茶」を、「②範囲」で指定した「商品一覧!$A:$C」の**一番左の列から**探します。今回は、指定した「ウーロン茶」という値が、表の一番左の列に入っていないので、該当するデータを見つけられず「#N/A」エラーになってしまうのです。

検索値が一番左の列に来るよう範囲を変える

そこで、「商品名」列が、範囲の一番左側に来るように、**二つ目の引数を「商品一覧!$B:$C」に変更します。**「②範囲」の指定が変わることに伴い「③列番号」**も変わる**ことに気を付けてください。

=VLOOKUP(B3,商品一覧!$B:$C,2,FALSE)

D3セルに数式を入力したら、コピーして下に貼り付けましょう。

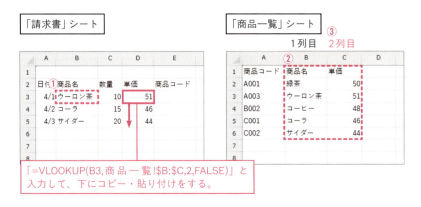

120

■ 検索した値より左側の値は取得できない

次に、「請求書」シートのE3セルに「商品名」に対応する「商品コード」を表示させたいのですが、今のままでは、VLOOKUP関数で「商品コード」を表示させることはできません。

というのは、**VLOOKUP関数では、検索した値の左側の値を表示させることができないからです**。商品一覧表を見ると、「商品名」の左に「商品コード」があるので、このままでは「商品コード」を表示させられません。そこで、商品一覧表を加工して、「商品名」の右側に「商品コード」が来るようにします。「商品一覧」シートのD2セルに「=A2」と入力。コピーして、下に貼り付けましょう。

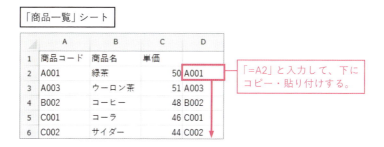

あとは、今までと同じです。「請求書」シートのE3セルに、VLOOKUP関数を入れましょう。「①ウーロン茶」を、「②商品一覧表」（**B列～D列**）の一番左の列から探して、対応する「③商品コード」を表示する、という内容を数式にします。最後にE3セルの数式をコピーして下に貼り付けたら、数式の入力は完了です。

=VLOOKUP(B3,商品一覧!$B:$D,3,FALSE)

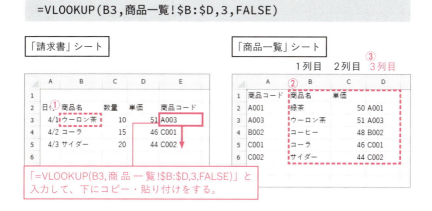

3-6 旧システムの勘定科目・補助科目を新システムのものに変換する

■ 変換表を作ってVLOOKUP関数で変換する

　会計システムの移行時などコード体系が変わる場合には、旧システムの勘定科目・補助科目を、新システムの勘定科目・補助科目に変換する必要があります。

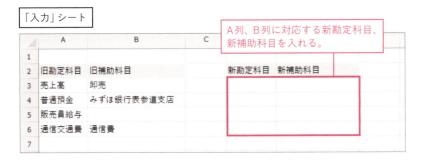

　このような変換をかけたいときには、次のように**変換前・変換後のデータの一覧表（変換表）を準備しましょう**。この表を使って、VLOOKUP関数で旧コードから新コードに変換をかけていきます。

■ 「範囲」の表に「旧勘定科目+旧補助科目」列を付け足す

今までの例と違うのは、**旧勘定科目と旧補助科目の組み合わせ**に対応する値を表示させたいという点です。ただ、VLOOKUP関数では、「①検索値」に複数の値を指定して、「②範囲」の複数の列を検索させることはできません。

そこで、まず「②範囲」で指定する表を加工しましょう。B列とC列の間に列を挿入し、新しく作成した列（C列）のC1セルに「旧勘定科目+補助科目」と入力します。そして、C2セルに「=A2&B2」と入力して、その数式を下に貼り付けましょう。

ポイントは以下の二つです。

- 検索したい旧勘定科目と旧補助科目を一つのセルにまとめる
- そのまとめたデータを**新勘定科目・新補助科目（D列・E列）より左に配置する**（今回の例ではC列に配置する）

既存の表の右側に「旧勘定科目+旧補助科目」を作ってしまうと、VLOOKUP関数がうまく動きませんので、注意してください（121ページ参照）。

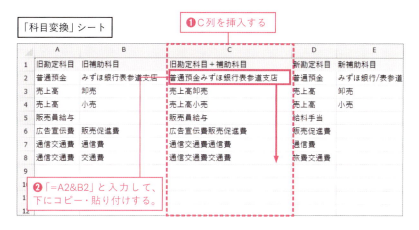

■ 旧勘定科目と旧補助科目を結合して「検索値」にする

あとは、今までと同じように考えましょう。「①どの値を」「②どの表から探して」「③どの列を表示するか」を考えて、VLOOKUP関数を入力しましょう。

まずは、D3セルに入れる数式を考えます。

- 「①旧勘定科目＋旧補助科目」を
- 「②科目変換表」の**一番左の列から探して**
- 対応する「③新勘定科目列」を表示する

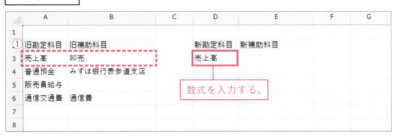

「①検索値」には「A3&B3」と「旧勘定科目と旧補助科目」を結合した値を指定するのがポイントです。式は以下のようになります。

=VLOOKUP(**A3&B3**,科目変換!$C:$E,2,FALSE)

■ 新補助科目の表示用に列番号・複合参照を指定する

次に、新補助科目を表示します。先ほどのD3セルの数式は、そのままではE列にコピーすることはできないので、数式を少し修正します。考え方は、114ページで紹介した「複合参照を使って数式を横にコピーできるようにする」方法とまったく同じです。

まず、D1セルに「2」、E1セルに「3」と入力し、D3セルの数式を複合参照を使った数式に変更します。

```
=VLOOKUP($A3&$B3,科目変換!$C:$E,D$1,FALSE)
```

一つ目の引数は$A3、$B3のように先頭に$、三つ目の引数は、D$1のように真ん中に$を付けましょう。あとは、この数式をコピーして、D3〜E6セルに貼り付ければ、新勘定科目・新補助科目を表示できます。

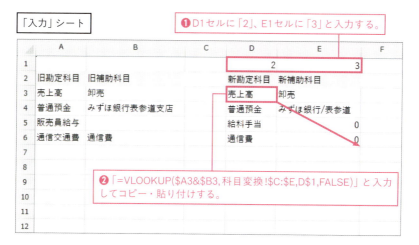

数式の最後に「&""」をつけて空欄が「0」と表示されるのを防ぐ

先ほどの表示結果を見ると、E5・E6セルには「0」と表示されています。これらのセルは、本来は「空欄」になってほしいところですが、VLOOKUP関数で、空欄を表示しようとすると「0」が表示されてしまいます。

こういうときは、数式の最後など適当な場所に「&""」を付けましょう。今回は、D3セルの数式を次のように修正してください。

```
=VLOOKUP($A3&$B3,科目変換!$C:$E,D$1,FALSE)&""
```

この数式をコピーして、D3〜E6セルに貼り付ければ、空欄が空欄のままで表示されます。

「入力」シート

	A	B	C	D	E	F
1					2	3
2	旧勘定科目	旧補助科目		新勘定科目	新補助科目	
3	売上高	卸売		売上高	卸売	
4	普通預金	みずほ銀行表参道支店		普通預金	みずほ銀行/表参道	
5	販売員給与			給料手当		
6	通信交通費	通信費		通信費		
7						
8						
9						
10						
11						
12						

空欄のまま表示される。

　この方法は、IF関数やその他の数式で使うときもあるので、覚えておきましょう。

　なお、数式の最後に「&""」を付けると、**数式の結果は文字列になります**（33ページ参照）。ですから、VLOOKUP関数の結果を数値として使いたいときには使わないようにしましょう。たとえば、「VLOOKUP関数で表示した金額」を合計したいときに「&""」を使ってしまうと、結果が文字列データになる結果、合計が正しく計算できなくなる場合があります。

3-7 表記の違いを関数で補正する

■ 表記を統一しないとVLOOKUP関数を活用できない

エクセルでデータを作るときには、同じデータについては常に同じ表記をすることが鉄則です。もし、同じデータに対して様々な表記が混在していると、エクセルでの処理は段違いに難しくなります。

たとえば、次のようにA列～C列の売上明細の右（D列）に入金期日を表示させたい場面を考えてみましょう。このとき、「株式会社スカイ」「（株）スカイ」「スカイ」など複数の表記が混在していると、単にVLOOKUP関数を使っただけでは、取引先名に対応する入金期日を表示させることができません。そこで、これらの表記を統一する必要があります。

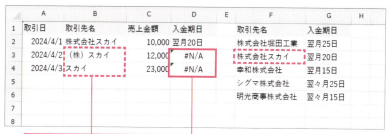

■ 表記を統一する方法

残念ながら、表記を統一する万能な方法はありません。そこで、下記のような手段を組み合わせて表記を統一していくことになります。

■ フィルターや置換で表記を統一する

フィルターで特定の行を抽出して修正したり、置換を使って特定の表現を修正したりします。手作業なので手間はかかりますが、柔軟に表記を統一することができます。

■ SUBSTITUTE関数を使う

SUBSTITUTE関数を使って、ある単語を別の単語に変換することができます。たとえば、B2セルに次の数式を入れると、「(株)」を「株式会社」に変換できます。

```
=SUBSTITUTE(A2,"(株)","株式会社")
```

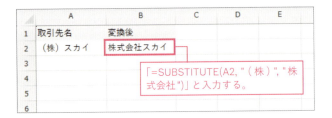

置換をしたい項目が複数あるときには、その数だけSUBSTITUTE関数を使わないといけません。たとえば、「(株)」と「㈱」を「株式会社」に変換しようとすると、「=SUBSTITUTE(SUBSTITUTE(A2,"(株)","株式会社"),"㈱","株式会社")」というようにSUBSTITUTE関数を2回使う必要があります。ですから、SUBSTITUTE関数は、変換したいパターン数が少ないときに使うと便利です。

COLUMN
字句整形用の関数を使う

以下のような字句整形に使える関数を使って、データを整形することができます。

関数名	内容	例
ASC関数	半角文字に統一します	「ヤマダ□タロウ」→「ﾔﾏﾀﾞ_ﾀﾛｳ」
JIS関数	全角文字に統一します	「ﾔﾏﾀﾞ_ﾀﾛｳ」→「ヤマダ□タロウ」
TRIM関数	前後の空白を削除し、途中の空白も一つだけに詰めます	「__ヤマダ__タロウ_」→「ヤマダ_タロウ」

関数名	内容	例
CLEAN関数	特殊文字（セル内改行など）を削除します	「ヤマダ（セル内改行）タロウ」→「ヤマダタロウ」

※□:全角空白　_:半角空白

　これらの関数は、組み合わせて使うこともできます。たとえば、「=ASC(TRIM(CLEAN(A2)))」という数式を入れると、ASC関数でA2セルの内容を半角に統一するとともに、TRIM関数・CLEAN関数で、ある程度の表記ゆれを取り除いて表示できます。非常に手軽な方法ですが、微妙な違いを吸収しきれないなど限界もあります。あくまで、補助的な手段として割り切って使いましょう。

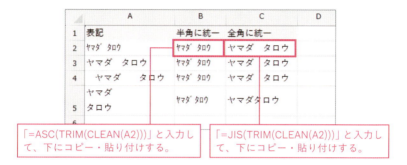

変換表を作ってVLOOKUP関数を使う

　「表記ゆれがある状態の元データ」と「統一した表記」との対応表を作っておくと、VLOOKUP関数で表記を統一することができます。次の図では、D〜E列に対応表を作り、B2セルに次の数式を入力しています。

```
=IFERROR(VLOOKUP(A2,$D:$E,2,FALSE),A2)
```

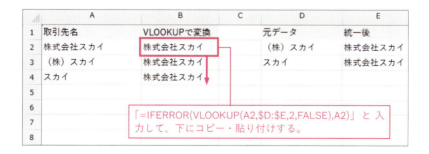

　B2セルの数式では、次のような処理をしています。

- ①VLOOKUP関数で、取引先名（A2セル）がD列に存在しているかを確認し、存在していれば対応するE列のデータを表示させる。
- ②取引先名（A2セル）がD列に存在しない場合には、IFERROR関数で、A2セルのデータをそのまま表示させる。

元データ	VLOOKUP関数の結果	IFERROR関数の結果（＝最終結果）
株式会社スカイ	#N/A	**株式会社スカイ**
（株）スカイ	株式会社スカイ	株式会社スカイ
スカイ	株式会社スカイ	株式会社スカイ

127ページの表については、この方法を使って表記ゆれを直せば、正しく日付を表示させることができます。

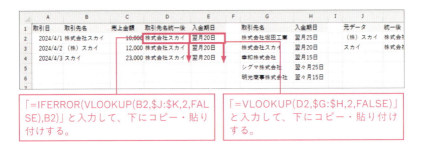

「=IFERROR(VLOOKUP(B2,$J:$K,2,FALSE),B2)」と入力して、下にコピー・貼り付けする。

「=VLOOKUP(D2,$G:$H,2,FALSE)」と入力して、下にコピー・貼り付けする。

COLUMN

VLOOKUP関数を使うときには数値・文字列の違いに注意

VLOOKUP関数で値の比較をするときには、数値・文字列の区分が違うと別のデータと認識されることに気を付けてください。たとえば、次のように同じ見た目の「1」でも、片方が数値で、片方が文字列の場合、この二つのデータは一致しません。94ページで書いた方法で「検索値」と「範囲」の一番左の列のデータを数値か文字列に統一しておきましょう。

3-8 段階的に税率が変わる所得税の計算をする

エクセルで簡易的に税額計算を行う

　税額のシミュレーションをするときに、税務申告ソフトを使うと手間がかかるので、エクセルで簡易的に税金計算をする場合があります。ここでは、その例として、個人の所得に応じて所得税額を計算するエクセルシートを作成してみましょう。

　所得税額は、執筆時点では、所得に応じて、次のように計算します。

所得		税額
0円以上	1,950,000円未満	所得×5%
1,950,000円以上	3,300,000円未満	所得×10%-97,500
3,300,000円以上	6,950,000円未満	所得×20%-427,500
6,950,000円以上	9,000,000円未満	所得×23%-636,000
9,000,000円以上	18,000,000円未満	所得×33%-1,536,000
18,000,000円以上	40,000,000円未満	所得×40%-2,796,000
40,000,000円以上		所得×45%-4,796,000

　それでは、B2セルに所得を入力し、その所得に応じた所得税額を計算してみます。D列～F列のように表を作り、B3～B5セルに次のように数式を入力しましょう。

Chap
3

関数でデータの処理を自動化する

	A	B	C	D	E	F	G
1				所得（以上）	税率	控除額	
2	所得	2,496,000		0	5%	0	
3	税率	10%		1,950,000	10%	97,500	
4	控除額	97,500		3,300,000	20%	427,500	
5	所得税額	152,100		6,950,000	23%	636,000	
6				9,000,000	33%	1,536,000	
7				18,000,000	40%	2,796,000	
8				40,000,000	45%	4,796,000	

「=VLOOKUP(B2, $D:$F, 2, **TRUE**)」

「=VLOOKUP(B2, $D:$F, 3, **TRUE**)」

「=B2*B3-B4」

D列～F列には前ページの表の、それぞれの値を転記しています。

- D列：各行の所得の最小値（〇円以上）の部分
- E列：所得に掛ける税率（所得×△％）の部分
- F列：控除額（所得×税率 - □）の部分

■ 「検索の型」をTRUEにして段階的な数値を抽出する

今回のように、元の金額に応じて**段階的に**金額や割合を変えるには、次のようにします。

- 1.「②範囲」の一番左の列に、条件の「XX以上」の部分の数字を小さい→大きいの順に入力する
- 2.「④検索の型」をTRUEに指定したVLOOKUP関数を使う

「④検索の型」をTRUEにすることで、検索の方法が**近似値検索**に変わります。近似値検索を使うと「②範囲」の一番左の列の中から、「①検索値」に一致するか、「①検索値」未満で一番近い行を抽出することができます。

3-8 段階的に税率が変わる所得税の計算をする

近似値検索で税率を計算する

それでは、先ほどのB3セルの数式「=VLOOKUP(B2,$D:$F,2,TRUE)」の動きを見てみましょう。たとえば、B2セルに「2,496,000」が入っているときには、指定した値である「①2,496,000」を、「②税率表」の一番左の列から探します。

該当する値がないので、指定した値未満で一番近い「1,950,000」の行の「③税率列」の値が得られます。その結果、B3セルには「10%」と表示されます。

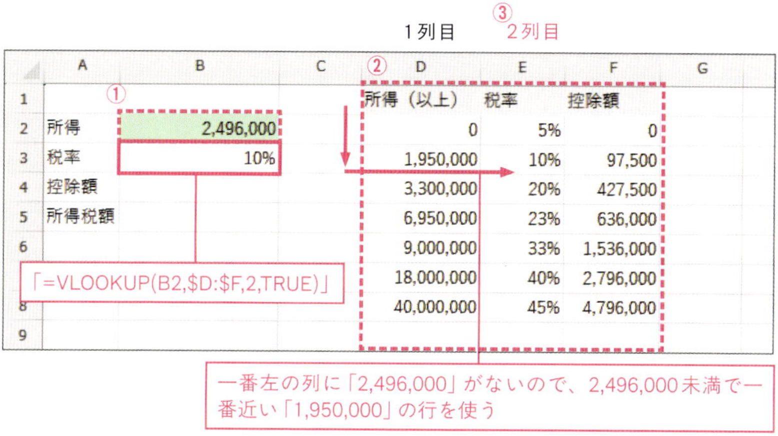

1列目　③2列目

「=VLOOKUP(B2,$D:$F,2,TRUE)」

一番左の列に「2,496,000」がないので、2,496,000未満で一番近い「1,950,000」の行を使う

控除額と税額を計算する

B4セルの数式「=VLOOKUP(B2,$D:$F,3,TRUE)」は、B3セルの数式と列番号が違う以外はまったく同じです。ですから、同じように考えると、「1,950,000」の行の「③控除額」列の値である「97,500」が表示されます。

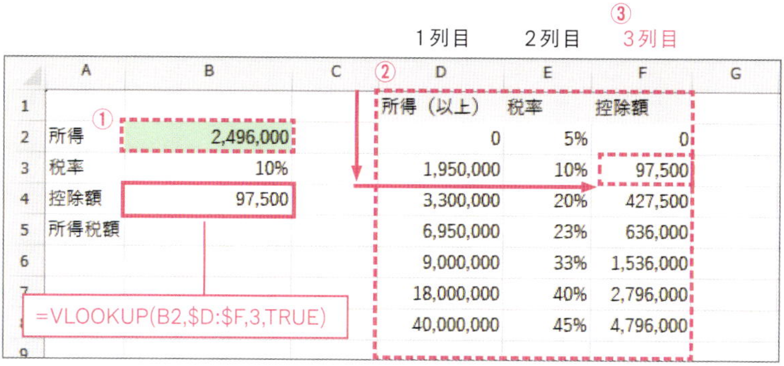

1列目　2列目　③3列目

=VLOOKUP(B2,$D:$F,3,TRUE)

Chap
3

関数でデータの処理を自動化する

133

これで、所得税額の計算に必要な情報は揃いました。B5セルの所得税額は、「=B2*B3-B4」(＝所得×税率－控除額)で計算することができます。

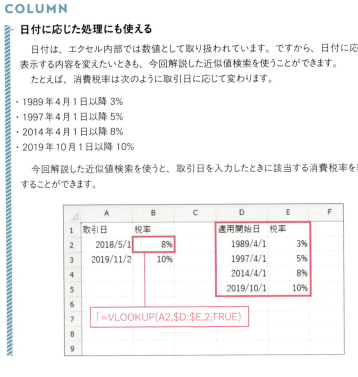

COLUMN

日付に応じた処理にも使える

　日付は、エクセル内部では数値として取り扱われています。ですから、日付に応じて表示する内容を変えたいときも、今回解説した近似値検索を使うことができます。

　たとえば、消費税率は次のように取引日に応じて変わります。

- 1989年4月1日以降 3%
- 1997年4月1日以降 5%
- 2014年4月1日以降 8%
- 2019年10月1日以降 10%

　今回解説した近似値検索を使うと、取引日を入力したときに該当する消費税率を表示することができます。

3-9 SUMIFS関数で条件に合った値を集計する

■ SUMIFS関数とは何か?

SUMIFS関数は、指定した条件に合うデータだけを合計する関数です。この関数を使うことで「○○別に金額を集計する」作業を一瞬で行うことができます。

たとえば、次のような作業を簡単に行うことができます。

- 売上明細から、取引先別に売上金額を集計する
- 在庫明細から、商品別に在庫金額を集計する
- 仕訳データから、勘定科目別に金額を集計する(いわゆる試算表です)

次のように、複数の条件を指定した集計表を作ることもできます。

- 売上明細から、取引先別・月別に売上金額を集計する
- 経費明細から、支払期日別・支払先別に支払金額を集計する
- 給与明細から、部門別・月別に給与支給額を集計する

ほとんどすべてのレポートには、何らかの切り口で金額を集計した結果が表示されます。SUMIFS関数を使うと、その集計作業を自動化でき、作業効率を大幅に上げることができます。

■ 例1:売上データから取引先別に売上金額を集計する

実際の例を見てみましょう。A ～ C列に売上明細が入力されているときに、F2セルに、次の金額を表示させたいと思います。

- 「C列」(売上金額)のうち
- 「B列」(取引先名)が「シグマ株式会社」であるものの合計

Chap
3

関数でデータの処理を自動化する

135

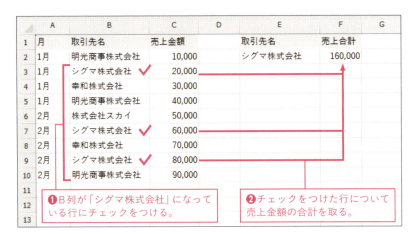

この計算を、手作業でするとしたら、次のような手順で作業をすることになります。

1. B列が「シグマ株式会社」になっている行にチェックをつけていきます
2. チェックをつけた行についてC列の合計を取ります

例2: 売上データから取引先・月別に売上金額を集計する

　もう一つ例を見てみましょう。A〜C列の売上明細から、次の金額を表示させることを考えてみましょう。

- 「C列」(売上金額)のうち
- 「A列」(月)が「1月」で
- 「B列」(取引先名)が「シグマ株式会社」であるものの合計

先ほどの例に比べて「月」に対する条件を付け加えました。

	A	B	C	D	E	F	G
1	月	取引先名	売上金額		月	取引先名	売上合計
2	1月	明光商事株式会社	10,000		1月	シグマ株式会社	20,000
3	1月	シグマ株式会社	20,000				
4	1月	幸和株式会社	30,000		「月」を条件に加える。		
5	1月	明光商事株式会社	40,000				
6	2月	株式会社スカイ	50,000				
7	2月	シグマ株式会社	60,000				
8	2月	幸和株式会社	70,000				
9	2月	シグマ株式会社	80,000				
10	2月	明光商事株式会社	90,000				
11							

この計算も、先ほどと同じように手作業で行うときの手順を考えてみましょう。

1. A列が「1月」になっている行にチェックをつけていきます
2. B列が「シグマ株式会社」になっている行にチェックをつけていきます
3. B列、A列の両方にチェックをつけた行についてC列の合計を取ります

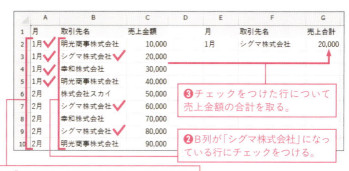

SUMIFS関数を使うと、このような集計作業を自動化することができます。

SUMIFS関数の書式

SUMIFS関数の書式は、次のとおりです。

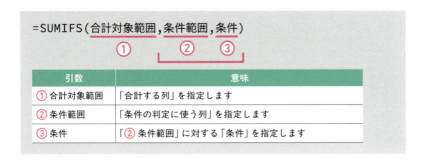

たとえば、135ページの「例1」であれば、

- ①合計対象範囲：C列
- ②条件範囲：B列
- ③条件：E2セル（シグマ株式会社）

ということになります。エクセルの言葉に直して、SUMIFS関数に入れると、次のようになります。

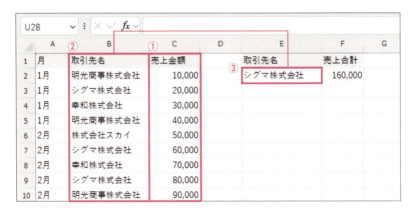

一つめ、二つめの引数は列全体を指定しています。列見出し（1行目）が、引数の範囲に含まれてしまいますが、多くの場合、これで問題は生じません。引数の指定が簡便になるため、積極的に列全体を指定するようにしましょう。

条件を複数指定する場合の書式

SUMIFS関数は条件を複数指定することもできます。条件を複数指定したいときには、「条件範囲」と「条件」をセットで、引数を二つずつ追加していきます。たとえば、条件を一つ追加するときには、次のように、四つめの引数と、五つめの引数を追加します。

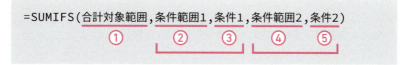

136ページの「例2」を数式化すると、次のようになります。

- ①合計対象範囲：C列
- ②条件範囲1：A列
- ③条件1：E2セル（1月）
- ④条件範囲1：B列
- ⑤条件1：F2セル（シグマ株式会社）

	A	B	C	D	E	F	G
1	② 月	④ 取引先名	① 売上金額		月	③ 取引先名	⑤ 売上合計
2	1月	明光商事株式会社	10,000		1月	シグマ株式会社	20,000
3	1月	シグマ株式会社	20,000				
4	1月	幸和株式会社	30,000				
5	1月	明光商事株式会社	40,000				
6	2月	株式会社スカイ	50,000				
7	2月	シグマ株式会社	60,000				
8	2月	幸和株式会社	70,000				
9	2月	シグマ株式会社	80,000				
10	2月	明光商事株式会社	90,000				
11							

COLUMN

合計対象範囲、条件範囲に列全体を指定しないとき

合計対象範囲、条件範囲は、列全体を指定しないで、セル範囲を指定することもできます。そのときには、**合計対象範囲と条件範囲の形をまったく同じになるようにセル範囲を指定**してください。

=SUMIFS($C$2:$C$10, $B$2:$B$10, E2)

=SUMIFS($C$2:$C$10, $A$2:$A$10, E2, $B$2:$B$10, F2)

どちらも、合計対象範囲と条件範囲は「縦9行×横1行」でまったく同じ形をしています。条件を複数指定する場合には、**すべての条件範囲の形を同じにする必要がある**ことに注意してください。

また、SUMIFS関数は、数式をコピーして縦方向に貼り付けることが多いです。そして、そのときには、一つ目の引数（合計対象範囲）、二つ目の引数、四つ目の引数（条件範囲）が変わらないようにする必要があります。ですから、これらの引数については、絶対参照の形で入力しましょう。

3-10 売上明細を様々な切り口で分析する

■ SUMIFS関数を使って「○○別○○別に集計をする」

135ページに書いたとおり、SUMIFS関数を使うことで「○○別に集計をする」作業を一瞬で行うことができます。どのように集計をするかパターン別に見ていきましょう。

■ 一つの切り口で集計をする

まずは、一つの切り口で集計する方法を考えてみます。138ページの例では、シグマ株式会社の売上高合計を計算しましたが、ここでは、すべての取引先について、取引先別に売上高を集計する表を作成してみましょう。まず、E列に、すべての取引先を入力してください。

	A	B	C	D	E	F	G
1	月	取引先名	売上金額		取引先名	売上合計	
2	1月	明光商事株式会社	10,000		シグマ株式会社		
3	1月	シグマ株式会社	20,000		株式会社スカイ		
4	1月	幸和株式会社	30,000		幸和株式会社		
5	1月	明光商事株式会社	40,000		明光商事株式会社		
6	2月	株式会社スカイ	50,000				
7	2月	シグマ株式会社	60,000				
8	2月	幸和株式会社	70,000		E列に取引先名を入力する。		
9	2月	シグマ株式会社	80,000				
10	2月	明光商事株式会社	90,000				

その後、F2セルには、次の数式を入力しましょう。

```
=SUMIFS(C:C,B:B,E2)
```

この数式は、138ページで入力した数式とまったく同じです。この数式をコピーして、F3セル以下に貼り付けると、取引先別に売上高を集計することができます。

	A	B	C	D	E	F	G
1	月	取引先名	売上金額		取引先名	売上合計	
2	1月	明光商事株式会社	10,000		シグマ株式会社	160,000	
3	1月	シグマ株式会社	20,000		株式会社スカイ	50,000	
4	1月	幸和株式会社	30,000		幸和株式会社	100,000	
5	1月	明光商事株式会社	40,000		明光商事株式会社	140,000	
6	2月	株式会社スカイ	50,000				
7	2月	シグマ株式会社	60,000				
8	2月	幸和株式会社	70,000				
9	2月	シグマ株式会社	80,000				
10	2月	明光商事株式会社	90,000				

F2セルに「=SUMIFS(C:C,B:B,E2)」と入力する。F3セル以下にコピーして貼り付ける。

■ 二つの切り口を縦に並べて集計する

先ほどの売上明細を、月別・取引先別に集計してみましょう。まずは、この二つを縦に並べて集計してみます。集計したい月、取引先をE列、F列に入力した状態で、G2セルに次の数式を入力しましょう。

```
=SUMIFS(C:C,A:A,E2,B:B,F2)
```

絶対参照の付け方は、最初の例とまったく同じです。この数式をコピーして、下に貼り付ければ月別・取引先別に売上金額を集計することができます。

❶E列に月、F列に取引先名を入力する。

	A	B	C	D	E	F	G	H
1	月	取引先名	売上金額		月	取引先名	売上合計	
2	1月	明光商事株式会社	10,000		1月	シグマ株式会社	20,000	
3	1月	シグマ株式会社	20,000		1月	株式会社スカイ	0	
4	1月	幸和株式会社	30,000		1月	幸和株式会社	30,000	
5	1月	明光商事株式会社	40,000		1月	明光商事株式会社	50,000	
6	2月	株式会社スカイ	50,000		2月	シグマ株式会社	140,000	
7	2月	シグマ株式会社	60,000		2月	株式会社スカイ	50,000	
8	2月	幸和株式会社	70,000		2月	幸和株式会社	70,000	
9	2月	シグマ株式会社	80,000		2月	明光商事株式会社	90,000	
10	2月	明光商事株式会社	90,000					
11								
12								

❷「=SUMIFS(C:C,A:A,E2,B:B,F2)」と入力して、下にコピー・貼り付けする。

■ 二つの切り口でマトリックス型に集計する

今度は、レイアウトを変えてマトリックス型に集計してみましょう。まず、E2～E5セルに取引先、F1～F2セルに月を入力します。

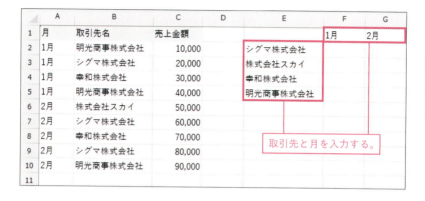

その後、F2セルに次の数式を入力してください。

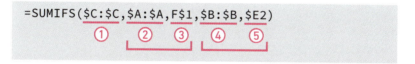

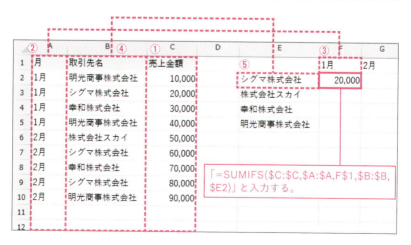

マトリックス型の集計は、絶対参照の付け方がポイントです。

①「$C:$C」、②「$A:$A」、④「$B:$B」は数式をコピーして別のセルに貼り付けたときに、参照先セルを固定したいので、絶対参照を付けています。一方で、③、⑤は、「絶対参照のルール」（60ページ参照）に従っています。数式を入れるE1 〜 G5セルを「表」と考えると、③のF1セルは表の上端なので「F$1」、⑤のE2セルは表の左端なので「$E2」と絶対参照をつけています。

あとは、この数式をコピーして、F2 〜 G5セルに貼り付ければ、マトリックス型の集計表ができあがります。

▲	A	B	C	D	E	F	G
1	月	取引先名	売上金額			1月	2月
2	1月	明光商事株式会社	10,000		シグマ株式会社	20,000	140,000
3	1月	シグマ株式会社	20,000		株式会社スカイ	0	50,000
4	1月	幸和株式会社	30,000		幸和株式会社	30,000	70,000
5	1月	明光商事株式会社	40,000		明光商事株式会社	50,000	90,000
6	2月	株式会社スカイ	50,000				
7	2月	シグマ株式会社	60,000				
8	2月	幸和株式会社	70,000				
9	2月	シグマ株式会社	80,000				
10	2月	明光商事株式会社	90,000				
11							
12							

数式をF2 〜 G5セルにコピー・貼り付けする。

3-11 必要な列を付け足して 好きな切り口で 集計する

Chap 3

関数でデータの処理を自動化する

■ 月別に集計をしたいときには月列を準備する

SUMIFS関数で集計をするときには、集計したい切り口を「列」で準備する必要があります。たとえば、次の例を見てみましょう。

	A	B	C	D	E	F	G	H
1	日付	摘要	金額			月	合計金額	
2	2024/1/10	打ち合わせ	2,460			1		
3	2024/1/15	手土産	1,860			2		
4	2024/1/20	印紙購入	3,000			3		
5	2024/1/25	電気代	6,240					
6	2024/2/5	切手購入	1,680					
7	2024/2/10	打ち合わせ	3,120					
8	2024/2/15	ボールペン	238					
9	2024/2/25	電気代	7,135					
10	2024/3/1	打ち合わせ	1,240					
11								
12								
13								
14								

A列〜D列には、経費明細が入っています。この経費明細を月別に集計しようとしても、「月」列がないため、このままでは月別に集計をすることはできません。

そこで、「月」列を追加しましょう。D1セルに「月」と入力して、D2セルに次の数式を入力しましょう。

```
=MONTH(A2)
```

145

この数式をコピーして、D3セル以下に貼り付けてください。

	A	B	C	D	E	F	G	H
1	日付	摘要	金額	月		月	合計金額	
2	2024/1/10	打ち合わせ	2,460	1		1		
3	2024/1/15	手土産	1,860	1		2		
4	2024/1/20	印紙購入	3,000	1		3		
5	2024/1/25	電気代	6,240	1				
6	2024/2/5	切手購入	1,680	2				
7	2024/2/10	打ち合わせ	3,120	2				
8	2024/2/15	ボールペン	238	2				
9	2024/2/25	電気代	7,135	2				
10	2024/3/1	打ち合わせ	1,240	3				

「=MONTH(A2)」と入力して、下にコピー・貼り付けする。

これで、元データの準備ができました。あとは、今までと同じ手順で計算しましょう。G2セルに次の数式を入力してコピー・貼り付けをすれば、月ごとの合計が取得できます。

```
=SUMIFS(C:C,D:D,F2)
         ①   ②  ③
```

	A	B	C	D	E	F	G	H
1	日付	摘要	金額	月		月	合計金額	
2	2024/1/10	打ち合わせ	2,460	1		1	13,560	
3	2024/1/15	手土産	1,860	1		2	12,173	
4	2024/1/20	印紙購入	3,000	1		3	1,240	
5	2024/1/25	電気代	6,240	1				
6	2024/2/5	切手購入	1,680	2				
7	2024/2/10	打ち合わせ	3,120	2				
8	2024/2/15	ボールペン	238	2				
9	2024/2/25	電気代	7,135	2				
10	2024/3/1	打ち合わせ	1,240	3				

「=SUMIFS(C:C,D:D,F2)」と入力して、下にコピー・貼り付けする。

3-12 売上金額を請求先ごとに集計する

■ 複数の取引先の金額をSUMIFS関数で集約する

ここでは、同じ会社に対する売上を複数のコード・名称で管理しているが、請求は会社単位でまとめたいという状況を考えてみましょう。たとえば、売上は「明光商事株式会社本店」「明光商事株式会社大阪支店」と事業所別に管理しているが、請求は「明光商事株式会社」としてまとめて請求したい、というような状況です。

手作業だと大変なので、SUMIFS関数を使って自動で集計してみましょう。

	A	B	C	D	E	F
1	取引先	売上金額			請求先	請求額
2	明光商事株式会社本店	1,200,000			明光商事株式会社	2,090,458
3	明光商事株式会社大阪支店	890,458			シグマ株式会社	123,093
4	シグマ株式会社	123,093			幸和株式会社	2,560,392
5	幸和株式会社	203,498				
6	幸和株式会社習志野倉庫	2,356,894				
7						

請求先別に請求額を集計する。

■ 「請求先」列を作って集計する

「請求先」別に売上金額を集計したいので、元データに「請求先」欄を付け加えましょう。次のように、「対応」シートに、取引先と請求先の対応表を作っておけば、C列はVLOOKUP関数で自動入力させることができます。

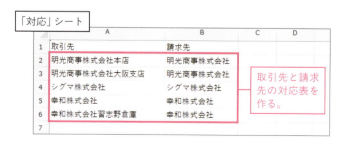

147

元シートのC2セルには、次の数式を入れています。これで、取引先に対応する請求先を元データに追加することができました。

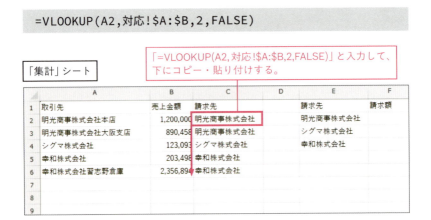

あとは、E列にSUMIFS関数を入れるだけです。E2セルには、次の数式を入力しましょう。この数式をコピーして、下に貼り付ければ、請求額の集計は完了です。

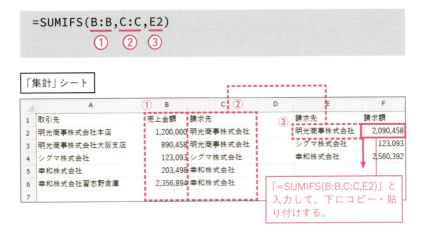

3-13 勘定科目残高の月別比較表を作成する

■ 元データをコピペするだけでは行がずれる

次のように、「6月」シート、「7月」シートに入力されている勘定科目残高を、横に並べて月別に比較する表を作成してみましょう。

「6月」シート

	A	B	C
1	勘定科目	金額	
2	売上高	100,000	
3	売上原価	30,000	
4	給料	15,000	
5	賞与	30,000	
6	家賃	10,000	
7	雑費	14,000	
8			
9			

「7月」シート

	A	B	C
1	勘定科目	金額	
2	売上高	105,000	
3	売上原価	31,000	
4	給料	15,200	
5	家賃	10,000	
6	修繕費	5,000	
7	雑費	13,500	
8			
9			

「月次比較表」シート

	A	B	C	D
1	勘定科目	6月	7月	
2	売上高	100,000	105,000	
3	売上原価	30,000	31,000	
4	給料	15,000	15,200	
5	賞与	30,000	0	
6	家賃	10,000	10,000	
7	修繕費	0	5,000	
8	雑費	14,000	13,500	
9				

Chap
3

関数でデータの処理を自動化する

149

「6月」シートと「7月」シートを比べると、使われている勘定科目に違いがあります。たとえば、賞与は「6月」シートにだけ、修繕費は「7月」シートにだけ出てきています。そのため、単に毎月のデータを横に並べただけでは、正しい表になりません。また、行数が多くなると、手作業で行を揃えるのも大変です。

■ 月別比較表のセルにそれぞれ数式を入れる

そこで、SUMIFS関数を使って、表を作成してみましょう。B2セル、C2セルに、それぞれ次の数式を入力しましょう。

```
=SUMIFS('6月'!B:B,'6月'!A:A,A2)
```

```
=SUMIFS('7月'!B:B,'7月'!A:A,A2)
```

「月次比較表」シート

	A	B	C
1	勘定科目	6月	7月
2	売上高	100,000	105,000
3	売上原価		
4	給料		
5	賞与		
6	家賃		
7	修繕費		
8	雑費		
9			

❶ 「=SUMIFS('6月'!B:B,'6月'!A:A,A2)」と入力する。

❷ 「=SUMIFS('7月'!B:B,'7月'!A:A,A2)」と入力する。

たとえば、B2セルでは、

- 金額（「6月」シートのB列）のうち
- 勘定科目（「6月」シートのA列）が「売上高」（「月次比較表」シートのA2セル）であるものの合計

を計算しています。

C2セルも、参照先シートが「7月」になっているだけで、考え方はまったく同じです。あとは、この数式をコピーして、下に貼り付けることで、勘定科目の月別比較表を作ることができます。

150

一つの数式で済むように元データの形を変える

先ほどのB2セルの数式は、B列には貼り付けることができますが、C列に貼り付けても正しく計算できません。

そこで、次の「元」シートのように、元データを1シートにまとめましょう。それに合わせてB2セルの数式を修正すると、B2セルの数式をB列、C列の両方に貼り付けられるようになります。

「元」シート

	A	B	C	D
1	勘定科目	金額	月	
2	売上高	100,000	6月	
3	売上原価	30,000	6月	
4	給料	15,000	6月	
5	賞与	30,000	6月	
6	家賃	10,000	6月	
7	雑費	14,000	6月	
8	売上高	105,000	7月	
9	売上原価	31,000	7月	
10	給料	15,200	7月	
11	家賃	10,000	7月	
12	修繕費	5,000	7月	
13	雑費	13,500	7月	

元データを1シートにまとめる

一つのシートにまとめるときには、**新しく「月」列を作り、何月かがわかる情報（6月、7月）を入れる**のがポイントです。

あとは、SUMIFS関数で、この表を勘定科目別、月別に集計しましょう。B2セルに次の数式を入れてください。その後、この数式をコピーして、B2～C8セルに貼り付けてください。

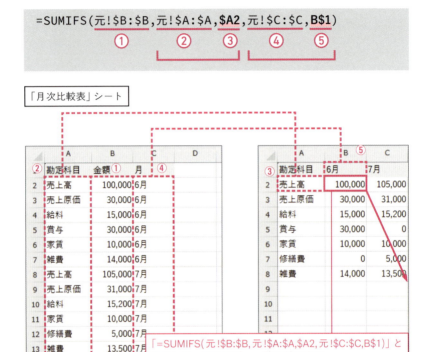

B2セルの数式では、次のような計算をしています。

- 金額（「元」シートのB列）のうち
- 勘定科目（「元」シートのA列）が「売上高」（A2セル）で、かつ、
- **月（「元」シートのC列）が「6月」（B1セル）であるもの**の合計

今回の集計表は、マトリックス型の表なので、一つ目の引数「元!$B:$B」、二つ目の引数「元!$A:$A」、四つ目の引数「元!$C:$C」は絶対参照を付けます。さらに、**三つめの引数は「$A2」、五つめの引数は「B$1」と「$」を付けるのがポイント**です（144ページ参照）。こうしておけば、この数式をコピーしてB2～C8セルに貼り付けることができます。

3-14 在庫の増減明細を作成する

三つの表から在庫増減表を作成する

次のような、期初在庫、入庫明細、出庫明細から、この期間中の在庫増減表を作成したいと思います。

「期初」シート

	A	B	C	D	E
1	日付	商品コード	商品名	数量	
2	2023/9/30	A001	緑茶	1200	
3	2023/9/30	A002	麦茶	1000	
4	2023/9/30	A003	ウーロン茶	1198	
5					
6					

「入庫」シート

	A	B	C	D	E
1	日付	商品コード	商品名	数量	
2	2023/10/2	A001	緑茶	3,330	
3	2023/10/9	A001	緑茶	3,467	
4	2023/10/16	A003	ウーロン茶	3,220	
5	2023/10/30	A002	麦茶	933	
6	2023/10/30	A003	ウーロン茶	1,772	
7	2023/11/6	A001	緑茶	4,153	
8	2023/11/6	A002	麦茶	3,199	
9	2023/11/20	A003	ウーロン茶	3,040	
10	2023/11/27	A002	麦茶	2,959	
11	2023/12/4	A002	麦茶	5,012	
12	2023/12/4	A003	ウーロン茶	1,642	
13	2023/12/11	A001	緑茶	4,186	
14					

Chap
3

関数でデータの処理を自動化する

153

「出庫」シート

	A	B	C	D	E
1	日付	商品コード	商品名	数量	
2	2023/10/2	A001	緑茶	1,090	
3	2023/10/5	A001	緑茶	2,196	
4	2023/10/12	A001	緑茶	3,591	
5	2023/10/19	A003	ウーロン茶	3,165	
6	2023/11/2	A003	ウーロン茶	1,583	
7	2023/11/3	A002	麦茶	1,011	
8	2023/11/6	A001	緑茶	4,193	
9	2023/11/8	A002	麦茶	2,985	
10	2023/11/24	A003	ウーロン茶	2,885	
11	2023/11/30	A002	麦茶	2,850	
12	2023/12/3	A002	麦茶	2,296	
13	2023/12/5	A003	ウーロン茶	1,618	
14	2023/12/7	A002	麦茶	2,609	
15	2023/12/13	A001	緑茶	4,011	
16					
17					

「集計表」シート

	A	B	C	D	E	F	G
1							
2			期初	入庫	出庫	期末	
3	A001	緑茶	1,200	15,136	15,081	1,255	
4	A002	麦茶	1,000	12,103	11,751	1,352	
5	A003	ウーロン茶	1,198	9,674	9,251	1,621	
6		合計	3,398	36,913	36,083	4,228	
7							

C3～F6セルに数式を入力して三つの表から在庫増減表を作成する。

■ 列ごとにSUMIFS関数を入れて集計をする

　期初、入庫、出庫データが別々のシートに入力されているので、「集計表」シートのC列～E列に数式を入れて、その数式を5行目までコピー・貼り付けをしましょう。F列と6行目には、SUM関数を入れて各列の合計を計算しています。

3-14 在庫の増減明細を作成する

セル	数式
C3セル	=SUMIFS(**期初**!D:D, **期初**!B:B, A3)
D3セル	=SUMIFS(**入庫**!D:D, **入庫**!B:B, A3)
E3セル	=SUMIFS(**出庫**!D:D, **出庫**!B:B, A3)
F3セル	=C3+D3-E3
C6セル	=SUM(C3:C5)

Chap

3

関数でデータの処理を自動化する

たとえば、C3セルの「=SUMIFS(期初!D:D,期初!B:B,A3)」という数式では、以下の計算をしています。

- 数量(「期初」シートのD列)のうち
- 商品コード(「期初」シートのB列)が「A001」(A3セル)であるものの合計

同様にD3セルでは入庫シート、E3セルでは出庫シートに対して、同じ計算をしています。

これでも、計算自体はできているのですが、各列ごとに数式を入力しなおす必要があり手間がかかるのが難点です。そこで、次の項では、数式の入力が一回で済む方法を考えてみます。

COLUMN

引数の入力時に挿入される「シート名」は最後に削除しよう

今回の数式を入力していくと、三つめの引数を入力するときにも、「集計表!A3」と自動的にシート名が挿入されてしまいます。面倒ですが、いったん数式を入力後、**手動でシート名を削除してください。**

なお、シート名を消すのは、**数式をすべて入力し終わってから**にしましょう。特に、シート名を消したい箇所が複数ある場合、自動的にシート名が挿入される都度シート名を消さずに、**数式を入力し終わってから、まとめてシート名を消すと手間がかかりません。**

集計しやすいようにデータをまとめて符号を整える

　今回の元データ「期初」「入庫」「出庫」は、列のレイアウトがまったく同じです。こういう場合には、元データを一つの表にまとめると、数式を一回入力するだけで目的の計算ができるようになります。そこで、新たに「集約」シートを作り、「期初」「入庫」「出庫」シートのデータを一つの表にまとめましょう。

　一つの表にまとめるときに、注意すべきポイントが二つあります。一つめのポイントは、どのシートのデータか分かるように「区分」列を作ることです。今回は、各行に「期初」「入庫」「出庫」と入力しておきます。

　二つめのポイントは、集計したい数量・金額に符号をうまくつけて、最終目的となる数値を足し算だけで計算できるようにすることです（62ページ参照）。今回は、「期初」「入庫」データはプラス、「出庫」データはマイナスの符号を付け、「期末」在庫数量を足し算だけで計算できるようにします。

①期初、入庫、出庫シートのデータを縦につなげる。

「集約」シート

	A	B	C	D	E
1	日付	商品コード	商品名	数量	区分
2	2023/9/30	A001	緑茶	1200	期初
3	2023/9/30	A002	麦茶	1000	期初
4	2023/9/30	A003	ウーロン茶	1198	期初
5	2023/10/2	A001	緑茶	3,330	入庫
6	2023/10/9	A001	緑茶	3,467	入庫
7	2023/10/16	A003	ウーロン茶	3,220	入庫
8	2023/10/30	A002	麦茶	933	入庫
9	2023/10/30	A003	ウーロン茶	1,772	入庫
10	2023/11/6	A001	緑茶	4,153	入庫
11	2023/11/6	A002	麦茶	3,199	入庫
12	2023/11/20	A003	ウーロン茶	3,040	入庫
13	2023/11/27	A002	麦茶	2,959	入庫
14	2023/12/4	A002	麦茶	5,012	入庫
15	2023/12/4	A003	ウーロン茶	1,642	入庫
16	2023/12/11	A001	緑茶	4,186	入庫
17	2023/10/2	A001	緑茶	-1,090	出庫
18	2023/10/5	A001	緑茶	-2,196	出庫
19	2023/10/12	A001	緑茶	-3,591	出庫

②「区分」列を作る。

③符号を変える。

こうしておくと、C3セルに下記の数式を入れて、**その数式をコピー・貼り付けするだけで、C3～E5セルすべての金額を計算することができます**。

=SUMIFS(集約!$D:$D,集約!$B:$B,$A3,集約!$E:E,C2)
　　　　　　①　　　　　②　　　　③　　　　④　　　⑤

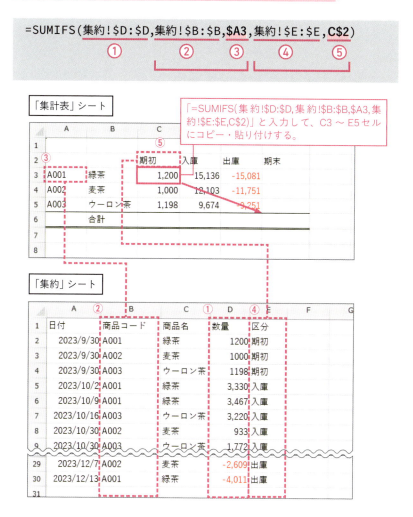

C3セルの数式は、

- 数量（「集約」シートのD列）のうち
- 商品コード（「集約」シートのB列）が「A001」（A3セル）、かつ、
- 区分（「集約」シートのD列）が「期初」（C2セル）であるものの合計

を計算しています。今回は、SUMIFS関数でマトリックス型の集計をしているので、絶対参照の付け方は144ページ、152ページとまったく同じです。

「期初」「入庫」「出庫」の三つを「入出庫区分」と表現すると、**今回の表は商品別・入出庫区分別の集計表**と考えられます。ですから、**元データに「商品」列と「(入出庫)区分」列を準備しておくことで**、今回の表を一気に作ることができるのです。

入出庫数量を符号付で表して期末在庫を簡単に計算する

次に、6行目の「合計金額」やF列の「期末」在庫をどう計算するか考えてみます。これらの行・列は、次のようにSUM関数を使って計算をすることができます。

セル	数式
F3セル	=SUM(C3:E3)
C6セル	=SUM(C3:C5)

数式を入力したら、次のように数式をコピーして貼り付けてください。

- F3セルの数式をコピーして、F4～F5セルに貼り付け
- C6セルの数式をコピーして、D6～F6セルに貼り付け

出庫数量をマイナスの数値で入力したため、**期末在庫数量を単純なSUM関数で計算できます。**

3-15 COUNTIFS関数でデータの件数を集計する

■ COUNTIFS関数とは何か？

　COUNTIFS関数は、指定した条件に合うデータの件数を集計する関数です。この関数を使うと「○○別に件数を集計する」作業を一瞬で行うことができます。
　たとえば、次のような作業を簡単に行うことができます。

- 給与明細から、月別に「給与を支給した延べ人数」を集計する
- 売上明細から、取引先別に「売上件数」を集計する

　SUMIFS関数と同じように、条件は一つでも複数でも指定することもできます。

■ 例1：「給与を支給した延べ人数」を月別に集計する

　実際の例を見てみましょう。A～C列には給与明細が入力されています。そこで、F2セルに年月（A列）が「202401」であるものの件数を表示させたいと思います。

この計算を、手作業でするとしたら、次のような手順で作業をすることになります。

- ①A列が「202401」になっている行にチェックをつけていきます。
- ②チェックの数を数えます。

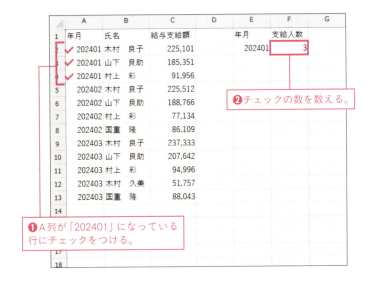

COUNTIFS関数を使うと、このような集計作業を自動化することができます。

■ COUNTIFS関数の書式

COUNTIFS関数の書式は、次のとおりです。

=COUNTIFS(条件範囲,条件)
　　　　　　①　　　②

引数	意味
① 条件範囲	「条件の判定に使う列」を指定します
② 条件	「① 条件範囲」に対する「条件」を指定します

たとえば、前ページの「例1」であれば、A列が「202401」になっている件数を集計したいので、条件範囲と条件は、次のようになります。

- 条件範囲：A列
- 条件：E2セル（202401）

エクセルの言葉に直して、COUNTIFS関数に入れると、次のようになります。

SUMIFS関数と比べると、**一つ目の引数（合計対象範囲）がCOUNTIFS関数にはありません**が、他の引数の意味は、まったく同じです。

一つめ、二つめの引数は列全体を指定しています。これもSUMIFS関数のときとまったく同じです。

指定した切り口に一致する件数を集計する

　COUNTIFS関数を使うと○○別○○別に件数を集計することができます。SUMIFS関数を使うと指定した切り口別に**合計**を集計できましたが、COUNTIFS関数を使うと指定した切り口別の**件数**を集計できるのです。

　たとえば、先ほどのシートで、年月別に支給人数を集計してみましょう。まず、集計したい切り口となる項目を入力します。E3セルに「202402」、E4セルに「202403」と入力しましょう。あとは、先ほど入力したF2セルの数式をコピーして、F3～F4セルに貼り付ければ、年月別の支給人数の集計ができます。

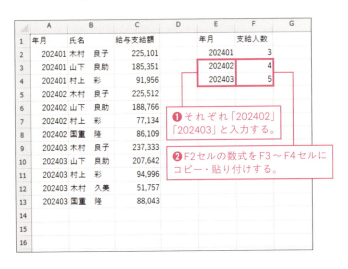

162

3-16 顧客区分別の売上件数を計算する

■ SUMIFS関数で合計、COUNTIFS関数で件数を計算する

次のように売上明細があるときに、SUMIFS関数とCOUNTIFS関数を使って顧客区分別に売上金額と件数を集計し、平均単価を計算したいと思います。

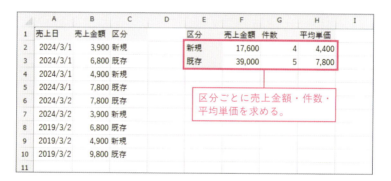

合計金額はSUMIFS関数で計算する

F2セルに次の数式を入れます。

```
=SUMIFS(B:B,C:C,E2)
```

この数式では、以下の計算をしています。

- 売上金額列（B列）のうち
- 区分列（C列）が「新規」（E2セル）であるものの合計

この数式をコピーして、下に貼り付けると、合計金額が計算できます。

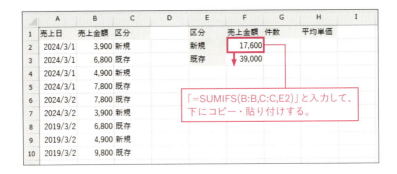

件数はCOUNTIFS関数で計算する

G2セルに次の数式を入れます。

```
=COUNTIFS(C:C,E2)
```

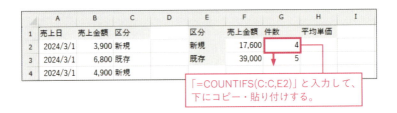

この数式では区分列（C列）が「新規」（E2セル）であるものの合計を計算しています。この数式をコピーして、下に貼り付けると、件数が計算できます。

SUMIFS関数の数式と比較すると、SUMIFS関数の一つめの引数がないだけで、あとはまったく同じです。

平均単価は割り算で計算する

H2セルには「=F2/G2」と入力します。この数式をコピーして、下に貼り付けると平均単価が計算できます。

3-17 数式でスピルを使って 一気に計算をする

スピルとは何か?

　Excel 2021以降、さまざまな機能や関数が導入されています。追加された機能や関数は、非常に革新的で、従来は記述することが非常に難しかった処理を簡単に書くことができます。その中核となる機能がスピルです。

　従来は、数式の計算結果は数式を入力したセルにだけ表示されていました。ところが、Excel 2021以降、数式の計算結果が、数式を入力したセルの右または下方向のセルにも表示される場合があります。このことをスピルといいます。

　たとえば、次の例では、E4セルにしか数式を入れていないのに、E4 ～ F6セルに計算結果が表示されています。

	A	B	C	D	E	F	G
1	取引明細				商品名	ウーロン茶	
2							
3	商品名	数量	金額		数量	金額	
4	コーヒー	992	47,616		183	9,333	
5	ウーロン茶	183	9,333		774	38,700	
6	緑茶	392	19,600		877	45,604	
7	ウーロン茶	774	38,700				
8	コーラ	291	13,386				
9	コーヒー	544	26,656				
10	ウーロン茶	877	45,604				
11	緑茶	316	15,484				
12							

E4セルに数式を入れると、E4 ～ F6セルに計算結果が表示される。

　スピルをするパターンは、大きく次の二つに分けられます。

(1) 通常は単一の値やセルを入力する場所にセル範囲などを入力する

　単なる四則演算や演算子、既存の関数などを使った計算をするときに、通常は単一の値やセルを入力する場所にセル範囲などを入力するとスピルする場合があります。

165

（2）Excel 2021以降に導入された新しい関数を使う

UNIQUE関数やFILTER関数など、新たに導入された一部の関数を使うと計算結果がスピルします。

■ 四則演算などの演算子を使った数式を一気に計算する

「+」「-」「*」「/」などの算術演算子や、「&」の結合演算子、「=」「>」「>=」「<」「<=」「<>」などの比較演算子の両側には、通常は、単一の値やセルを指定します。これらの演算子の片側または両側にセル範囲を指定すると、複数の計算を一気に行うことができます。

1. 片側にセル範囲を指定する

まず、足し算の計算をするときに「+」の片側にセル範囲を指定してみましょう。

それぞれのセルには、以下の数式を入力しています。

セル	数式
D2セル	=B2:B4+1
F4セル	=F2:H2+1
M2セル	=J2:K4+1

D2セルには、「+」の左に「B2:B4」と3行×1列のセル範囲を入力しています。このように、四則演算のどちらかにセル範囲を指定すると、セル範囲に含まれる一つ一つのセルの値を使って計算をして、その計算結果が複数のセルに表示されます。その結果、D2セルに「=B2+1」、D3セルに「=B3+1」、D4セルに「=B4+1」の計算結果が表示されます。

F4セルのような1行×複数列のセル範囲、J2セルのような複数行×複数列のセル範囲を指定しても、同じようにスピルさせることができます。

2. 四則演算の両側に同じ形のセル範囲を指定する

次に、四則演算の両側に同じ形のセル範囲を指定してみましょう。

それぞれのセルに、以下の数式を入力しています。

セル	数式
E2セル	=B2:B4+C2:C4
G5セル	=G2:I2+G3:I3
P2セル	=K2:L4+M2:N4

　今度は、「+」の両側に、同じ形のセル範囲を指定しています。この場合、そ
れぞれのセル範囲について、対応する一つ一つのセルの値を使って計算をして、
その計算結果が複数のセルに表示されます。

　たとえば、E2セルの数式の場合、「+」の左側に「B2:B4」、右側に「C2:C4」
と同じ形のセル範囲を指定しています。ですから、E2セルに「=B2+C2」、E3
セルに「=B3+C3」、E4セルに「=B4+C4」の計算結果が表示されます。

3. 四則演算の両側に違う形のセル範囲を指定する

最後に、四則演算の両側に、違う形のセル範囲を指定してみましょう。

それぞれのセルに、以下の数式を入力しています。

セル	数式
C3セル	=B3:B5+C2:D2
K3セル	=G3:G5+H2:I2+H3:I5

「+」の両側に、違う形のセル範囲を指定した場合の基本的な考え方は次のとおりです。

- 1. 1列だけのセル範囲があれば横に伸ばす
- 2. 1行だけのセル範囲があれば縦に伸ばす
- 3. それぞれのマス目ごとの値を使って計算をする

たとえば、C3セルの数式では、次のようなイメージで計算をします。

- 1. B3 〜 B5セルは1列だけなので、横に伸ばす
- 2. C2 〜 D2セルは1行だけなので、縦に伸ばす
- 3. 各マスごとに計算をする

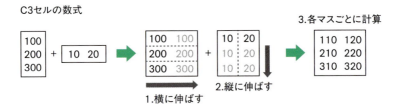

同じように、K3セルの数式も、次のようなイメージで計算をします。

- 1. G3 〜 G5セルは横1列なので、横に伸ばす
- 2. H2 〜 I2セルは縦1行なので、縦に伸ばす
- 3. 各マスごとに計算をする

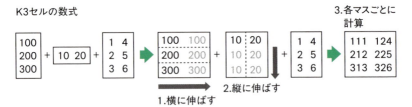

今回は、すべての例で「+」を使いましたが、他の演算子でも同じように計算することができます。

3-18 既存関数でスピルをする

既存関数に同じ形のセル範囲を指定してスピルする

多くの関数では、通常は単一の値やセルを指定する引数にセル範囲を指定すると、計算結果をスピルして表示させることができます。ここでは、二つの例を見てみたいと思います。

次の表では、C2セルに「=DATE(2024,A2:A5,B2:B5)」と入力して、2024年の指定した月・日に対応する日付データを一気に作っています。

	A	B	C
1	月	日	日付データ
2	1	31	2024/1/31
3	2	29	2024/2/29
4	3	31	2024/3/31
5	4	30	2024/4/30

DATE関数は、一つ目～三つ目の引数まで、すべて単一の値を指定することが想定されています。その二つ目、三つ目の引数に、あえてセル範囲を指定することで、スピルをさせています。二つ目、三つ目の引数のセル範囲が同じ形をしているため、それぞれのセル範囲について、対応する一つ一つのセルの値を使って計算をして、その計算結果が複数のセルに表示されます。

既存関数に違う形のセル範囲を指定してスピルする

もう一つ例を見てみましょう。たとえば、次の表は、3-10で紹介したSUMIFS関数でマトリックス型の集計をしたときの表です。ここで、F2セルに「=SUMIFS(C:C,A:A,F1:G1,B:B,E2:E5)」と入力すると、F2〜G5セルに一気にSUMIFS関数の計算結果を表示できます。

	A	B	C	D	E	F	G	H
1	月	取引先名	売上金額			1月	2月	
2	1月	明光商事株式会社	10,000		シグマ株式会社	20,000	140,000	
3	1月	シグマ株式会社	20,000		株式会社スカイ	0	50,000	
4	1月	幸和株式会社	30,000		幸和株式会社	30,000	70,000	
5	1月	明光商事株式会社	40,000		明光商事株式会社	50,000	90,000	
6	2月	株式会社スカイ	50,000					
7	2月	シグマ株式会社	60,000					
8	2月	幸和株式会社	70,000					
9	2月	シグマ株式会社	80,000					
10	2月	明光商事株式会社	90,000					

ポイントは、三つ目の引数と五つ目の引数です。これらの引数は、本来は一つのセルだけを指定するところですが、それぞれ「F1:G1」と「E2:E5」とセル範囲をしています。この場合、この二つの引数について、先ほどの足し算の例の場合と同じように、必要に応じてセル範囲を縦・横に伸ばして、各マスごとに計算をすることになります。

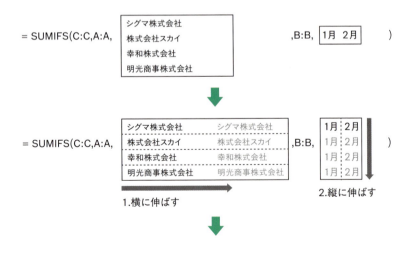

3.各マスごとに計算

= | SUMIFS(C:C,A:A,"シグマ株式会社",B:B,"1月") | SUMIFS(C:C,A:A,"シグマ株式会社",B:B,"2月") |
SUMIFS(C:C,A:A,"株式会社スカイ",B:B,"1月")	SUMIFS(C:C,A:A,"株式会社スカイ",B:B,"2月")
SUMIFS(C:C,A:A,"幸和株式会社",B:B,"1月")	SUMIFS(C:C,A:A,"幸和株式会社",B:B,"2月")
SUMIFS(C:C,A:A,"明光商事株式会社",B:B,"1月")	SUMIFS(C:C,A:A,"明光商事株式会社",B:B,"2月")

20,000	140,000
0	50,000
30,000	70,000
50,000	90,000

今回の数式では、以下の点に注意してください。

- 数式をF2セルに入力するだけで、全セルの計算結果が表示されます。計算をするために、F2セルの数式をF2〜G5セルにコピー・貼り付けする必要がないため、絶対参照や複合参照を使う必要はありません。
- SUMIFS関数の一つめの引数、二つ目の引数、四つ目の引数は、もともとセル範囲を受け取る引数です。ですから、今回のように「C:C」「A:A」「B:B」とセル範囲が入力されていても、スピルの計算には関係ありません。

■ スピルに対応している関数と対応していない関数

多くの関数はスピルに対応していますが、スピルに対応していない関数もあります。また、スピルに対応している場合でも、どれか一つの引数でしかスピルしない、縦・横のどちらかにしかスピルしないなどの制約がある場合もあります。関数がスピルに対応しているかどうかや、対応している場合に何らかの制約があるかどうかについては、明確な法則はないため、個別に確認する必要があります。

スピルに対応している関数

代表的な関数では、IF関数、SUMIFS関数、ROUND関数、DATE関数、TEXT関数はスピルに対応しています。また、VLOOKUP関数、EOMONTH関数は、制限付きながらスピルに対応しています。

VLOOKUP関数の場合、スピルには対応しているのですが、どれか一つの

引数でしかスピルしないという制約があります。また、EOMONTH関数では、
「=EOMONTH(A1:A3,0)」のようにセル範囲を指定しただけだとエラーになる一
方、「=EOMONTH(A1:A3*1,0)」と引数内でかけ算をしておけばスピルできま
す。

このように、スピルに対応している場合でも、スピルできるための条件が細かく
決まっている場合もあります。うまくスピルできない場合には個別に確認をしましょ
う。

スピルに対応していない関数

逆に、スピルに対応していない関数の代表例は、SUM関数、AND関数、
OR関数、MAX関数、MIN関数のような、もともと引数にセル範囲を入れること
を予定されている関数です。

たとえば、次の図では、それぞれ次の数式が入力されています。

セル	数式	行われる計算の内容
D2セル	=SUM(B2:B4,C2:C4)	B2 〜 B4セルとC2 〜 C4セルのすべての値の合計
H2セル	=MAX(F2:F4,G2:G4)	F2 〜 F4セルとG2 〜 G4セルのすべての値の最大値
L2セル	=AND(J2:J4,K2:K4)	J2 〜 J4セルとK2 〜 K4セルのすべてがTRUEの場合にTRUE、そうでない場合はFALSE

これらの関数では、一つ目の引数と二つ目の引数に同じ形のセル範囲を指定
していますが、対応するマス目ごとの計算が行われず、一つ目の引数と二つ目の
引数で指定した、合計六つのセルをまとめて計算を行います。もし、対応するマ
ス目ごとの計算をしたい場合には、SUM関数、OR関数の代わりに「+」、AND
関数の代わりに「*」、MAX関数、MIN関数の代わりにIF関数を使いましょう。

3-19 UNIQUE関数で重複のない一覧を作成する

■ 重複のない一覧を作成する

Excel 2021で導入されたUNIQUE関数を使うと、重複のない一覧を作成できます。

従来は、重複のない一覧を作成する場合には、下記のように、やや手間がかかる操作をする必要がありました。

- メニューから「重複の削除」やピボットテーブルの操作をする
- COUNTIFS関数で件数をカウントして重複している明細を把握して除外する

一方で、UNIQUE関数を使えば、関数で、簡単に重複のない一覧を作成することができます。

■ UNIQUE関数の書式

UNIQUE関数の書式は次のとおりです。

=UNIQUE (配列 , 列の比較 , 回数指定)
　　　　　 ①　　　 ②　　　　 ③

引数	意味
① 配列	対象のセル範囲を指定します
② 列の比較	FALSEを指定するか省略すると行同士を比較、TRUEを指定すると列同士を比較します
③ 回数指定	FALSEを指定するか省略すると1回以上出現する値を返し、TRUEを指定すると1回だけ出現する値を返します

UNIQUE関数の使用例

たとえば、次のように、A2セル以下に取引先名が入力されている場合を考えてみましょう。

A2セル以下には、A4セルとA6セルの「(株)津田沼」のように、重複して入力されている取引先があります。そこで、ここから重複のない取引先の一覧表を作成してみましょう。C2セルに次の数式を入力します。

```
=UNIQUE(A2:A9)
```

これで、C2セル以下に、重複のない取引先の一覧が表示されます。

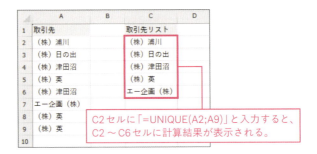

C2セルに「=UNIQUE(A2:A9)」と入力すると、C2～C6セルに計算結果が表示される。

「#」でスピルした範囲を参照する

スピルする数式を入力したセルの後に「#」を入力することで、スピルした範囲全体を参照できます。たとえば、次の例では、UNIQUE関数で抽出した結果を

「#」で参照して、SUMIFS関数の集計に使っています。

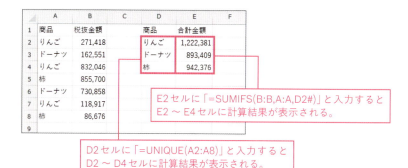

セル	数式
D2セル	=UNIQUE(A2:A8)
E2セル	=SUMIFS(B:B,A:A,D2#)

　E2セルに入力したSUMIFS関数の三つ目の引数の「D2#」で「#」を使っています。D2セルに入れたUNIQUE関数の計算結果は、D2 〜 D4セルにスピルしているので、「D2#」は「D2:D4」と指定しているのと同じ意味になります。

　SUMIFS関数の三つ目の引数は、本来は一つのセルだけを指定するところです。そこに「D2#」（今回の例では「D2:D4」と同じ意味）とセル範囲を指定しています。その結果、計算結果がスピルすることになります。具体的には、E2セルは「=SUMIFS(B:B,A:A,D2)」、E3セルは「=SUMIFS(B:B,A:A,D3)」、E4セルは「=SUMIFS(B:B,A:A,D4)」が入力したのと同じ計算が行われるのです。

3-20 SORTBY関数で並べ替える

■ SORTBY関数の書式

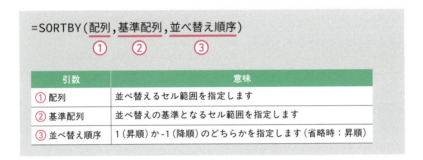

「②基準配列」には、行単位で並べ替えるか列単位で並べ替えるかに応じて、次の二つのどちらかの大きさのセル範囲か配列を指定します。

並べ替える向き	「②基準配列」で指定するセル範囲の大きさ
行単位で並べ替えたい場合	「①配列」と同じ高さ×1列
列単位で並べ替えたい場合	1行×「①配列」と同じ幅

なお、基準配列、並べ替え順序を複数指定することもできます。その場合には、「基準配列」「並べ替え順序」をセットで、引数を二つずつ追加しましょう。

■ SORTBY関数の使用例

次のように、A～B列に取引先別の売上金額が入力されている場合を考えてみましょう。

3-20 SORTBY関数で並べ替える

	A	B	C	D	E	F
1	取引先	金額		取引先	金額	
2	明光商事株式会社	6,494,794				
3	シグマ株式会社	85,484				
4	幸和株式会社	1,399,771				
5	株式会社スカイ	2,719,683				
6	みやぎ有限会社	6,105,058				
7	レキオス株式会社	8,969,305				
8	丸久株式会社	982,561				
9						

この表を、売上金額の多い取引先の順番に並べ替えてD2セル以下に表示させましょう。D2セルに次の数式を入力します。

```
=SORTBY(A2:B8,B2:B8,-1)
```

「②基準配列」が1列なので、行単位に並べ替えられます。「③並べ替え順序」に「-1」を指定しているため、A2～B8セルのデータが、B2～B8セルの金額の降順（＝大きいものから小さいものの順番）に並べ替えて表示されます。

D2セルに「=SORTBY(A2:B8,B2:B8,-1)」と入力すると、D2～E8セルに計算結果が表示される。

3-21 FILTER関数で条件に一致するデータを抽出する

条件に一致するデータを抽出する

　従来は、条件に一致するデータを抽出したいときには、メニューから「フィルター」の機能を使う必要がありました。ところが、Excel 2021で導入されたFILTER関数を使うと、条件に一致するデータを抽出できます。

　FILTER関数の一番の特徴は、条件に一致するデータを複数抽出できるところです。VLOOKUP関数も条件に一致するデータを抽出できる点では同じですが、条件に一致するデータを一つしか抽出できないところが大きく違います。

　データの抽出操作は、データを処理するときに一番基本となる操作の一つです。非常に重要な関数ですので、確実に使えるようにしておきましょう。

FILTER関数の書式

　FILTER関数の書式は次のとおりです。

=FILTER(配列,条件,空の場合)
　　　　　①　　②　　③

引数	意味
① 配列	対象となるセル範囲または配列
② 含む	抽出対象を TRUE、それ以外を FALSE で指定するセル範囲または配列
③ 空の場合	抽出結果が空の場合に返す値

　「②含む」には、行を抽出したいか列を抽出したいかに応じて、次の二つのどちらかの大きさのセル範囲か配列を指定します。

抽出する向き	「②含む」で指定するセル範囲の大きさ
該当する行を抽出したい場合	「①配列」と同じ高さ×1列
該当する列を抽出したい場合	1行×「①配列」と同じ幅

FILTER関数の使用例

次のように、A〜C列に取引明細が入力されている場合を考えてみましょう。

この取引明細のB〜C列(数量と金額列)のうち、F1セルの値「ウーロン茶」と商品名が一致する行を抽出して、E4セル以下に表示するには、E4セルに次の数式を入力します。

```
=FILTER(B:C,A:A=F1)
```

これで、A列に「ウーロン茶」と入力されている行だけが抽出されて、E4セル以下に表示されます。

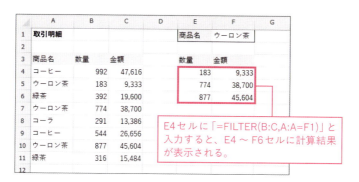

E4セルに「=FILTER(B:C,A:A=F1)」と入力すると、E4〜F6セルに計算結果が表示される。

■ FILTER関数の解説

先ほどの数式の「①配列」には「B:C」と指定しています。これで、B〜C列全体を指定しています。そして、「②含む」の「A:A=F1」では、スピルの機能を使って、A列の各セルについてF1セルと一致しているかを調べています。

「②含む」の数式のイメージを掴むために、試しにD1セルに「=A:A=F1」と入力してみましょう。すると、D5セル、D7セル、D10セルにだけ「TRUE」が表示され、それ以外のD列のセルには「FALSE」が表示されます。なお、数式に出てくる二つの「=」の意味については69ページを参照してください。

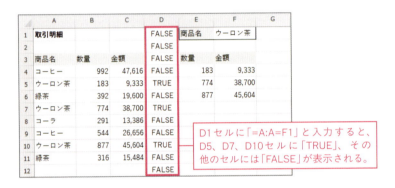

この数式では、3-17の「四則演算の片側にセル範囲を指定する」と同じ計算を「+」の代わりに「=」を使って行っています。「=」の左側に列全体を指定しているので、D1セルには「=A1=F1」、D2セルには「=A2=F1」、そして、同じようにして最終行のD1048576セルには「=A1048576=F1」の計算結果が表示されます。

そして、FILTER関数では、「①配列」のデータのうち、この計算結果が「TRUE」の行だけを抽出します。ですから、E4セルに「=FILTER(B:C,A:A=F1)」という数式を入力すると、B〜C列のうちD列がTRUEの行である、5行目、7行目、10行目だけが表示されるのです。

3-22 XLOOKUP関数で表から値を検索する

表から値を検索する

従来、表から値を検索するときにはVLOOKUP関数を使っていました。Excel 2021からは、VLOOKUP関数を使いやすく改良したXLOOKUP関数が導入されました。特に、以下のような場合では、VLOOKUP関数よりも楽に処理ができます。

- 列数の多い表から検索をしたい場合
- 複数の列の値を表示したい場合
- 検索した値の左側の値を表示したい場合
- データが見つからなかった場合に代わりの値を表示したい場合

XLOOKUP関数の書式

XLOOKUP関数の書式は次のとおりです。

=XLOOKUP(検索値,検索範囲,戻り範囲,見つからない場合,一致モード,検索モード)
　　　　　①　　　②　　　③　　　④　　　　　⑤　　　⑥

引数	意味
① 検索値	「調べたい値」を指定します
② 検索範囲	対照表の中で「調べたい値」が入力されている範囲を指定します
③ 戻り範囲	対照表の中で「目的の値」が入力されている範囲を指定します
④ 見つからない場合	「調べたい値」が見つからなかった場合に表示する値を指定します
⑤ 一致モード	0：一致した項目を返します（省略時） -1：一致した項目を返すが、該当ない場合は次に小さい項目を返します 1：一致した項目を返すが、該当ない場合は次に大きい項目を返します 2：ワイルドカードを使って検索します 3：正規表現を使って検索します
⑥ 検索モード	1：先頭から末尾に向かって検索します（省略時） -1：末尾から先頭に向かって検索します 2：「②検索範囲」が昇順で並べ替えられていることを前提にバイナリ検索をします -2：「②検索範囲」が降順で並べ替えられていることを前提にバイナリ検索をします

Chap 3
関数でデータの処理を自動化する

181

■ XLOOKUP関数の使用例

次のようにD～E列に取引先の一覧表があり、A2セルに取引先コードが入力されているとします。

ここで、XLOOKUP関数を使うと、「A2セルの取引先コード」をD列から探して、対応するE列の「取引先名」をB2セルに表示させることができます。

```
=XLOOKUP(A2,D:D,E:E)
```

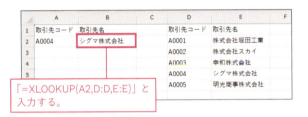

「=XLOOKUP(A2,D:D,E:E)」と入力する。

■ XLOOKUP関数の解説

一つ目の引数「A2」で指定した値を、二つ目の引数「D:D」の範囲から探します。そして、該当するデータがあった場合には、三つ目の引数「E:E」の中から対応するデータを返します。

なお、二つ目の引数と三つ目の引数は、同じ形のセル範囲を指定しないとエラーになるので注意してください。

■ VLOOKUP関数と比較した XLOOKUP関数のメリットとデメリット

VLOOKUP関数と比べて、XLOOKUP関数には次のようなメリットがあります。

3-22 XLOOKUP 関数で表から値を検索する

- 大きな表の場合に列番号を数えて指定する必要がない
- 列番号を使わずに「②検索範囲」と「③戻り範囲」を指定できるので、複数の列の値を表示させたいときでも数式をコピー・貼り付けしやすい
- 「②検索範囲」と「③戻り範囲」を別々に指定できるので、検索範囲よりも戻り範囲を左側に設定できる
- 「④見つからない場合」を指定すると、IFERROR関数の入れ子をしないでも「②検索範囲」に値が存在しなかった場合に表示する値を指定できる

一方で、次のようなデメリットもあります。

- 「①検索値」に空欄、「②検索範囲」に列全体を指定すると「#N/A」エラーが生じないためIFERROR関数を使ってセルを空欄にすることができない

　基本的にはXLOOKUP関数を使うほうが楽になることが多いのですが、VLOOKUP関数のほうが楽な場合もあります。ですから、この二つの関数は、場面に応じて使い分けるようにしましょう。

　また、XLOOKUP関数はExcel 2021以降でしか使えないので、少しでもExcel 2019以前のエクセルでファイルを開く可能性がある場合には、VLOOKUP関数を使うことをおすすめします。

Chap

3

関数でデータの処理を自動化する

3-23 GROUPBY関数で集計表を作る

集計表を作る

サブスクリプション型のMicrosoft 365のエクセルで使えるGROUPBY関数を使うと、指定した一つまたは複数の切り口でデータを集計して集計表を作ることができます。

従来は、関数で集計表を作るには、UNIQUE関数や手作業で見出しを作った後に、SUMIFS関数で金額を集計する必要がありました。一方で、GROUPBY関数を使えば、見出しや合計部分も含めた集計表を一気に作ることができます。

GROUPBY関数の書式

GROUPBY関数の書式は次のとおりです。

```
=GROUPBY(row_fields,values,function,field_headers,total_
          ①         ②        ③         ④            ⑤
depth,sort_order,filter_array,field_relationship)
   ⑥         ⑦          ⑧
```

引数 （引数の日本語訳）	意味
① row_fields （行フィールド）	集計の切り口として使うセル範囲を指定します。
② values （値フィールド）	集計する値が入力されたセル範囲を指定します。
③ function （集計用関数）	集計に使う関数を指定します。

④ field_headers （見出し）	①row_fields、②valuesの先頭行を見出しとして扱うかどうかと、集計表に見出しを表示するかどうかを指定します。 0：元データの先頭行もデータとして扱う。集計表に見出しを表示しない 1：元データの先頭行を見出しとして扱う。集計表には見出しを表示しない 2：元データの先頭行をテータとして扱う。集計表に見出しを（自動生成して）表示する 3：元データの先頭行を見出しとして扱う。集計表にその見出しを表示する 省略時：②valuesの値に応じて元データの先頭行を見出しとして扱うかを自動判定する。集計表の見出しは表示する。
⑤ total_depth （集計レベル）	合計・小計行を何段階まで出力するかを数値で指定します。符号がプラスなら合計・小計行を末尾に、マイナスなら合計・小計行を先頭に出力します。 　0　：出力しない 　1～：合計・小計を指定した段階分だけ末尾に出力する -1～：合計・小計を指定した段階分だけ先頭に出力する 省略時：「1」を指定するのと同じ
⑥ sort_order （並べ替え列）	並べ替えに使う列を、符号付きの列番号で指定します。列番号は、①row_fields、②valuesに指定した列の順に割り振られ、プラスなら昇順、マイナスなら降順に並べ替えます。
⑦ filter_array （抽出用配列）	抽出対象を論理値で指定するセル範囲または配列を指定します。
⑧ field_ relationship （並べ替え時挙動）	⑥sort_orderを指定して並べ替えるときの小計に関連する挙動を指定します。 0：小計のレベル、小計内部のレベルで並べ替える 1：全体で並べ替える 省略時：0と同じ

■ GROUPBY関数の使用例

たとえば、次のようなにA～C列に売上明細が入力されているときに、取引先ごとに売上金額を集計してみましょう。

E1セルに次の数式を入力すると、E～F列に取引先別の売上金額を集計できました。

```
=GROUPBY(B:B,C:C,SUM,3,,,C:C<>0)
```

E1セルに「GROUPBY(B:B,C:C,SUM,3,,,C:C<>0)」と入力するとE1～F6セルに計算結果が表示される。

GROUPBY関数の解説

　一つ目の引数「B:B」でB列を集計の切り口とすること、二つ目の引数「C:C」でC列の金額を集計することを指定しています。

　そして、三つ目の引数には、集計に使う関数を入力します。今回は、C列の金額の合計を計算したいので、三つ目の引数には「SUM」を指定します。

　見出しについては、一つ目、二つ目の引数で指定する元データに見出しを含んでいて、出力データに見出しを表示したいので「3」を指定します。

　また、元データに列全体を指定しているため、七つ目の引数で「C:C<>0」と指定して、C列が0または空欄の行を除外するように設定しています。この設定をしない場合、11行目以下のB列が空欄になっている行も集計結果に含まれてしまい、表示が乱れてしまうことに注意してください。

　なお、表示形式は自動的に設定されないので、数式を入力しただけだとF列の金額がカンマ区切りで表示されません。必要に応じて手で表示形式を設定してください。

3-24 PIVOTBY関数で集計表を作る

■ 集計表を作る

サブスクリプション型のMicrosoft 365のExcelで使えるPIVOTBY関数を使うと、指定した切り口を縦と横に並べてデータを集計するクロス集計表を作ることができます。

集計結果を縦方向にだけ並べたいときにはGROUPBY関数、縦と横の両方に並べるクロス集計表を作りたいときにはPIVOTBY関数を使いましょう。

■ PIVOTBY関数の書式

PIVOTBY関数の書式は次のとおりです。

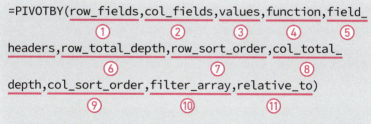

引数 (引数の日本語訳)	意味
① row_fields (行フィールド)	縦方向の集計の切り口として使うセル範囲を指定します。
② col_fields (列フィールド)	横方向の集計の切り口として使うセル範囲を指定します。
③ values (値フィールド)	集計する値が入力されたセル範囲を指定します。
④ function (集計用関数)	集計に使う関数を指定します。

⑤ field_headers (見出し)	①row_fields、②valuesの先頭行を見出しとして扱うかどうかと、集計表に見出しを表示するかどうかを指定します。 0：元データの先頭行もデータとして扱う。集計表に見出しを表示しない 1：元データの先頭行を見出しとして扱う。集計表には見出しを表示しない 2：元データの先頭行をテータとして扱う。集計表に見出しを（自動生成して）表示する 3：元データの先頭行を見出しとして扱う。集計表にその見出しを表示する 省略時：②valuesの値に応じて元データの先頭行を見出しとして扱うかを自動判定する。集計表の見出しは表示する。
⑥ row_total_depth (集計レベル)	縦方向の集計について合計・小計行を何段階まで出力するかを数値で指定します。符号がプラスなら合計・小計行を末尾に、マイナスなら合計・小計行を先頭に出力します。 0　　：出力しない 1～：合計・小計を指定した段階分だけ末尾に出力する -1～：合計・小計を指定した段階分だけ先頭に出力する 省略時：「1」を指定するのと同じ
⑦ row_sort_order (行方向の 並べ替え列)	縦方向の並べ替えに使う列を、符号付きの列番号で指定します。列番号は、①row_fields、③valuesに指定した列の順に割り振られ、プラスなら昇順、マイナスなら降順に並べ替えます。
⑧ col_total_depth (列集計レベル)	横方向の集計について合計・小計行を何段階まで出力するかを数値で指定します。指定する番号の意味は⑥row_total_depthと同じです。
⑨ col_sort_order (列方向の 並べ替え列)	横方向の並べ替えに使う列を、符号付きの列番号で指定します。列番号は、②col_fields、③valuesに指定した列の順に割り振られ、プラスなら昇順、マイナスなら降順に並べ替えます。
⑩ filter_array (抽出用配列)	抽出対象を論理値で指定するセル範囲または配列を指定します。
⑪ relative_to	④functionに渡す二つ目の引数に入れるデータを選択します。 0：列合計 1：行合計 2：総合計 3：一つ上の区分の列合計 4：一つ上の区分の行合計 省略時：0と同じ

■ PIVOTBY関数の使用例

　たとえば、次のようなにA～C列に売上明細が入力されているときに、取引先ごと月ごとに売上金額を集計してみましょう。

3-24　PIVOTBY 関数で集計表を作る

　E1セルに次の数式を入力すると、E〜H列に取引先別・月別の売上金額を集計できました。

```
=PIVOTBY(B:B,A:A,C:C,SUM,1,,,,,C:C<>0)
```

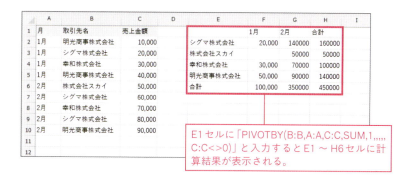

E1セルに「PIVOTBY(B:B,A:A,C:C,SUM,1,,,,,C:C<>0)」と入力するとE1〜H6セルに計算結果が表示される。

PIVOTBY関数の解説

　一つ目の引数の「B:B」でB列を縦方向の集計の切り口とすること、二つ目の引数「A:A」でA列を横方向の集計の切り口にすることを指定しています。

　三つ目の引数の「C:C」ではC列の金額を集計することを指定しています。今回は、C列の金額の合計を計算したいので、四つ目の引数は「SUM」を指定しています。

　五つ目の引数の「1」は見出しについての設定です。一つ目〜三つ目の引数で指定する元データに見出しを含んでいる一方、出力データに「月」「取引先名」という列を表す見出しを表示しないようにするため「1」を指定しています。なお、

189

取引先名の「シグマ株式会社」や月の「1月」などのクロス集計表の集計区分となる項目は、この設定にかかわらず常に表示されることに注意してください。

　最後に、10個目の引数で「C:C<>0」と指定して、元データのうちC列が0または空欄の行を除外するように設定しています。この引数を指定しない場合、11行目以下のB列が空欄になっている行も集計結果に含まれてしまい、表示が乱れてしまうことに注意してください。

　なお、表示形式は自動的に設定されないので、数式を入力しただけではF～H列の金額はカンマ区切りで表示されません。必要に応じて手で表示形式を設定してください。

_Chapter 4

仕訳データを
会計ソフトにインポートする

4-1 エクセルで仕訳データを作成する

■ エクセルで仕訳データを作成する全体像

エクセルで仕訳データを作成するメリット

弥生会計に限らず、会計ソフトは全般的に、**仕訳の入力・編集がしにくい傾向にあります**。特に会計ソフトに慣れていない人が入力する場合には、仕訳をエクセルで作成できれば、それだけで作業効率が上がります。

また、仕訳の基礎データをエクセル（あるいは後で説明するCSVデータ）で入手できれば、それをエクセル上で加工することで、手間をかけずに仕訳データを作成することができます。そこで、エクセルで仕訳データを作成し、弥生会計にインポートする仕組みを作ってみましょう。

インポート用フォーマットを作成する手順

最初から多機能・便利な仕組みを作るのは大変です。そこで、次のように、最初は最低限の機能を持つシートを作り、少しずつ改良を加えていきます。

■ 1. 弥生会計にインポートできるシートを作る

まず、インポート用CSVデータの仕様書に従って、シートを作ります。そのシートに、**手入力で仕訳データを入れて**、弥生会計にインポートしてみましょう。

この段階では、弥生会計に取り込めることの確認が最優先です。そのため、数式は使わず、手作業でデータを入力していきます。

■ 2. 仕訳入力用シートを別途作成する

インポート用のシートにそのまま入力すると、仕訳と直接関係のない項目を入力する必要があるなど使い勝手がよくありません。そこで、インポート用のシートとは別に、仕訳入力用のシートを作ります。シートをインポート用と入力用に分けることで、作業効率が上がります。

■ 3. 様々な形式のデータからインポートデータを自動生成する

通常、入力する仕訳の大半は、現金・預金の入出金データです。そこで、出納帳形式のデータから、直接インポート用のデータを作成する仕組みを作ってみます。これができると、入出金データの取り込み時にエクセルでの加工作業が不要になり、元データをコピペするだけで仕訳データができあがるので、業務量を大きく減らせます。

同様に、売上データや給与データから、直接インポート用のデータを作成する仕組みも作ってみましょう。

■ CSVデータとは何か？

CSVデータは「カンマで区切られた値」

会計ソフトにデータを取り込むためには、会計ソフトが指定した形式でデータを作る必要があります。弥生会計の場合には、**CSV形式**でデータを作ります。

CSVというのは、Comma Separated Value の略で、その名の通り「カンマで区切られた値」という意味です。そして、CSV形式のデータが入ったファイルを「CSVデータ」と呼びます。

CSVデータの例

```
"2000",2,"","R.05/04/02","普通預金","","みずほ銀行","","","対象外","147558,0,"売掛金"
"2000",3,"","R.05/04/02","普通預金","","みずほ銀行","","","対象外",133865,0,"売掛金"
"2000",4,"","R.05/04/02","普通預金","","みずほ銀行","","","対象外",64311,0,"売掛金"
"2000",632,"","R.05/04/07","消耗品費","","","","課対仕入内10%区分100%",20609,1873
"2000",5,"","R.05/04/09","通信費","","","","課対仕入内10%区分100%",13576,1234,"普通
"2000",6,"","R.05/04/09","通信費","","","","課対仕入内10%区分100%",8224,747,"普通
"2000",7,"","R.05/04/09","車両費","","","","課対仕入内10%区分100%",19362,1760,"普
"2000",8,"","R.05/04/09","普通預金","","みずほ銀行","","","対象外",178237,0,"売掛金
"2000",9,"","R.05/04/10","普通預金","","みずほ銀行","","","対象外",430724,0,"売掛
"2000",633,"","R.05/04/11","交際費","","","","課対仕入内10%区分100%",4830,439,"現
"2000",634,"","R.05/04/14","会議費","","","","課対仕入内軽減8%区分100%",319,23,"現
"2000",635,"","R.05/04/14","会議費","","","","課対仕入内軽減8%区分100%",3560,263,
"2000",636,"","R.05/04/15","会議費","","","","課対仕入内軽減8%区分100%",4508,333,
"2000",637,"","R.05/04/15","消耗品費","","","","課対仕入内10%区分100%",13062,1187
"2000",638,"","R.05/04/17","消耗品費","","","","課対仕入内10%区分100%",1057,96,"現
```

エクセルのようなデータを表現できる

CSVデータは文字だけのデータですが、改行で行を、カンマで列を表現することができます。行・列が表現できるという意味では、CSVデータとエクセルシートは、ほとんど同じものと考えられます。

CSVデータは値の情報だけ保存する

一方で、**CSVデータは、エクセルのデータとは違う「単なる文字のデータ」で**あることは常に意識しておきましょう。

CSVデータには、エクセルとは違い、書式、数式や複数シートの情報を保存する仕組みがありません。そのため、エクセルシートをCSVデータとして出力すると、**ある一つのシートの、セルに入力された値の情報だけが保存されます。**

■ CSVデータを使うための準備

「拡張子」がファイルを開くときの挙動を決める

実際にCSVデータを使うときには、「拡張子」という仕組みを知っておく必要があります。

拡張子は、**ファイルの種類を識別する文字**で、ファイル名末尾の「.」の後の部分を指します。たとえば、「仕訳入力用フォーマット.xlsx」というファイル名であれば「xlsx」の部分が拡張子です。

拡張子は、ファイルをダブルクリックしたときに起動するソフトウエアを決める役割を持っています。たとえば、拡張子がxlsxであればエクセル、txtであればメモ帳が起動します。

COLUMN

CSVデータをエクセルで開くのは避けよう

拡張子が「csv」のCSVファイルをダブルクリックすると、CSV形式のデータはエクセルのシート形式に自動変換されエクセルが起動します。ところが、この**自動変換で、意図せず内容が変わってしまい、トラブルの原因となる場合があります。**ですから、**CSVファイルは、エクセルで開かずメモ帳で開く**ことをおすすめします。

拡張子が「csv」のCSVファイルの内容をメモ帳で確認したいときには、エクスプローラー上で開きたいファイルを右クリックして「プログラムから開く」→「メモ帳」を選択してください（「メモ帳」が出てこない場合には、「別のプログラムを選択」から「メモ帳」を選択してください）。

拡張子を表示させる

　Windowsの標準設定では、エクスプローラーでファイル一覧を表示したときに拡張子が表示されません。今後、CSVデータを操作する場合には、拡張子を表示しておかないと不便なため、拡張子を表示させるように設定を変更しておきましょう。

　拡張子の表示設定はエクスプローラー上で行います。エクスプローラーのメニューから「表示」をクリックして、「表示」から「ファイル名拡張子」にチェックを入れてください。これで、拡張子が表示されます。

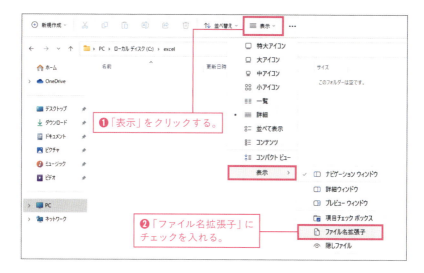

　なお、拡張子をむやみに変更すると、そのファイルがうまく開けなくなる場合があります。特別な理由がない限り、拡張子は変更しないようにしましょう。

4-2 インポートできる データ形式を調べる

■ インポート用データの構造を把握する

弥生会計のヘルプページでCSVデータの様式を調べる

それでは、実際にCSVデータを作成していきましょう。まずは、弥生会計のヘルプページ（https://support.yayoi-kk.co.jp/subcontents.html?page_id=18545）を見て、CSVデータの様式を調べてみましょう。

最初におさえるべき重要なポイントは三つあります。

各行・各列にどういう情報を入れるかを確認する

このページの表では、1行で一つの仕訳データを表すことを前提として、一つの仕訳データごとに、各列に何を入力すればいいかが説明されています。1～25までの欄があることからわかるように、横に25列分のデータが必要になります。たとえば、1列目は「識別フラグ」、2列目は「伝票No.」、そして最後の25列目には「調整」を入れることになります。このようなデータを、仕訳行数分だけ縦に繰り返していきます。

列	1列目	2列目	3列目	4列目	5列目	…	25列目
名称	識別フラグ	伝票No.	決算	取引日付	借方勘定科目		調整
データ例	2000			2024/4/1	現金		no

絶対に入力が必要な項目を確認する

表に書かれている25列のうち、**絶対に入力する必要があるのは、条件欄に「必須」と書かれている以下の10項目だけ**です。

- 「識別フラグ」「取引日付」
- 「借方勘定項目」「借方税区分」「借方金額」

- 「貸方勘定項目」「貸方税区分」「貸方金額」
- 「タイプ」「調整」

その他の項目は、必要がなければ、入力する必要はありません。小規模な会社であれば、上記に加えて「借方補助科目」「貸方補助科目」と「摘要」を入力すれば十分な場合がほとんどでしょう。

コメント行の形式を確認する

弥生会計の仕訳データをインポートするときに、各行1列目の先頭の文字を「#」にすると、その行はインポート時には無視されます（コメント行と呼びます）。この機能を使うと、CSV出力用のシートで「列名」を表示できたり、CSVデータを効率的に作れるようになります。

COLUMN
データをエクスポートして内容を見る

仕様書を見ても準備すべきデータを想像しにくいときは、弥生会計に入力したデータをエクスポートしてみましょう。弥生会計のメニューから「帳簿・伝票」→「仕訳日記帳」をクリックして、仕訳日記帳を開きます。「全期間」を指定して、全仕訳を表示させた状態で、メニューから「ファイル」→「エクスポート」をクリックします。「エクスポート」ウィンドウが表示されたら、書式を「弥生インポート形式」を選択してください。出力先を選択して「OK」をクリックすると仕訳データをエクスポートすることができます。

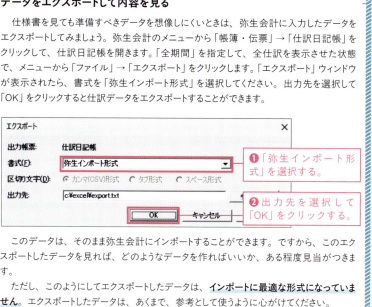

このデータは、そのまま弥生会計にインポートすることができます。ですから、このエクスポートしたデータを見れば、どのようなデータを作ればいいか、ある程度見当がつきます。

ただし、このようにしてエクスポートしたデータは、**インポートに最適な形式になっていません**。エクスポートしたデータは、あくまで、参考として使うように心がけてください。

仕訳データを作るときのポイント

すべての仕訳を「1:1の仕訳データ」にする

弥生会計で直接仕訳を入力する方法は「1:1の仕訳データ」「出金伝票」「入金伝票」「振替伝票」の四つがあります。

この四つの方法のどの方法で取込むかは、インポートデータの1列目の「識別フラグ」、20列目の「タイプ」で指定します。

区分	識別フラグ（1列目）	タイプ（20列目）
1:1の仕訳データ	2000	0
出金伝票	2111	1
入金伝票	2111	2
振替伝票	先頭行：2110、中間行：2100、最終行：2101	3

エクセルから仕訳データをインポートするときには、基本的には「1:1の仕訳データ」を使うようにしましょう。そうすることで、すべての行について、識別フラグは「2000」、タイプは「0」を指定すれば済むので、簡単にインポートデータを作ることができます。

税区分は常に「込」で、税率を明記する

税区分の指定方法は、課税方式別税区分・税計算区分一覧のページ（https://support.yayoi-kk.co.jp/faq_Subcontents.html?page_id=18111）に書かれています。

たとえば、原則課税の課税事業者が、本体価格10,000円＋消費税額1,000円という「税率10％の課税売上取引」を入力するときを考えてみます。この仕訳の「貸方部分」を入力するには、次の4通りの方法があります。

入力の種類	11列目 貸方勘定科目	14列目 貸方税区分	15列目 貸方金額	16列目 貸方税金額
1. 税込入力	売上高	課税売上込10%	11000	（空欄）
2. 内税入力	売上高	課税売上内10%	11000	1000
3. 外税入力	売上高	課税売上外10%	11000	1000
4. 別記入力	売上高	課税売上別10%	10000	（空欄）
	仮受消費税	課税売上別10%	1000	（空欄）

4-2 インポートできるデータ形式を調べる

「税込入力」を使うと、弥生会計への直接入力時と同じように、税込金額から消費税額を自動計算することができます。ですから、特別な理由がない限りは、「1.税込入力」を使いましょう。

課税仕入についても「課対仕入**込**10%適格」「課対仕入**込**10%区分80%」「課対仕入**込**10%区分控不」「課対仕入**込軽減**8%適格」など、税込入力の税区分を使いましょう。

なお、インボイス制度導入に伴い、課税仕入の税区分が変更されています。適格請求書の有無や経過措置の割合に応じて、課税仕入の税区分の末尾に「適格」「区分100%」「区分80%」「区分50%」「区分控不」を付けて入力します。このうち、「適格」「区分80%」「区分50%」「区分控不」は2023年10月1日以降の取引に、「区分100%」はインボイス少額特例適用時や2023年9月30日以前の取引に使用します。

また、課税売上の税区分の2文字目は「税」ですが、課税仕入の税区分の2文字目は「税」ではなく「対」(課税「対」応仕入の「対」)であることに注意してください。

インポート時には、税区分の一部を省略できます。適格請求書の有無・経過措置の割合の部分については、取引日付や科目設定を基に自動判定されるので省略しても構いません。一方で、税区分の税率を省略すると5%扱いになってしまうので、**常に税区分に税率を指定する**ようにしましょう。

COLUMN

免税事業者、簡易課税適用事業者の場合

免税事業者の場合、**税区分に何を入力しても、自動的に「対象外」に読み替えられます**。ですから、税区分は、すべて「対象外」を指定してもいいですし、課税事業者の場合と同じように税区分を入力しても支障はありません。課税事業者のときと同じように税区分を入力しておくと、仕訳入力後に、消費税設定で事業者区分を「課税」に切り替えた場合、自動的に、元々入力した税区分に戻ります。ですから、**税区分の自動入力の仕組みができあがっている場合など、税区分の入力に手間がかからないときには、課税事業者と同じように税区分を入力しておくことをおすすめします。**

簡易課税を適用する事業者の場合、「課税売上込10%」の税区分は「(事業区分が不明な)税率10%の売上」として取り扱われます。事業区分を指定したい場合には、「課税売上込**三**10%」「課税売上込**四**10%」「課税売上込**四軽減**8%」のように**事業区分を漢数字で指定してください。**

Chap 4

仕訳データを会計ソフトにインポートする

199

4-3 CSV出力用シートにデータを直接入力する

■ シートの準備をする

　それでは、CSVファイルに出力するためのシートを準備していきます。

　まずは、「列見出し」を入力します。「列見出し」は、インポートデータとして弥生会計に取り込むとエラーになってしまうため、**「列見出し」を入力する行がコメント扱いになるようにデータを作りましょう。**

ヘルプページを加工して列見出し情報を作る

　各列ごとに、列見出しを手入力してもいいのですが、面倒なので、先ほど紹介した、弥生会計のヘルプページ（https://support.yayoi-kk.co.jp/subcontents.html?page_id=18545）の情報を加工して入力しましょう。

■ ヘルプページの表をエクセルにコピーする

　ヘルプページを開いたら、表の中身をコピーします。**表の左端の「1」と書かれている部分（＝2行目の最初の列）から**、表の最後までコピーをします。

4-3 CSV出力用シートにデータを直接入力する

表の「1」の左から最後までコピーする。

新規にエクセルブックを作成して、コピーしたデータを貼り付けます。「貼り付けのオプション」から「貼り付け先の書式に合わせる」(右側のアイコン)を選択してください。

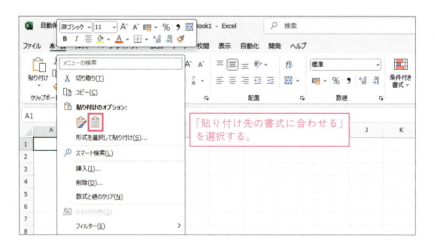

「貼り付け先の書式に合わせる」を選択する。

■ **フィルターで必要な行を抽出する**

　その後、フィルターで必要な行のみ抽出します。シート全体を選択してフィルターをかけたら、A列で「▼」ボタンをクリックします。「(空白セル)」のチェックをはずして「OK」をクリックすると、空欄が非表示になります。その後、B1セルからC89セルを選択したら、右クリック→「コピー」を選択してコピーします。

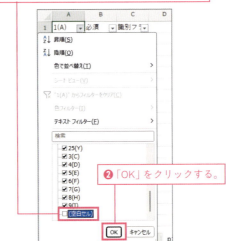

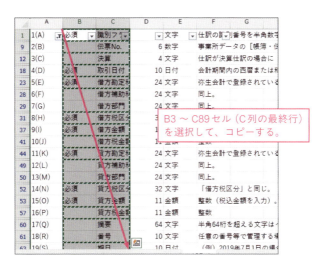

■ 行列を入れ替えて貼り付ける

　別ブックに行・列を入れ替えて貼り付けをします。新しいブックを開きましょう。1行目は空行のままにしておき、2行目～3行目に貼り付けます（1行目は、後で使うので空欄のままにしておきます）。

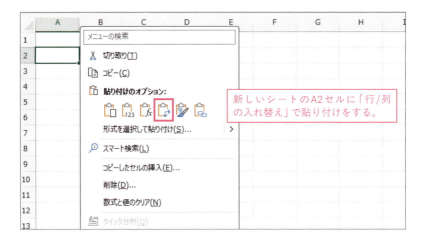

　最後に、1行目～3行目をコメント行として扱うためにA1セル、A2セル、A3セルの先頭に「#」を挿入しましょう。

これで、列見出しの準備ができました。

必要な項目を手入力する

普段入力する項目を入力する

次に、実際に必要な項目を手入力していきましょう。今回は、必須項目の他、ほとんどの会社で必要になる「借方補助科目」「貸方補助科目」「摘要」を入力します。

必要に応じて列幅を調整するとともに、**入力しない列（B列〜C列、G列、J列、M列、P列、R列〜S列、U列〜X列）を非表示にして**、見やすくしておきましょう。

なお、**入力しない列を削除してはいけません。**入力しない列を削除してしまうと、列がずれて、正しくCSVファイルを作ることができません。入力しない列を見えなくしたいときには、列を非表示にしましょう。

普段弥生会計に入力する項目を入力する

それでは、実際に入力してみましょう。まずは、弥生会計に直接入力するのと同じように、下記の項目を入力してみましょう。

- 取引日付
- 借方勘定科目、借方補助科目
- 借方金額
- 貸方勘定科目、貸方補助科目
- 貸方金額
- 摘要

4-3　CSV出力用シートにデータを直接入力する

　入力する内容は、弥生会計に直接入力するときと変わりません。たとえば、「2024/4/1」付で、「普通預金（補助科目：みずほ銀行）10,000／売上高（補助科目なし）10,000、摘要：売上入金」という取引を入力すると、次のようになります。

　なお、**表示形式をむやみに変えると、CSVファイル作成時に誤動作の原因になる場合があります**。日付以外の列は、表示形式を「標準」にしておきましょう。念のため、D列の日付の表示形式が「年4桁/月/日」形式になっていること、I列の借方金額とO列の貸方金額の表示形式が「標準」になっていることを確認してください。

税区分を入力する

　弥生会計に、直接仕訳を入力するときとは異なり、CSV取り込みシートに入力するときには、**税区分を手で入力する必要があります**。

　今回は、借方税区分には「対象外」、貸方税区分には「課税売上**込**10%」と入力しましょう。

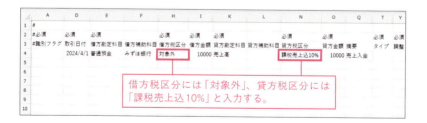

　198ページで触れたように、課税売上については「込」の税区分を使い、税率を入力することを、再度確認してください。

「識別フラグ」「タイプ」「調整」のデータを入力する

これで、仕訳に直接関係するデータの入力は終わりましたが、**必須項目である「識別フラグ」「タイプ」「調整」列が、空欄のままになっています。**

この三つの列には、**仕訳の内容に関係なく、次の値を入力しましょう。**

項目	入力すべき内容	意味
識別フラグ	2000	1:1仕訳を意味するコード（198ページ参照）
タイプ	0（ゼロ）	
調整	no	「調整」欄にチェックを入れない

これで、仕訳データができあがりました。

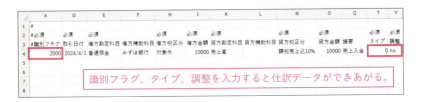

識別フラグ、タイプ、調整を入力すると仕訳データができあがる。

📄 CSVファイルを作成する

事前にエクセル形式で保存し、すぐにファイルを閉じよう

CSVファイルを作成するときには、次のようなトラブルが起こりがちです。このようなトラブルを防ぐため、事前に通常のエクセルの形式でファイルを保存し、CSVファイル出力後すぐにファイルを閉じるようにしましょう。

■ トラブル1：CSV保存時にシート名が変わってしまう

CSV保存をすると、シート名が出力ファイル名に置き換わってしまいます。

変化前

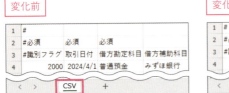

変化後

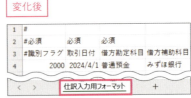

■ トラブル2：ファイルを閉じないと弥生会計で取り込めない

エクセルで開いているファイルを、弥生会計で取り込むことはできません。取り込もうとするとエラーが発生して、「他のアプリケーションで使用されているため、インポートできません。」とメッセージが表示されます。

■ トラブル3：CSVファイルは書式や数式、他シートの情報を反映しない

CSVファイルには、「指定したシート」の「値」しか保存されません。事前にエクセルとして保存しておかないと、元々のエクセルファイルに入っていた**書式や数式、他シートの情報**が消えてしまいます。

■ トラブル4：修正が元のエクセルファイルに反映されない

CSVファイル出力後に、エクセルでデータを修正して上書き保存すると、CSVファイルとして上書き保存されるため、**その修正は元のエクセルファイルには反映されません**。

CSVファイルを作成する

それでは、CSVファイルを作成していきます。あらかじめ、エクセルファイルを保存して、次に進んでください。

■ 名前をつけて保存

CSV化したいシートを開いた状態で、リボンから「ファイル」→「名前を付けて保存」を選択します。そして、ファイルの保存形式で、「**CSV（コンマ区切り）(*.csv)**」を選択してください。

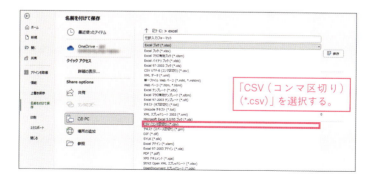

なお、上のほうに「CSV **UTF-8**(コンマ区切り) (*.csv)」というよく似ている形式があります。**これを選んで保存するとインポートが失敗するので、選ばないようにしてください。**

COLUMN

警告メッセージの意味と対応

「保存」をクリックすると、次のような警告が表示される場合があります。これは、先述した**選択したシートだけしか保存されず、罫線や背景色などの書式も保存されない**ことに対する警告です。この警告を表示させたくないときには、「次回から表示しない」をクリックしましょう。

弥生会計にインポートデータを取り込む

それでは、実際に弥生会計に取り込んでみましょう。弥生会計で、先ほど保存したエクセルファイルを選択して取り込んでみます。

あらかじめ、弥生会計で、下記の設定で事業所データを作成してください。

- 勘定科目体系は「法人/一般」
- 事業所名は「インポートテスト」
- 決算期は「第1期」
- 期首日は「R06/04/01」
- 製造原価に関する科目を使用「しない」
- 中間決算整理仕訳を「行わない」
- 電子帳簿保存を「行わない」
- 消費税設定は「本則課税・税抜」
- インボイス少額特例の適用対象に該当するの「チェックをはずす」

なお、事業所データ名や保存先など上記以外の項目は、自由に設定してください。

4-3　CSV 出力用シートにデータを直接入力する

■ インポートメニューを起動する

弥生会計のメニューから「帳簿・伝票」→「仕訳日記帳」を表示させます。そこで、メニューから「ファイル」→「インポート」を選択しましょう。

仕訳日記帳を表示している状態でメニューから「ファイル」→「インポート」を選択する。

■ CSVファイルを選択する

「参照」を押すと、ファイルの選択ウィンドウが表示されます。

最初、ファイルの種類は「テキストファイル（*.txt）」が選択されているので、さきほど作成したCSVファイルが表示されません。**表示するファイルの種類を「すべてのファイル（*.*）」に変更してから**、CSVファイルを選択してください。

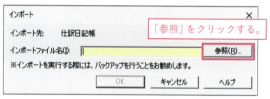

「参照」をクリックする。

209

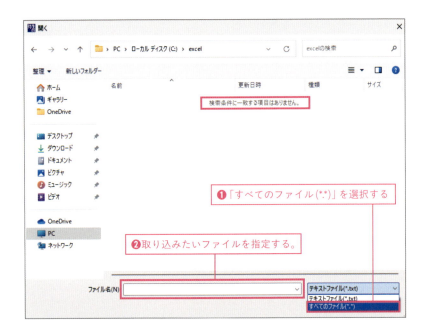

ファイルを選択すると、インポートファイル名欄に、選択したCSVファイルの場所（ファイルパス）が入力されます。「OK」をクリックして次に進みましょう。

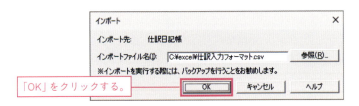

■ **存在しない勘定科目・補助科目を登録する**

　CSVデータに入力されている勘定科目・補助科目で、弥生会計に未登録のものがある場合、どう処理するかを確認するウィンドウが表示されます。今回は、取り込み補助科目名に「普通預金 / みずほ銀行」、方法列に「作成」と書かれていることを確認したら、「OK」をクリックして、そのまま進みましょう。

4-3 CSV出力用シートにデータを直接入力する

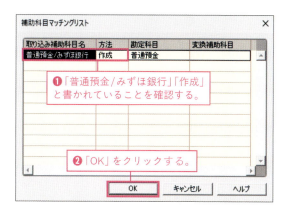

❶「普通預金/みずほ銀行」「作成」と書かれていることを確認する。

❷「OK」をクリックする。

COLUMN

項目の自動変換に頼るのは避けよう

　この画面では、CSVデータに入力されている補助科目が弥生会計に存在していない場合、弥生会計の登録済補助科目に変換することもできます。たとえば、CSVデータで「みずほ」と入力されているが、弥生会計には「みずほ銀行」という補助科目しか登録されていない場合には、「みずほ」を「みずほ銀行」に変換して取り込むこともできます。
　ただ、補助科目の割り当て・変換などの処理は、エクセルシート側でも行われています。それに加えて、ここで変換をかけてしまうと、変換処理をする箇所が分散してしまい、管理が大変です。ですから、この画面で変換をすることはおすすめしません。後々のトラブルを防ぐため、いったんインポートを中断し、**元のエクセルファイルの表記を、弥生会計の正式表記に合わせて修正して、再度インポート処理を行う**ようにしましょう。

■ インポート完了

　インポートが完了すると、「インポートは正常に終了しました。」とメッセージが表示されます。仕訳日記帳で、仕訳データが取り込まれたことを確認してください。

仕訳データが取り込まれる。

211

4-4 CSV出力用シートと入力用シートを分ける

■ シートを分けてデータを転記する仕組みを作る

入力用シートを分けるメリット

前節で作成した「CSV」シートにデータを入力していけば、弥生会計に仕訳データを取り込むことができます。ただ、実際に使うときには、次の三つの理由で、入力用シートを別途作ることをおすすめしています。

■ 非表示列を使わないで済む

出力用シートでは一部の列が非表示になっています。しかし、シートに非表示列があると、コピー・貼り付けがしにくく不便です。

■ 常に同じ値を入力する項目を省ける

入力用シートを分けておけば、識別フラグ・タイプ・調整など常に同じ値を入力する項目を「CSV」シートに転記するときに自動的に補えます。そのため、入力用シートに表示する必要がありません。

■ 税区分を自動入力しやすくなる

インポート時には税区分は省略できません。しかし、入力用シートを分けることで、税区分を自動入力する仕組みが整えやすくなります。

入力用シートを準備する

それでは、実際に入力用のシートを作ってみましょう。必要最小限の列を準備した入力用シートを作り、そこから「CSV」シートに転記するようなシンプルな仕組みのシートを作ってみます。事前準備として、さきほど作成したCSVシートの非表示列を、再度表示させておきましょう。

4-4　CSV出力用シートと入力用シートを分ける

「CSV」シート

非表示列を表示しておく。

「入力」シートを作る

続けて、「CSV」シートに、入力用のシートを作成します。新規シートを作成し、シート名を「入力」にしましょう。その後、次のように入力してください。

- ①3行目のA～I列に、「取引日付」「借方勘定科目」「借方補助科目」「借方税区分」「貸方勘定科目」「貸方補助科目」「貸方税区分」「金額」「摘要」と入力してください。
- ②4行目のA～I列に、「2024/4/1」「普通預金」「みずほ銀行」「対象外」「売上高」「(空欄)」「課税売上込10%」「10000」「売上入金」と入力してください（F4セルは、何もせずに空欄にしておいてください）。入力している内容は、前節で「CSV」シートに入力したものと同じです。
- ③A列（取引日付列）の表示形式を「日付（年4桁/月/日）」、H列（金額列）の表示形式を「カンマ区切り」に設定してください。

「入力」シート

❶列見出しを入力する。
❷仕訳データを入力する。
❸A列、H列の表示形式を設定する。

1:1仕訳を前提としているため、**「借方金額」は「貸方金額」と常に等しくなります**。そのため、金額列は一つしか準備していません。

また、「CSV」シートと行の構成を合わせるため、あえて3行目に列見出しを入力し、4行目以降に仕訳データを入力するようにしています。こうしておくことで、転記時には、4行目→4行目、5行目→5行目など、同じ行に転記をすることに

なるので、数式がわかりやすくなります。

■ **ウィンドウ枠を固定し、フィルターを設定する**

　ここで、「入力」シートを使いやすくするように、ウィンドウ枠を固定し、フィルターを設定しておきましょう。A3セルを選択した状態でメニューから「データ」→「フィルター」をクリックしましょう。3行目の各列に▼マークが出てきてフィルターがかけられる状態になります（43ページ参照）。

　さらに、A4セルを選択して、メニューから「表示」→「ウィンドウ枠の固定」→「ウィンドウ枠の固定」を選ぶと、下に移動しても、1〜3行目が常に表示されるようになります。

CSV出力用シートに転記する仕組みを作る

■ **日付や金額は「単純な転記」をする**

　それでは、「入力」シートに入力された項目を「CSV」シートに転記をしていきます。「CSV」シートの非表示列を全部表示させた後に、**「CSV」シート4行目に入力されている値を全部消して**、以下の数式を入れていきましょう。

内容	「CSV」シートのセル	入力する数式
取引日付	D4セル	=入力!A4
借方金額	I4セル	=入力!H4
貸方金額	O4セル	=入力!H4

　数式を見るとわかるとおり、**何も細工をしていない単純な転記**です。これで、「入力」シートの日付・金額を「CSV」シートの該当セルに転記することができます。

4-4　CSV出力用シートと入力用シートを分ける

「CSV」シート　❶4行目の値を消去する。

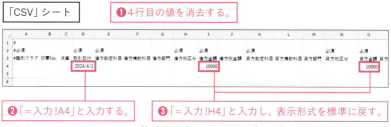

❷「＝入力!A4」と入力する。　❸「＝入力!H4」と入力し、表示形式を標準に戻す。

　なお、I4セル、O4セルに数式を入力したときに、表示形式がカンマ区切り形式になる場合があります。I列、O列の**表示形式を標準に戻しておいてください**。

■ 文字列データは末尾に「&""」を付ける

　「CSV」シートの勘定科目（E列、K列）、補助科目（F列、L列）、税区分（H列、N列）、摘要（Q列）のような**文字データが入る列については、数式の末尾に「&""」を付けて転記をします**。各列の4行目に、次の数式を入力してみましょう。

内容	「CSV」シートのセル	入力する数式
借方勘定科目	E4セル	＝入力!B4&""
借方補助科目	F4セル	＝入力!C4&""
借方税区分	H4セル	＝入力!D4&""
貸方勘定科目	K4セル	＝入力!E4&""
貸方補助科目	L4セル	＝入力!F4&""
貸方税区分	N4セル	＝入力!G4&""
摘要	Q4セル	＝入力!I4&""

　たとえば、「CSV」シートのL4セルには、「＝入力!F4&""」と入力しています。こうしておくことで、空欄が空欄のまま転記されます。なお、Q4セルに入力する数式の参照先はH4セルではなくI4セルである点に注意しましょう。

「CSV」シート　　　　　　　　　　　　　　　　「＝入力!I4&""」と入力する。

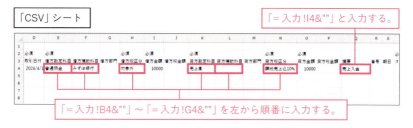

「＝入力!B4&""」〜「＝入力!G4&""」を左から順番に入力する。

215

COLUMN

▶ 末尾に「&""」を付けないとどうなる?

「CSV」シートのL4セルの末尾に「&""」を付けず、単に「=入力!F4」と入力すると、「入力」シートのF4セルが空欄の場合に「0」と表示されてしまいます。エクセルは、数式の計算結果が「空欄」のときには、計算結果を「数値」として認識して「空欄」が「0」に変化してしまうのです。数式の最後に「&」(=文字列の結合)を使うと、この数式の計算結果が「文字列」であると認識され、計算結果は「空欄」になります。

その他の項目を入力する

まだ入力されていない必須入力項目に、値を入力していきます。まず、タイプ(T列)に「0」、調整(Y列)に「no」と直接入力しましょう。

最後に、識別フラグ(A列)です。この列には、本来は、単に「2000」と入力すればいいところです。ただ、先頭の列なので、**この行をコメントとして取り扱うべきか判断する数式を入力**します。

A4セルには次の数式を入力しましょう。

```
=IF(AND(D4>0,I4>0),2000,"#")
         ①          ②    ③
```

この数式は次のような意味があります。

引数	意味
①	D4セル(日付)、I4セル(借方金額)が両方とも0より大きいかどうかを確かめます。**D4セルに日付が入力されている場合、D4セルの値は0より大きいと判定されることに注意してください**
②	日付、借方金額の両方が入力されている場合には、通常の仕訳データとして扱うため「2000」を入力します
③	日付、借方金額のどちらかが入力されていない場合、**この行を取り込まないようにします**。そこで、この行をコメント行として扱うために「#」を表示させます

「=IF(AND(D4>0,I4>0),2000,"#")」と入力する。

　これで、CSV出力用シートへの転記が完了しました。先ほどと同様、ブックをいったん保存しましょう。その後、CSV出力し、弥生会計に取り込めることを確認してください。最初に仕訳インポートをしたデータにインポートを行うと、最初に取り込んだものとまったく同じ明細が、もう1件表示されます。

データが取り込まれる。

複数行の仕訳インポートに対応する

　ここまで準備できれば、複数行の入力に対応するのは簡単です。「CSV」シートの4行目をコピーして、5～1003行目に貼り付けましょう。

「CSV」シート

❶4行目をコピーする。

❷5～1003行目に貼り付けする。

これで、「入力」シートに入れた仕訳を最大1,000行分、「CSV」シートに転記することができるようになりました。「入力」シートに入力されていない行については、「CSV」シートのA列に「#」と入力されていることを確認してください。

数式が壊れないための工夫

想定を超える行数を入れるとエラーになる

「CSV」シートにコピーした数式の行数よりも、「入力」シートに入力した仕訳の行数が多い場合、その部分の仕訳は取り込むことができません。たとえば、「CSV」シートに数式を1,000件分しかコピーしていない場合、**1,001件目以降の仕訳は取り込まれません**。「CSV」シートの数式を十分下までコピーするようにしてください。

シート保護で転記エラーを防ぐ

「入力」シートで行の挿入・削除をすると、「CSV」シートに転記する数式が壊れてしまいます。そこで、シートを保護して、行の挿入・削除ができないように操作を制限しましょう。また、シート保護をすると同時に「CSV」シートに転記される行にだけ仕訳データを入力できるように設定をしていきます。

■ 入力可能セルのロックをはずす

まず、入力できるセルを指定します。「入力」シートの4～1003行を選択します。右クリックをして、右クリックメニューから「セルの書式設定」をクリックしましょう。

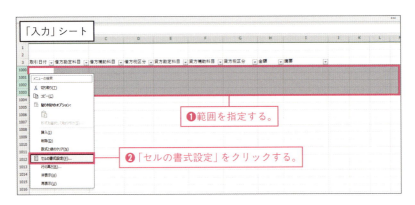

「セルの書式設定」ウィンドウで、「保護」タブを選択したら、「ロック」のチェックをはずして「OK」をクリックしてください。

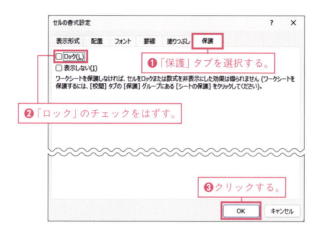

ロックのチェックをはずしたセルは、シート保護をかけた状態でも、編集ができるようになります。

また、シート保護とは直接関係ありませんが、入力できる範囲を明確化するために、A4〜I1003セルに背景色を付けておきましょう。

「入力」シート

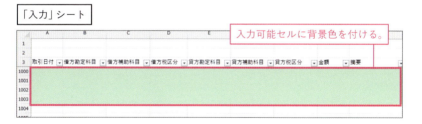

■ シートを保護する

ここまでの操作でシート保護の準備ができたので、実際にシートの保護をしていきます。メニューから「校閲」→「シートの保護」をクリックしてください。

ここで、下記の図のようにチェックを入れて、「OK」をクリックしてください。

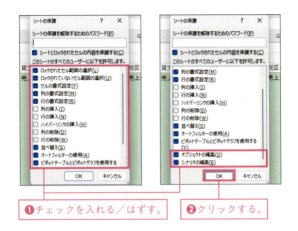

❶チェックを入れる／はずす。　❷クリックする。

これで、「入力」シートでは、ロックを解除した4～1003行目以外は入力できず、さらに行や列の挿入・削除もできないようになります。

■「CSV」シートも保護する

「CSV」シートは、一切変更する必要がないので、同じようにシートの保護をしておきましょう。

「CSV」シートを表示した状態で、メニューから「校閲」→「シートの保護」をクリックします。その後、そのままの状態で「OK」をクリックしてください。「CSV」シートではセルの「ロック」をはずしていないので、すべてのセルに入力できなくなります。

シート保護を解除する

シートが保護されていると、シートのレイアウトを変えることができません。シートに改良を加えるときには、シート保護を解除してください。

シートの保護を解除するには、メニューから再度「校閲」をクリックし、「シート保護の解除」をクリックしましょう。これで、シート保護が解除され、通常通り入力できるようになります。

スピルする数式を使って必要なデータを転記する

Excel 2021以降（Microsoft 365を含む）を使っている場合には、「CSV」シートで新しく導入された関数・機能を使うと、「入力」シートを使いやすくすることができます。

「入力」シートからの転記にスピルする数式を使う

「CSV」シートの4行目以下の数式をすべて削除し、「CSV」シートの3行目に下記の数式を入力してください。今回の数式は、4行目ではなく3行目に数式を入力しています。また、「入力」シートの内容を転記する行を上下に1行ずつ増やして3行目〜1004行目にしていることに注意してください。なお、数式を入力後、数式を入力したセルだけ表示形式が変わる場合があります。たとえば、I3セル、O3セルの表示形式が標準ではなく数値に変わった場合には、標準に変更してください。

識別フラグ	A3セル	=IF(ISNUMBER(D3:D1004)*(I3:I1004>0),2000,"#")
取引日付	D3セル	=入力!A3:A1004
借方勘定科目	E3セル	=入力!B3:B1004&""
借方補助科目	F3セル	=入力!C3:C1004&""
借方税区分	H3セル	=入力!D3:D1004&""
借方金額	I3セル	=入力!H3:H1004
貸方勘定科目	K3セル	=入力!E3:E1004&""
貸方補助科目	L3セル	=入力!F3:F1004&""
貸方税区分	N3セル	=入力!G3:G1004&""
貸方金額	O3セル	=入力!H3:H1004
摘要	Q3セル	=入力!I3:I1004&""

それぞれのセルに数式を入力する。

T列、Y列には、スピルしない場合と同じように入力します。T3〜T1004セルには「0」、Y3〜Y1004セルは「no」を入力しておきましょう。

これらの数式を3行目に入力した結果、3行目に「入力」シートの見出し部分も転記されてしまいます。見た目は不自然になりますが、この行のA列に「#」が表

示されており、CSVインポートの対象から除外されることになります。なお、「CSV」シートに3行目を転記する数式を入力した理由については後述します。

識別フラグ（A3セル）の数式の解説

　識別フラグ（A3セル）の数式については、次のように、AND関数を使っていた部分を掛け算を使った数式に変えたり、条件の一部を変更しています。

=IF(AND(D4>0,I4>0),2000,"#")

　　↓「AND」を使った計算を「*」を使った計算に書き換える

=IF((D4>0)*(I4>0),2000,"#")

　　↓3行目〜1004行目までを指定する

=IF((D3:D1004>0)*(I3:I1004>0),2000,"#")

　　↓日付の判定を「>0」から「ISNUMBER」に変更

=IF(ISNUMBER(D3:D1004)*(I3:I1004>0),2000,"#")

　AND関数を使っていない理由は、AND関数を使うと、当初の想定どおりにスピルしないためです（172ページ参照）。そこで、いったんAND関数を掛け算に置き換えます（78ページ参照）。

　そのうえで、参照するセルを「D3:D1004」「I3:I1004」のように3行目〜1004行目に変えることで、計算結果をスピルさせています。

　さらに、正しい日付が入力されていることの判定を「>0」ではなくISNUMBER関数を使うように変更しています。これは、3行目をコメント扱いにするためです。「>0」で判定すると3行目がコメント扱いにならないのですが、ISNUMBER関数で判定すれば3行目がコメント扱いにできるため、判定用の数式を変更しています。

　なお、ISNUMBER関数は、その名の通り、引数で指定された値が数値かどうかを判定する関数です。日付は、エクセル内部では数値（シリアル値）として管理されているので、日付か数値が入力されていればISNUMBER関数の結果がTRUEになります。

取引日付（D3セル）から右の数式の解説

　D3セルから右の数式は、元々の数式の参照先を3行目〜1004行目に変えただけで、あとはまったく同じです。この数式で3行目〜1004行目までを一気に転

記しています。たとえば、取引日付（D3セル）の数式では、元々は「=入力!A4」だったのを「=入力!A3:A1004」に修正しています。

「入力」シートの行挿入・削除が自由にできる

「CSV」シートでスピルする数式を使った効果として、「入力」シートの入力欄のある行（4行目〜1003行目）で行の挿入・削除をしても「CSV」シートの数式が壊れないという大きなメリットがあります。

「CSV」シートでは、「入力」シートの3行目〜1004行目を参照する数式が入力されています。「入力」シートでは、入力欄は4行目〜1003行目に準備しており、その最上段の1行上〜最下段の1行下までを数式で指定しているのがポイントです。

このような参照する数式を入力すると、参照範囲の内側の4行目〜1003行目では、行の挿入・削除をしても数式が壊れません。つまり、「入力」シートの入力用の行で、行の挿入・削除を行っても、数式は壊れません。

ただし、4行目に行の挿入をしてしまうと、3行目に設定した背景色（無色）が、新たに挿入された4行目に設定されるため、背景色が薄緑色から無色に変わってしまいます。できれば、4行目には行を挿入しないようにしてください。

また、この参照範囲の境目である3行目や1004行目を削除すると、数式に不具合が生じる場合があるので、注意してください。

4-5 「入力用シート」に便利な機能を付ける

■ 勘定科目、補助科目、税区分の入力候補を表示させる

税区分に入力規則を設定する

　前節で作った「入力用」シートに、いくつか機能を追加していきましょう。まず最初に、勘定科目、補助科目、税区分をドロップダウンリストから入力できる機能を付け加えます。

　まずは、この三つの中で、一番単純で簡単な「税区分」をドロップダウンリストから入力できるようにしてみましょう。今回は、テーブルと名前定義を組み合わせて、税区分が増えたときに、表示される選択肢が連動して増えるように設定をしていきます。

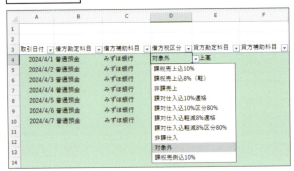

ドロップダウンリストで入力できるようにする。

■ 「税区分」シートを作成し、必要な情報を入力する

　まず、税区分の一覧表を作成します。「税区分」シートを作成し、A1セルに「税区分」、A2セル以降にドロップダウンリストに表示する税区分を入力しましょう。

4-5 「入力用シート」に便利な機能を付ける

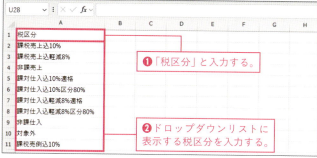

■ 税区分一覧表をテーブル化する

この表をテーブルに変換しましょう。A1セルを選択して、メニューから「挿入」→「テーブル」をクリックします。「テーブルの作成」ウィンドウが表示されたら、**「先頭行をテーブルの見出しとして使用する」**にチェックを入れて、OKをクリックしてください。

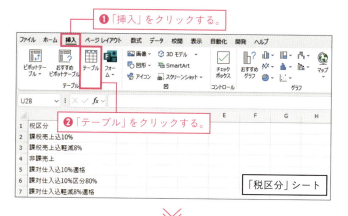

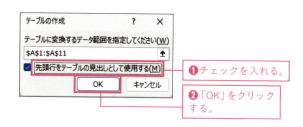

225

「税区分」シート

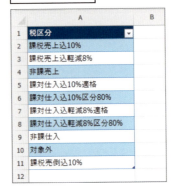

表がテーブルに変換される。

■ 税区分一覧に名前を付ける

次に、税区分が入力されているセル範囲に「名前」を付けます。税区分が入力されている**A2**～A11セルを選択して、メニューから「数式」→「名前の定義」をクリックします。名前に「税区分一覧」と入力して、「OK」をクリックしましょう。

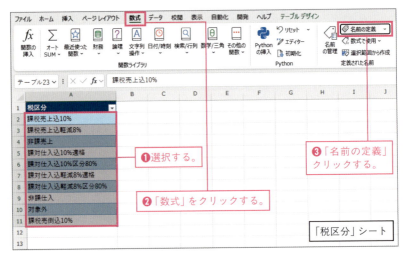

 これで、A2セル〜A11セルを「税区分一覧[税区分]」という名前で参照できるようになりました。テーブルと名前を組み合わせることで、**税区分の数が増えた場合に、「税区分一覧」という名前の参照範囲も自動で広がります。**

COLUMN

テーブルの各列に名前を定義する理由

　テーブルの各列は、もともと、構造化参照と呼ばれる、名前とよく似た方法で参照できます。そのため、本来なら、名前を付けずに済ませたいところです。ところが、この構造化参照には、入力規則のリストの設定には使えないという制約があります。そこで、ここでは、構造化参照は使わずに、名前を定義しています。

■ 入力規則を設定する

　続けて、「入力」シートの借方税区分・貸方税区分列に入力規則を設定します。なお、「入力」シートが保護されていると、今回の操作はできません。220ページの手順で、**シートの保護をはずしてから、次の操作をしてください。**

　まず、**D4セルを選択し** Ctrl + Shift + ↓ **を何回か押して**、「入力」シートのD4〜 D1048576セル（最終行）まで選択しましょう。その状態で、メニューから「データ」→「データの入力規則」をクリックします。「入力値の種類」は「リスト」を選択し、元の値欄に「=税区分一覧」と入力してください（先頭に「=」を入力しているか再確認してください）。入力が終わったら「OK」をクリックしてください。

「入力」シート

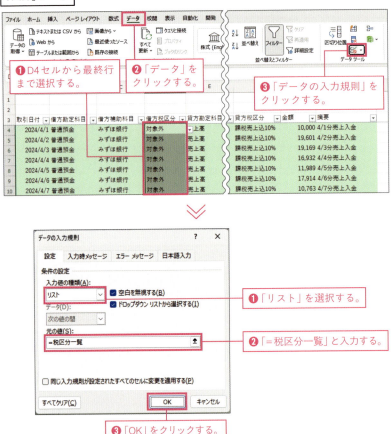

　これで、D列に入力規則が設定され、ドロップダウンリストから入力候補を選択できるようになりました。

4-5 「入力用シート」に便利な機能を付ける

　同じように、G4 〜 G1048576セルにも入力規則を設定しましょう。**D列をコピーして、G列に「形式を選択して貼り付け」で入力規則を貼り付けましょう。**

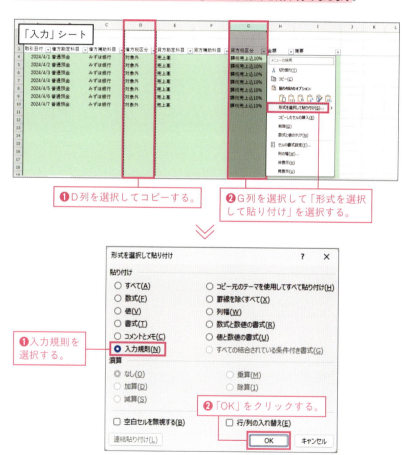

229

これで、G列でもドロップダウンリストから入力候補が選択できるようになります。

勘定科目の入力規則を作る

「勘定科目」の入力規則は、「税区分」とまったく同じ手順で作ることができます。**勘定科目**シートを作成し、入力可能な勘定科目を入力したらテーブル化します。その後、**A2セル**からテーブルの最下行のセルに「**勘定科目一覧**」という名前を付けましょう。

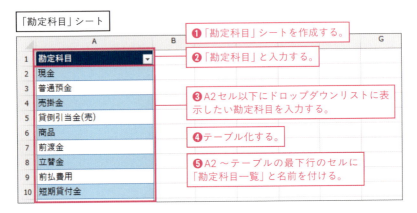

その後、「入力」シートのB4～B1048576セルに入力規則を設定し、B列の入力規則をコピー・貼り付けでE列にも設定しましょう。

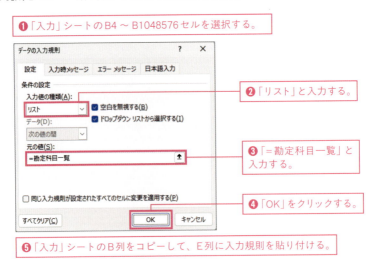

なお、ドロップダウンリストから選ぶときに、絞り込みをかけることはできません。たとえば、先頭が「消」で始まる勘定科目だけを表示することはできません。ですから、一覧表に入力する勘定科目、補助科目の数は、できるだけ少なくしておきましょう。

■ 補助科目の入力規則を作る

補助科目については、本来は、勘定科目と補助科目の組み合わせで検索できるようにすれば便利です。ただ、このような設定をするのは大変なので、今回は、勘定科目と同じように、補助科目の一覧からドロップダウンリストで選べるように設定しましょう。

作成方法は、まったく同じです。「補助科目」シートを作成後、入力可能な補助科目を入力→テーブル化→A2セルから最後のセルに「**補助科目一覧**」と名前を付けましょう。その後、「入力」シートのC4 ～ C1048576セルに入力規則で、入力値の種類欄に「リスト」、元の値欄に「＝補助科目一覧」と設定しましょう。その後、C列の入力規則をF列に設定します。

COLUMN

▶ リストに存在しない項目を入力したい場合

入力規則を設定するときに、「データの入力規則」ウィンドウの「エラーメッセージ」タブで、「無効なデータが入力されたらエラーメッセージを表示する」のチェックをはずしましょう。これで、リストに存在しない項目を入力してもエラーが出なくなります。

4-6 インポート時のトラブルを減らすコツ

■ コピー・貼り付けをうまく活用する

過去のデータはできるだけコピー・貼り付けで入力する

　過去に同じような仕訳を入力したことがあるときには、できるだけ、過去の仕訳データをコピー・貼り付けで入力するようにしましょう。

　特に、摘要など、入力規則を設定していない列は、コピー・貼り付けで入力しましょう。手入力すると、様々な表記が混在してしまい、後々仕訳データを使って分析をするときに、手間が大幅に増えてしまいます。

「値貼り付け」「数式貼り付け」を使う

　コピー・貼り付け時に、通常の貼り付けを使うと、書式や入力規則が上書きされてしまいます。

　特に、データを、**違う列にコピー・貼り付けをするときには、注意が必要です**。たとえば、勘定科目列のデータをコピーして、補助科目列に通常の貼り付けをしてしまうと、**入力規則が勘定科目列のものに変わってしまいます**。

　貼り付けるときには、書式や入力規則が壊れないように、「値貼り付け」「数式貼り付け」を使いましょう。

■ セルや行の挿入・削除・切り取りは避ける

数式が壊れる操作を避ける

　前節までで作成したフォーマットでは、「入力」シートでセルや行の挿入、削除や切り取りをすると「CSV」シートに転記する数式が壊れてしまいます。そのため、その代わりの操作方法を考える必要があります。

　もし、セルや行の挿入、削除や切り取りをしたいというときには、下記のように操作をしましょう。

■ セルの切り取り・貼り付けをしたいとき

セルの切り取り・貼り付け（＝内容の移動）をしたいときには、**切り取りをせず**、セルのコピー・貼り付けの後に値を消去しましょう。たとえば、229ページで完成させたような表で、C4セルに入力すべき内容をC5セルに誤って入力してしまった場合を考えてみます。

このとき、C5セルの内容をC4セルに移動するときには、C5セルを**コピー**してC4セルに貼り付け後、C5セルの内容を消去してください。

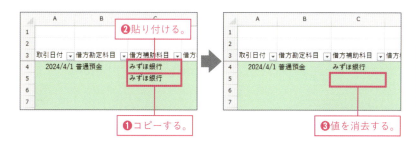

■ 行の挿入をしたいとき

行を挿入する代わりに、データを下にコピーした後に不要なデータを消去しましょう。

たとえば、次のような表があるときに5行目と6行目の間に行を2行挿入する場合を考えます。

最初に、6～8行目を選択してコピーします。次に、A8セルを選択して貼り付けます。これで、A6セル以降の内容が下に2行ずれて、A8セル以降に貼り付けられます。

この段階では、元々の6行目、7行目の内容が8行目、9行目にも重複して入力されています。そこで、6～7行目の値を消去しましょう。これで、2行挿入し

たのと同じ結果になります。

今回は、**2行挿入したかったので、A6セルから見て2行下のA8セル**に貼り付けました。もし、3行挿入したいのであれば3行下のA9セルに、4行挿入したいのであれば4行下のA10セルに貼り付けてください。

■ 行の削除をしたいとき

次の表では、7行目～8行目に重複した内容を入力してしまっています。そこで、7行目と8行目を削除したいと思います。

行を削除する代わりに、データが上にずれるように貼りつけます。

まず、削除したい行のすぐ下の行である9行目を選択します。その後、Ctrl + Shift + ↓ を押して10行目まで移動します。**さらに、Shift + ↓ を2回押して、12行目まで選択してコピーしてください。**

このように、**削除したい行数分、余計に行を選択するのがポイント**です。今回は、7行目と8行目の合計2行分を削除したいので、2行余計に選択してください。あとは、A7セルを選択して貼り付けをすれば、A9セル以降の内容が上に2行ずれて、A7セル以降に貼り付けられます。

❶9行目〜表の最終行の2行下までコピーする。　❷7行目〜10行目に貼り付ける。

取引日付	借方勘定科目	借方補助科目	借方税区分	貸方勘定科目	貸方補助科目	貸方税区分	金額	摘要
2024/4/1	普通預金	みずほ銀行	対象外	売上高		課税売上込10%	10,000	4/1分売上入金
2024/4/2	普通預金	みずほ銀行	対象外	売上高		課税売上込10%	19,601	4/2分売上入金
2024/4/3	普通預金	みずほ銀行	対象外	売上高		課税売上込10%	19,169	4/3分売上入金
2024/4/4	普通預金	みずほ銀行	対象外	売上高		課税売上込10%	16,932	4/4分売上入金
2024/4/5	普通預金	みずほ銀行	対象外	売上高		課税売上込10%	11,989	4/5分売上入金

最終行の2行下まで選択していたおかげで、最後の2行は自動的に空行になります。

小数やセル内改行は事前に取り除く

端数は関数で処理する

「入力」シートに仕訳データを入力するときに、数式で金額を計算する場合には、必ず関数で端数処理をするようにしましょう。たとえば、金額欄に「100000/7*3」の計算をした結果を入力したい場合、そのまま「=100000/7*3」と入れず、「=ROUND(100000/7*3,0)」など、関数で端数処理をするようにしましょう。

端数処理をしないと、CSVデータに端数処理前の「42857.14」と出力される場合があり、このまま弥生会計に取り込むとエラーになります。

また、端数処理をした結果にも注意が必要です。たとえば、単にROUND関数で按分計算をすると、按分後の合計が、元々の金額に一致しない場合があることに注意しましょう(98ページ参照)。

余計な改行データは削除する

入力するデータに改行文字が入っていると、CSVデータ作成時に不具合が起きる可能性があります。特に、摘要欄に改行文字が入らないように注意してください。

もし、「入力」シートに改行が入っているデータを、転記する場合には、CLEAN関数を使って改行文字を消しましょう（129ページ参照）。

■ 仕訳の取り込み失敗に備える

仕訳取込前に、弥生会計のバックアップを取っておく

弥生会計に仕訳データをインポートしたときに、**取り込んだ仕訳だけを指定して削除する方法はありません**。そのため、仕訳取り込み前に、弥生会計データのバックアップを取っておきましょう。バックアップデータがあれば、仕訳を間違えて取り込んでしまっても、元の状態に戻すことができます。

同じ仕訳データを複数回取り込まない仕組みを作る

同じ仕訳データを複数回取り込むと、**仕訳が二重に登録されてしまいます**。そこで、仕訳を二重に取り込むリスクを減らすために、運用ルールを決めておきましょう。たとえば、「前月のデータを月初に取り込む」というように、取り込む期間とタイミングを決めておけば、二重に仕訳を取り込むリスクを大きく減らせるでしょう。

極端な例ですが、エクセルシートに1年分の全仕訳を入れることにすると、運用は単純になります。その場合、毎回、仕訳を全削除して、仕訳インポートをすれば、**常にエクセルシートと弥生会計のデータは整合した状態になり、二重に仕訳を取り込むリスクはなくなります**。

_Chapter

5

様々なデータを
会計ソフトに
インポートする

5-1 様々な一覧表から データをインポートする 仕組みを作る

■ 仕訳帳形式でデータをインポートする

CSVデータを元データから自動生成する

　仕訳の「元データとして使う資料」は、仕訳帳形式になっていないことが一般的です。たとえば、現金入出金・預金入出金データは、仕訳帳形式ではなく、元帳（出納帳）形式になっていることが一般的です。また、売上明細、仕入明細、賃金台帳、経費明細など、取引の種類別に一覧表を作成している場合も、ほとんどの場合、仕訳帳形式になっていません。

　このような表から、仕訳帳形式に手作業で入力し直すのは面倒です。そこで、これらの表から、直接インポートデータを作成できるようにしましょう。

　今回は、次の2パターンについて、インポートデータを作成する方法を解説していきます。

「一覧表の1行」から「一つの仕訳」を作成する

　一番簡単なのは、**「一覧表の1行」から「一つの仕訳」**を作成する場合です。たとえば、現金出納帳・預金出納帳の1行から一つの仕訳を作成する場合や、売上高の明細1件ごとに一つの仕訳を作成する場合が当てはまります。

仕訳データ（一部）

取引日付	借方補助科目	借方金額
2024/5/29	大森物産株式会社	43,724
2024/6/15	株式会社ひまわり	2,790

元データ

売上日	取引先	単価	数量	金額
2024/5/29	大森物産株式会社	68	643	43,724
2024/6/15	株式会社ひまわり	45	62	2,790

5-1 様々な一覧表からデータをインポートする仕組みを作る

元データ 例1：預金出納帳

	A	B	C	D	E	F	G	H
1				親科目	普通預金	楽天銀行	対象外	
2								
3	取引日付	出金	入金	摘要	相手勘定科目	相手補助科目	相手税区分	残高
4			864,000	期首残高				864,000
5	2024/4/15	220,000		カ）アリマ	仕入高	株式会社有馬	課対仕入込10%適格	644,000
6	2024/4/25	98,430		ヤマダタカシ	給料手当		対象外	545,570
7	2024/4/30		450,000	カ）スカイ	売上高	株式会社スカイ	課税売上込10%	995,570
8	2024/5/10	97,800		キムラ（カ	消耗品費		課対仕入込10%適格	897,770
9	2024/5/15		98,000	カ）エヌエー	売上高	株式会社エヌエー	課税売上込10%	995,770
10								995,770
11								995,770
12								995,770
13								995,770
14								995,770

元データ 例2：売上明細

	A	B	C	D	E	F	G	H
1	売上日	取引先	商品	摘要	単価	数量	金額	
2	2024/5/29	大森物産株式会社	緑茶		68	643	43,724	
3	2024/6/15	株式会社ひまわり	ミネラルウォーター	習志野倉庫宛	45	62	2,790	
4	2024/6/25	シマヤ有限会社	紅茶		78	192	14,976	
5	2024/7/2	株式会社エムエム商事	炭酸水		62	246	15,252	
6	2024/7/15	アップリンク株式会社	サイダー		64	329	21,056	

「一覧表の1行」から「複数の仕訳」を作成する

「一覧表の1行」から「複数の仕訳」を生成しないといけない場合には、少し大変です。本書では、その中でも比較的簡単な**一覧表の1行から決まった件数の仕訳を作成する場合**の仕訳の作成の仕方を解説します。

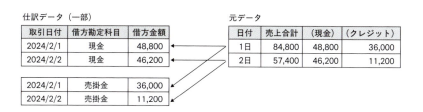

たとえば、飲食店やエステサロンなどで、日次で、現金売上とクレジットカード売上をエクセルで管理する「売上日計表」を作成していることがあります。

元データ 例3：売上集計表

	A	B	C	D	E	F	G
1	売上集計表			2024年2月			
2	日付	曜日	売上金額			来店者数	
3			合計	現金	クレジット		
4	1	木	84,800	48,800	36,000	13	
5	2	金	57,400	46,200	11,200	9	
6	3	土	59,200	34,200	25,000	11	
7	4	日	78,600	56,700	21,900	12	
8	5	月	70,600	58,400	12,200	10	
9	6	火	0	0	0	0	
10	7	水	59,200	53,200	6,000	8	
11	8	木	73,000	42,600	30,400	10	
12	9	金	40,400	28,000	12,400	7	
13	10	土	50,100	31,800	18,300	9	

この列から現金売上の仕訳を作る。

この列からクレジットカード売上の仕訳を作る。

　この売上日計表のデータを使って、1日ごとに売上高の仕訳を作成する場合には、1行（＝1日）ごとに現金売上・クレジットカード売上の二つの仕訳を作成する必要があります。

　この章では、上記のような様々な表から、インポート用CSVデータを作成する方法を紹介していきます。

COLUMN

会計システムでの管理単位を決めよう

　売上データなどの元データを仕訳に変換する場合には、どの程度集約して入力するかを決めましょう。1件1件の取引を1仕訳として入力すれば、一番細かく管理できますが、データ量は膨大になり、元データの準備・入力に手間取る可能性も出てきます。逆に、月ごとに1仕訳に合算して起票すると、入力は楽ですが、会計システムのデータを使って、細かい分析をできなくなってしまいます。手間と分析のしやすさのバランスを考えて、仕訳の集約単位を決めましょう。もし、迷ったら、後々、仕訳データを分析に活用しやすいように、**できるだけ細かい単位で仕訳データを作成**してください。

5-2 出納帳データをインポートする

出納帳形式のインポートシートを作るメリット

仕訳の大半を占める預金・現金のインポートを効率化できる

　実際の仕訳データのほとんどは、預金や現金の入出金取引です。これらの取引データは、通帳や現金出納帳などの、いわゆる「出納帳形式」で作成されてます。これらの取引を、仕訳データの形にせず、出納帳形式のままで取りこむことができれば、業務効率が大きく上がります。

　そこで、弥生会計のインポート用シートを、次のような出納帳形式で入力できるような仕組みを作ってみましょう。

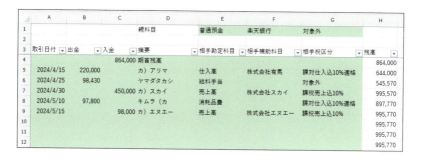

出納帳形式のインポートシートを作る

仕訳帳形式の入力シートを変形して、出納帳形式に修正する

　数式の入力を最小限で抑えるため、前章で作成した仕訳帳形式のエクセルファイルを流用して、出納帳形式のエクセルファイルを作ります。

　まず、4-5で作成した仕訳帳形式のエクセルファイルを開きましょう。「入力」シートのシート保護を解除したうえで（220ページ参照）、「入力」シートに修正を加えていきましょう。

■ **借方関連の列を削除する**

　勘定科目、補助科目、税区分欄は1行に一つしか必要ありません。そこで、借方・貸方どちらかの列を削除してしまいましょう。今回は、借方関連の列を削除します。B列～D列（借方勘定科目、借方補助科目、借方税区分）を「列ごと」削除しましょう。

「入力」シート

　この列削除にともない、「CSV」シートのE列、F列、H列の数式が壊れ「#REF!」と表示されますが、数式は後で修正することにして、このまま先に進みます。

■ **金額入力用に2列挿入する**

　このシートには金額を入力する列を3列分（出金・入金・残高）準備したいので、金額列の右横に列を2列分挿入します。

「入力」シート

■ **二つの金額列と摘要列を左に移動する**

　入力しやすいように列の並び順を変更します。F列～H列（＝先ほど挿入した2列と摘要列）を切り取り、B列を選択して**切り取ったセルの挿入**をしてください。これで、列の順番が変わります。

242

5-2 出納帳データをインポートする

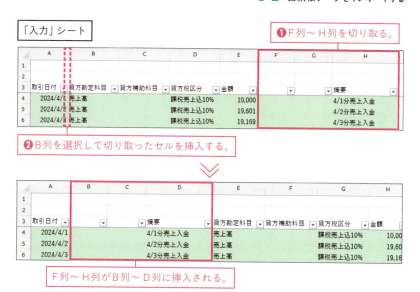

列のレイアウトは、ほぼ完成したので、様式を整えていきます。3行目の列名を次のように変更してください。

セル	入力内容
B3セル	出金
C3セル	入金
E3セル	**相手**勘定科目
F3セル	**相手**補助科目
G3セル	**相手**税区分
H3セル	残高

「入力」シート

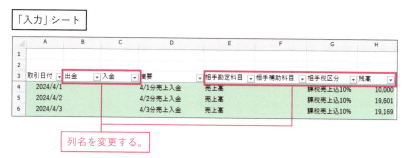

多くの場合、通帳は出金が左側、入金が右側に表示されることが多いため、それに合わせて、出金をB列、入金をC列に配置しています。

243

■ 残高列に数式を入力し、ロックをかける

H列に残高を自動的に表示させるようにしましょう。H4セルに「=SUM(H3,-B4,C4)」と入力し、1003行目まで貼り付けてください。引数の「H3」「-B4」「C4」の間はカンマで区切られていることに注意してください。

この数式は「=H3-B4+C4」とまったく同じ意味です。足し算を使うとH3セルに文字列データが入っていることが原因でエラーになりますが、SUM関数なら文字列データを無視できるので、今回はSUM関数を使っています。

最後に、H4～H1003セルを選択し、背景色を「塗りつぶしなし」にして、セルをロックしてください（218ページ参照）。

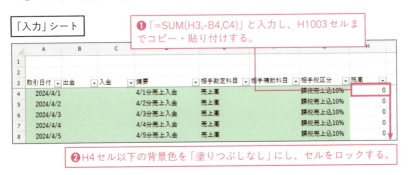

「入力」シート

❶「=SUM(H3,-B4,C4)」と入力し、H1003セルまでコピー・貼り付けする。

❷H4セル以下の背景色を「塗りつぶしなし」にし、セルをロックする。

これで、「入力」シートの準備は終わりです。

■ テストデータを入力して、期首残高を入力する

後で入力する「CSV」シートの数式が正しいか確認しやすくするため、このタイミングで、入力シートに様々なパターンのデータを入力しておきましょう。必要に応じて、補助科目一覧シートにも情報を付け足してください。

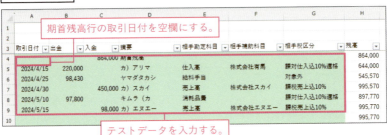

「入力」シート

期首残高行の取引日付を空欄にする。

テストデータを入力する。

上記では、4行目に期首残高を入力しています。この行は、仕訳に反映されないように取引日付を入力していません。

実際、「CSV」シートのA列の数式では、日付、借方金額の両方が0より大きい場合だけ、仕訳を生成する数式が入っていました（216ページ参照）。そのため、取引日付欄を空欄にしておけば、コメント行扱いになり仕訳が生成されません。

「CSV」シート

	A	B	C	D	E	F	G	H	I
1	#								
2	#必須			必須	必須			必須	必須
3	#識別フラグ	伝票No.	決算	取引日付	借方勘定科目	借方補助科目	借方部門	借方税区分	借方金額
4	#			1900/1/0	#REF!	#REF!		#REF!	864000
5		2000		2024/4/15	#REF!	#REF!		#REF!	644000
6		2000		2024/4/25	#REF!	#REF!		#REF!	545570
7		2000		2024/4/30	#REF!	#REF!		#REF!	995570

取引日付を入力していないのでコメント扱いになる。

■ 親科目・税区分を指定するセルを作る

出納帳形式のデータを仕訳に変換するためにはこの出納帳をどの勘定科目、補助科目、税区分で記帳するかを指定しないといけません。そこで、E1～G1セルに、出納帳の記帳先となる勘定科目と補助科目、税区分を入力しましょう。以下、これらのことを親勘定科目、親補助科目、親税区分と呼びます。

D1セルに「親科目」、E1セルに「普通預金」、F1セルに「楽天銀行」、G1セルに「対象外」と入力して、E1～G1セルの背景色を薄緑色に設定するとともに、セルの書式設定でロックをはずしましょう。

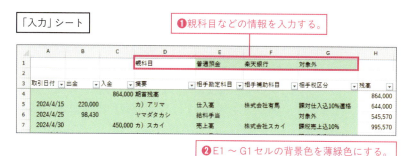

「入力」シート

❶親科目などの情報を入力する。

❷E1～G1セルの背景色を薄緑色にする。

入金・出金に応じて「CSV」シートに仕訳を生成する

次に、「CSV」シートに数式を入力します。IF関数を使って、**入金取引か出金**

取引かに応じて、借方・貸方のそれぞれに記帳する内容を決めます。

たとえば、普通預金の出納帳で支払手数料の記帳をする場合、出金取引か入金取引かに応じて、次のように借方・貸方の勘定科目を入れ替えます。

取引	仕訳
入金取引	普通預金／支払手数料
出金取引	支払手数料／普通預金

■ E4、F4、H4セル（借方勘定科目、補助科目、税区分）

それでは、**「CSV」シートに数式を入れていきます**。必要に応じてシート保護を解除した後、「CSV」シートのE4、F4、H4セルに、次の数式を入力しましょう。

入力するセル	数式	備考
E4セル（借方勘定科目）	=IF(入力!$B4>0,入力!E4&"",入力!E$1&"")	
F4セル（借方補助科目）	=IF(入力!$B4>0,入力!F4&"",入力!F$1&"")	
H4セル（借方税区分）	=IF(入力!$B4>0,入力!G4&"",入力!G$1&"")	コピペ不可

たとえば、E4セルのIF関数は、次のような意味です。

=IF(入力!$B4>0,入力!E4&"",入力!$E$1&"")
　　　①　　　　②　　　　③

引数	意味
①	入力シートのB4セル（出金金額）が0より大きい
②	そのとき（＝出金取引のとき）には、入力シートの**E4セル**（入力した行の勘定科目）を表示する
③	それ以外のとき（＝入金取引のとき）は、入力シートの**E1セル**（親科目の勘定科目）を表示する

二つ目、三つ目の引数の後に、**転記元が空欄でも対応できるよう「&""」を付け加えています**。また、出金金額への参照（「入力!$B4」）は数式をF列に貼り付けたとき、親勘定科目への参照（「入力!$E$1」は数式を横や下に貼り付けたときに参照先がずれないように絶対参照を指定しています。

なお、E4セルの数式はH4セルに貼り付けただけでは正しい数式になりません。**H4セルに数式を貼り付けた後、手で数式を修正してください**。入力し終わったら、E4 ～ H4セルの数式を、E4 ～ H1003セルに貼り付けておきましょう。

「CSV」シート

■ K4、L4、N4セル（貸方勘定科目、補助科目、税区分）

同じように、「CSV」シートのK4、L4、N4セルにも数式を入力しましょう。

入力するセル	数式	備考
K4セル（貸方勘定科目）	=IF(入力!$B4>0,入力!E$1&"",入力!E4&"")	
L4セル（貸方補助科目）	=IF(入力!$B4>0,入力!F$1&"",入力!F4&"")	
N4セル（貸方税区分）	=IF(入力!$B4>0,入力!G$1&"",入力!G4&"")	コピペ不可

　先ほどのE4セル、F4セル、H4セルに入力した数式と比較すると、二つめの引数と三つめの引数が入れ替わっているだけで、あとはまったく同じです。要は、親科目の設定内容を表示するか、各行の内容を表示するかが、**先ほどと逆になっている**わけです。先ほどと同様、N4セルに数式を貼り付けた後、手で数式を修正する必要があることにも注意してください。
　入力し終わったら、K4～N4セルの数式を、K4～N1003セルに貼り付けて、貸方側の情報が正しく表示されていることを確認してください。

「CSV」シート

247

■ I4、O4セル（借方金額、貸方金額）

借方金額（「入力」シートのB4セル）、貸方金額（「入力」シートのC4セル）は、どちらかしか入力されません。ですから、この二つのセルの金額を足せば、借方金額と貸方金額に入力すべき金額を計算できます。

入金額	出金額	入金額＋出金額	借方金額、貸方金額
100		=100+0	100
	100	=0+100	100

そこで、I4セルに「＝入力!$B4+入力!$C4」という数式を入力して、それをI4 〜 I1003セルとO4 〜 O1003セルに貼り付けましょう。「入力!$B4」「入力!$C4」と複合参照を使ったことで、I4セルの数式はO列にも貼り付けられます。

なお、数式を入力した結果、金額がカンマ区切りで表示される場合には、表示形式を「標準」に戻して、カンマが表示されないようにしておきましょう。

「CSV」シート

これで、CSVシートは完成です。日付、識別フラグ、摘要などその他の列の数式は、そのまま使えるので変更をする必要はありません。

「入力」シートにデータを入力すると、自動的に「CSV」シートに値が転記され、インポート用のフォーマットができあがります。「CSV」シートを、CSVファイルとして保存して、弥生会計に取り込んでください。

5-3 仕訳パターンを工夫して業務効率を上げる

■ 業務に合う仕訳パターンを考える

入力する仕訳の形によって業務効率が大きく変わる

あまり、明確な形で言われることはありませんが、入力する仕訳の形によって業務効率は大きく変わります。特に、出納帳形式でデータを入力するときには、**どういう仕訳を入力するか次第で業務効率が大きく変わります**。ここでは、いくつか考えるべきポイントを紹介していきます。

預金口座間の振替取引の場合

複数の預金口座がある場合、預金口座ごとに今回のエクセルブックを準備すれば、全口座の記帳ができます。ただし、口座間の資金移動を二重に記帳しないように注意が必要です。

たとえば、みずほ銀行・楽天銀行の2行に口座を持っていて、2024/4に、みずほ銀行から楽天銀行に1,000,000円の振替をしたときを考えてみます。このとき、次のように、みずほ銀行・楽天銀行のシート両方に、この取引を素直に入力すると、振替取引が二重に記帳されてしまいます。

1. みずほ銀行のエクセルシート

日付	出金	入金	相手科目	相手補助科目
2024/4	1,000,000		普通預金	楽天銀行

この「みずほ銀行のエクセルシート」からCSVデータを作り、弥生会計にインポートすると、次の仕訳データが作られます。

（弥生会計の仕訳）
　　普通預金（楽天銀行）　1,000,000　／　普通預金（みずほ銀行）　1,000,000

Chap
5

様々なデータを会計ソフトにインポートする

249

2. 楽天銀行のエクセルシート

日付	出金	入金	相手科目	相手補助科目
2024/4		1,000,000	普通預金	みずほ銀行

（弥生会計の仕訳）

　普通預金（楽天銀行）1,000,000　　／　　普通預金（みずほ銀行）1,000,000

　この仕訳は、さきほどの仕訳と全く同じで、二重記帳になってしまいます。こういうときには、それぞれの**相手科目を「仮受金」にして記帳しましょう。**

　あるいは、新しく勘定科目を作れるときには、預金振替専用の勘定科目（例：「口座振替仮」）を作って、その勘定科目を相手科目として入力しましょう。そうすることで、預金振替の不一致を検出できます。また、仕訳の分析時にも、**総勘定元帳の相手科目で取引内容が把握できる**ので便利です。

　たとえば、「口座振替仮」という勘定科目を（流動資産区分に）作成して、相手科目に入力すると、次のようになります。

1. みずほ銀行のエクセルシート

日付	出金	入金	相手科目	相手補助科目
2024/4	1,000,000		口座振替仮	

（弥生会計の仕訳）

　口座振替仮　　　　　1,000,000　　／　　普通預金（みずほ銀行）1,000,000

2. 楽天銀行のエクセルシート

日付	出金	入金	相手科目	相手補助科目
2024/4		1,000,000	口座振替仮	

（弥生会計の仕訳）

　普通預金（楽天銀行）1,000,000　　／　　口座振替仮　　　　　　1,000,000

　このように、仮勘定を使用することで、二重仕訳にならないように仕訳データを入力できます。当然、正しく仕訳が入力されていれば、**「口座振替仮」勘定の残高は0になります。**

1件の預金入出金を複数の仕訳に分割したい場合

次のように、1件の入出金取引に対して、複数の科目に記帳をしなければいけない場面があります。

- 給料の支払　→ 給料、交通費、預り金（源泉所得税）、預り金（社会保険料）
- 外注費の支払 → 外注費、預り金（源泉所得税）
- 売掛金の回収 → 売掛金、支払手数料
- 借入金の返済 → 短期借入金、支払利息

これらの仕訳を1:1仕訳で起票する場合、考えられる仕訳の起票方法は三つあります。それぞれ、長所・短所があるので、状況に応じて使い分けましょう。

方法	特徴
1. 別途、振替仕訳を付け足す	入力方法が直感的だが、消費税の端数に注意が必要
2. 預金の入出金を複数行に分ける	預金入出金シートだけで仕訳が完了するので、わかりやすい
3. 専用の仮勘定を経由して仕訳を起票する	内訳を別途管理している場合には最適

なお、**同一取引で、複数の起票パターンが混在すると、分析に手間がかかります**。あらかじめ、各パターンごとに仕訳パターンを固定しましょう。

それでは、具体例を見てみましょう。2024/4/1に、110,000円（本体価格100,000円＋消費税10,000円）の報酬から10,210円を天引きした99,790円を「山田弁護士事務所」あてに支払ったときに、仕訳をどう入力するか考えてみます。

1.別途、振替仕訳を付け足す

99,790円を外注費の出金として記帳し、別途、仕訳帳を使って、外注費に10,210円を追加計上します。

■ 普通預金出納帳のエクセルシート

日付	出金	入金	相手勘定科目	相手税区分
2024/4/1	99,790		外注費	課対仕入込10%適格

この普通預金出納帳データからCSVデータを作り、弥生会計にインポートすると、次の仕訳データが作られます。

（弥生会計の仕訳）

外注費　　　　　　90,719　／　普通預金　　99,790
仮払消費税等　　　　9,071

■ 仕訳帳のエクセルシート

日付	借方勘定科目	借方税区分	貸方勘定科目	貸方税区分	金額
2024/4/1	外注費	課対仕入込10%適格	預り金	対象外	10,210

（弥生会計の仕訳）

外注費　　　　　　9,282　／　預り金　　　10,210
仮払消費税等　　　　928

　この方法を使うと、外注費の計上が二つの仕訳に分かれるので、帳簿が見にくくなります。さらに、**消費税の端数処理が2回に分けて行われる結果、消費税額がずれてしまう**可能性もあります。実際、上の例では、仮払消費税等の合計が、本来あるべき金額から1円ずれています。

　ですから、外注費・売上高などの費用・収益科目の計上にはこの方法は不向きです。この方法を使うなら、売掛金の回収、借入金の返済などの取引に使いましょう。

2. 預金の入出金を複数行に分ける

　99,790円の出金を「110,000円の出金と10,210円の入金」に分けて記帳します。

■ 普通預金出納帳のエクセルシート

日付	出金	入金	相手勘定科目	相手税区分
2024/4/1	110,000		外注費	課対仕入込10%適格
2024/4/1		10,210	預り金	対象外

（弥生会計の仕訳）

外注費　　　　　100,000　／　普通預金　　110,000
仮払消費税等　　10,000

普通預金　　　　10,210　／　預り金　　　10,210

　この方法は、銀行預金入力用のシートに入力するだけで記帳が完結するので、

わかりやすいです。一方で、エクセルでインポート用データを作成するときに、**1件の出金を複数行に分けて記帳しないといけません**。入出金の金額を手作業で分割する必要があるので、ミスが起こりやすいという欠点があります。

3. 専用の仮勘定を使う

　預金口座間の振替取引と同様、専用の仮勘定を使う方法です。預金入出金の記帳に手間がかからず、本来の勘定への振替もれにも気づきやすい、総勘定元帳の相手科目で取引内容が把握できるなどのメリットがあります。一方で、仮勘定から本来の勘定への振替仕訳を別途入力しなければならない点がデメリットです。

　ここでは、勘定科目「外注費仮」を販売管理費の一項目として作成しています。

■ **普通預金出納帳のエクセルシート**

日付	出金	入金	相手勘定科目	相手税区分
2024/4/1	99,790		外注費仮	対象外

（弥生会計の仕訳）

　　外注費仮　　　　99,790　　／　　普通預金　　　　99,790

■ **仕訳帳のエクセルシート**

日付	借方勘定科目	借方税区分	貸方勘定科目	貸方税区分	金額
2024/4/1	外注費	課対仕入込10%適格	外注費仮	対象外	110,000
2024/4/1	外注費仮	対象外	預り金	対象外	10,210

（弥生会計の仕訳）

　　外注費　　　　　100,000　　／　　外注費仮　　　110,000
　　仮払消費税等　　 10,000

　　外注費仮　　　　 10,210　　／　　預り金　　　　　10,210

■ 固定資産・有価証券売却取引を1:1仕訳で記帳する

入金と簿価振替を別の仕訳で入力するのがポイント

　固定資産や有価証券の売却取引は、一見複雑そうですが、流れを整理することで、1:1仕訳の形で表現することができます。ポイントは、**入金取引と、簿価を振り替える取引**を別々の仕訳として入力することです。

例として、期首簿価500,000円（取得価額800,000円、減価償却累計額300,000円）の車両を、2024年4月1日に660,000円（本体価格600,000円＋消費税率10%）で売却したときの仕訳を考えてみます。

まずは入金取引です。預金出納帳の入力様式を使い、預金の入金として処理をします。たとえば、出納帳形式で入力する場合には、**入金額660,000円に消費税が課税されます**ので、消費税区分を「課税売上込10%」にして記帳しましょう。

■ **普通預金出納帳のエクセルシート**

日付	出金	入金	相手勘定科目	相手税区分
2024/4		660,000	固定資産売却益	課税売上込10%

（弥生会計の仕訳）

普通預金	660,000	/	固定資産売却益	600,000
			仮受消費税等	60,000

次に簿価振替取引です。仕訳帳の入力様式を使って、売却した固定資産の簿価を固定資産売却益勘定に振り替えます。単なる簿価振替なので消費税は課税対象外であることに注意してください。

■ **仕訳帳のエクセルシート**

日付	借方勘定科目	借方税区分	貸方勘定科目	貸方税区分	金額
2024/4/1	固定資産売却益	対象外	車両運搬具	対象外	800,000
2024/4/1	減価償却累計額	対象外	固定資産売却益	対象外	300,000

この普通預金出納帳データからCSVデータを作り、弥生会計にインポートすると、次の仕訳データが作られます。

（弥生会計の仕訳）

固定資産売却益	800,000	/	車両運搬具	800,000
減価償却累計額	300,000	/	固定資産売却益	300,000

先ほどの仕訳（固定資産売却益が貸方に600,000円）と差し引きすると、固定資産売却益の差引額は100,000円になります。

5-4 出納帳形式のインポートシートを工夫する

■ 元データを貼り付けるだけで仕訳を作成させる

入力する手間を省力化する二つの工夫

5-2で作成した出納帳形式の入力フォームには、インターネットバンキングから出力した入出金のCSVデータを加工して入力する必要があるなど、面倒な点も残ります。そこで、先ほどのシートを改良して、次の機能を持たせてみましょう。

- 1.摘要から勘定科目、補助科目、税区分を自動導出する仕組みを作る
- 2.銀行のCSVデータに合わせた様式を作る

これらの機能を付け加えることで、インターネットバンキングから出力した入出金のCSVデータを貼り付けるだけで、インポート用のCSVデータができるようになります。

■ 摘要から各項目を自動導出する仕組みを作る

作業の概要

先ほど作った出納帳形式のインポートシートに、摘要に応じて、勘定科目、補助科目、税区分を自動導出しつつ、必要に応じて、手入力した内容で上書きできるような仕組みを付け加えます。

摘要から勘定科目、補助科目、税区分を自動導出する。

次のような流れで作業をしていきます。

- 1.「摘要」と「相手勘定科目、相手補助科目、相手税区分」の対応表を作る
- 2.「摘要」に応じた相手勘定科目などをいったん転記する
- 3.相手勘定科目などが手入力されている場合には、その内容で上書きする
- 4.「3」の相手勘定科目などをCSVシートに転記

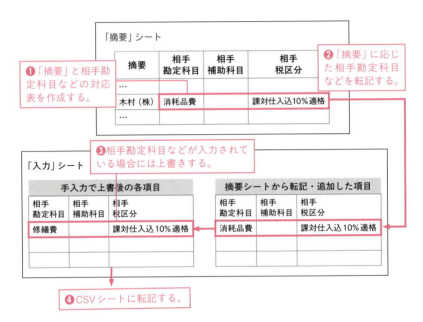

摘要と相手勘定科目などの対応表を作る

それでは、手順を説明していきます。まず、摘要の一覧表を作っていきます。作る手順は、224ページで書いた税区分一覧などとまったく同じです。

- 1.新規シートを作成し、シート名を「摘要」に変更
- 2.A1〜D1セルに「摘要」「勘定科目」「補助科目」「税区分」と入力
- 3.A1セルを選択し、メニューから「挿入」→「テーブル」をクリック
- 4.テーブルの作成ウィンドウで**「先頭行を見出しとして使用する」にチェックを入れて「OK」をクリック**
- 5.A2〜D2セルに（テーブルにデータが入っている場合はA2セル〜D列の最終行まで）「摘要一覧」と名前を付ける

5-4 出納帳形式のインポートシートを工夫する

　あとは、A2セル以下に、摘要とそれに対応する勘定科目、補助科目、税区分を入力してください。ここでは、244ページで入力したテストデータのD5～G9セルの内容をコピーして、「摘要」シートのA2セルに値貼り付けています。また、224ページと同じように、勘定科目、補助科目、税区分については入力規則を設定しましょう。今回のようにテーブル化している場合には、2行目からテーブルの最後の行を選択して入力規則を設定してください。

❶新規シートを作成し、シート名を「摘要」に変更する。

	A	B	C	D
1	摘要	勘定科目	補助科目	税区分
2	カ）アリマ	仕入高	株式会社有馬	課対仕入込10%適格
3	ヤマダタカシ	給料手当		対象外
4	カ）スカイ	売上高	株式会社スカイ	課税売上込10%
5	キムラ（カ	消耗品費		課対仕入込10%適格
6	カ）エヌエー	売上高	株式会社エヌエー	課税売上込10%

❷見出しを入力してテーブル化し、摘要などを入力する。

摘要に対応する勘定科目などを「入力」シートに表示する

　今度は、「入力」シートを修正していきます。N列～P列に、摘要に対応する勘定科目、補助科目、税区分を摘要テーブルから探して表示します。

　最初に、列見出しを入れます。N2セルに「摘要シートから転記」、N3セルに「勘定科目」、O3セルに「補助科目」、P3セルに「税区分」と入力しましょう。また、数式を入力する事前準備として、N1～P1セルに「2」「3」「4」と入力しておきましょう。

「入力」シート

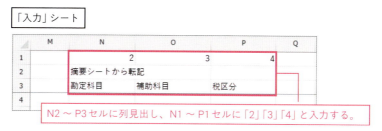

N2～P3セルに列見出し、N1～P1セルに「2」「3」「4」と入力する。

　それでは、数式を入力します。N4セルに次の数式を入力しましょう。

257

```
=IFERROR(VLOOKUP($D4,摘要一覧,N$1,FALSE)&"","")
                  ①        ②      ③
```

N4セルの数式の意味は、次のとおりです。

引数	意味
①	D4セルを
②	摘要一覧の一番左の列から探して
③	該当行のN1セル番目(=2列目)の列の内容を表示する

あとは、N4セルの数式をコピーして、N4～P1003セルに貼り付けましょう。これで、摘要に応じて勘定科目、補助科目、税区分が表示されます。

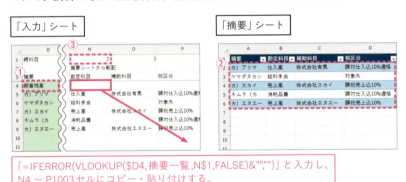

「=IFERROR(VLOOKUP($D4,摘要一覧,N$1,FALSE)&"","")」と入力し、N4～P1003セルにコピー・貼り付けする。

今回は、N4～P4セルに、摘要に対応する複数の情報(勘定科目、補助科目、税区分)を表示させるため、列番号をN1～P1セルに書き出して、複合参照を使った指定をしています(115ページで解説した方法です)。摘要シートに該当する摘要がない場合の#N/A!エラーに備えてIFERROR関数を使っています(116ページ参照)。さらに、勘定科目・補助科目・税区分が空欄だった場合に0が表示されるのを防ぐためVLOOKUP関数の後に「&""」を付けています(33ページ参照)。

N4セルの数式のコピー・貼り付けは、ショートカットキーを使うと簡単です。まず、N4セルを選択してコピーした後、**N4セルを選択したままの状態で** [Ctrl]+[Shift]+[End] **を押してください**。N4～P1003セルが選択されるので、そのまま[Ctrl]+[V]で貼り付けてください。

あとは、E5～G9セルの値を消去しましょう。N列～P列には摘要シートの入

5-4 出納帳形式のインポートシートを工夫する

力内容が表示されるのでN列～P列の表示内容は変わりません。

手入力を反映させた状態の勘定科目などを表示する

J列～L列には、N列～P列の内容を転記しますが、E列～G列に手入力された場合には、その内容で上書きします。そして、J列～L列の勘定科目・補助科目・税区分を「CSV」シートに転記していきます（全体像は255ページ下のキャプチャと256ページの図を参照してください）。

現時点では、「CSV」シートのE列、F列、H列、K列、L列、N列の数式は「入力」シートのE4～G1003セルを参照しています。これを、次の手順でJ4～L1003セルを参照するように一括で修正してしまいます。

なお、E4～G1003セルに入力されている値は、不要なので、消去しておいてください。

■ 切り取り＋貼り付けで数式を一括修正

「入力」シートのE4～G1003セルを選択して**切り取り**、J4セルを選択して貼り付けてください。E列～G列を参照している数式が、すべてJ列～L列を参照するように変更されます。

その後、J4～L1003セルが選択されている状態になっているので、そのまま**コピー**をして、E4セルを選択して（通常）の貼り付けをしてください。

この作業によって、今までE4 〜 G1003セルを参照していた「CSV」シートの数式が、J4 〜 L1003セルを参照するように変更されました。

■ J列〜 L列の入力規則を削除

E4 〜 G1003セルを切り取って、J4 〜 L1003セルに貼り付けをした影響で、J4 〜 L1003セルに不要な値が入力され、入力規則と背景色が設定されています。そこで、J列〜 L列**全体**を選択して、メニューから「ホーム」→「クリア」→「すべてクリア」をクリックしてください。

これで、J列〜 L列の値、書式のすべてが消去されました。そして、次項でJ列〜 L列に入力する勘定科目・補助科目・税区分が「CSV」シートに転記されることになります。

■ 列見出しと数式の入力

J2セルとS2セルに「手入力で上書後の各項目」、J3セルに「勘定科目」、K3セルに「補助科目」、L3セルに「税区分」と入れます。そして、J4 〜 L4セルには次の数式を入力してください。

入力するセル	数式	意味
J4セル （勘定科目）	=IF(E4="",N4&"",E4&"")	E4セルが空欄のときはN4セル、それ以外のときはE4セルを表示する

5-4 出納帳形式のインポートシートを工夫する

入力するセル	数式	意味
K4セル （補助科目）	=IF(AND(E4="",F4=""),O4&"",F4&"")	E4セル、F4セルの**両方が**空欄のときはO4セル、それ以外のときはF4セルを表示する
L4セル （税区分）	=IF(G4="",P4&"",G4&"")	G4セルが空欄のときはP4セル、それ以外のときはG4セルを表示する

　IF関数の二つ目、三つ目の引数の末尾に「&""」を付け、空欄の場合は空欄のまま表示させるようにしています。

　J4セルの数式は、L4セルには貼り付けられますが、K4セルに貼り付けることはできません。面倒ですが、K4セルの数式は手入力してください。

　その後、1003行目まで数式をコピーして貼り付けましょう。これで、摘要テーブルの内容をE～G列の内容で上書きすることができるようになります。

　さて、それでは数式の解説をしていきます。

　J4セルには、IF関数を使ってE4セル（手入力された勘定科目）が空欄のときはN4セル（摘要から転記された勘定科目）、それ以外のときにはE4セルの値を表示しています。

E4セルに値が入力されているかどうかでJ4セルの内容が変わる

L4セルの税区分の数式も、考え方は、まったく同じです。
　K4セルには、J4セル・L4セルとは違い、やや複雑な数式が入っています。K4セルでは、IF関数を使って、E4セルとF4セル（手入力された補助科目）の両方が空欄のときはO4セル（摘要から転記された補助科目）、それ以外のときにはF4セルの値を表示しています。E4セルだけに値が入力された場合、つまり、**手入力で勘定科目だけを変更したときに補助科目をリセットするために**、このような複雑な数式を組んでいます。

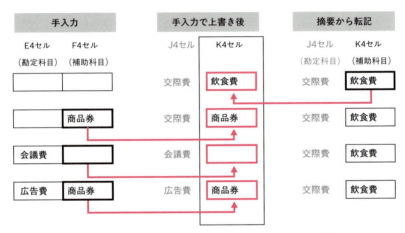

E4・F4セルに値が入力されているかどうかでK4セルの内容が変わる

　これで、摘要から勘定科目、補助科目、税区分を入力する仕組みは完成です。「CSV」シートから仕訳データを作成して、弥生会計にインポートできることを確かめてください。

■ 銀行のCSVデータに様式を合わせる

ジャパンネット銀行様式に合わせる

　先ほどのインポートシートを、取り込む銀行の様式に合わせると、より使いやすくなります。たとえば、次のようなジャパンネット銀行のCSVデータに、取り込みシートの様式を合わせて、コピー・貼り付けするだけで仕訳データを生成できるようにしてみましょう。

5-4 出納帳形式のインポートシートを工夫する

先ほど作成したエクセルファイルを改良していきます。まず、「入力」シートの列を切り取り・挿入で加工してジャパンネット銀行の様式にできるだけ合わせます。それから、手作業で必要な調整を加えて仕上げます。

「入力」シートを開く

まず、先ほど作成した出納帳の「入力」シートを開きます。E1 〜 G1セルに「普通預金」「JNB銀行」「対象外」と記入し、A4 〜 G1003セルの値を消去します。また、残高を計算するH4 〜 H1003セルの数式も、今回は必要ないので消去しましょう。

列の切り取り・挿入で様式を合わせる

「CSV」シートの数式を壊さないように、以下の手順で「入力」シートのレイアウトをジャパンネット銀行のCSVデータに合わせます。

- 1.D列（摘要列）を切り取って、B列（出金列）を選択して挿入
- 2.H列（残高列）を切り取ってE列（相手勘定科目列）を選択して挿入
- 3.A列（取引日付列）を切り取ってI列を選択して挿入
- 4.E列を選択して、E列の左に列を挿入

- 5.A列～G列を選択して、A列の左に7列挿入

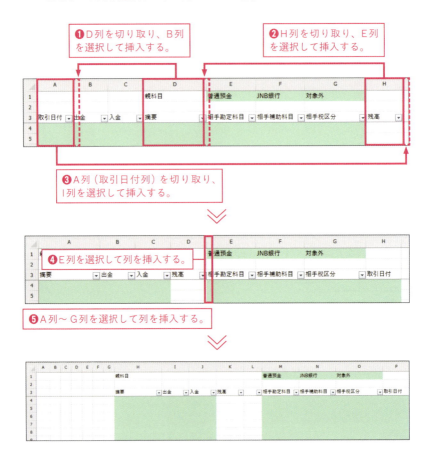

　これで、ジャパンネット銀行のCSVデータ（262ページ参照）とA列～L列までのレイアウトが同じになりました。

「入力」シートの表示を整え、テストデータを入力する

　入力シートや見出しを整えていきます。まず、A4～O1003セルの背景色を薄緑色にします。

　また、P4～P1003セル（取引日付）列については、メニューから「ホーム」→「クリア」→「すべてクリア」を選択して、背景色やその他の書式を全部消去しておきましょう。また、列の切り取り・挿入でレイアウトを整えたため、H1セルに

5-4 出納帳形式のインポートシートを工夫する

「親科目」と表示されています。そこで、H1セルを切り取り、K1セルなど、見やすい場所に貼り付けて移動させましょう。

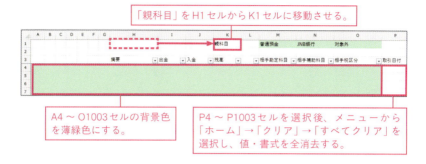

次に、3行目の見出しを設定すると同時にテストデータを入力しましょう。エクスプローラで、ジャパンネット銀行のCSVデータをダブルクリックしてエクセルで開きましょう。Microsoft 365を使っている場合などで、データ変換で「先頭のゼロを削除する」かを選択するダイアログボックスが表示された場合には、「変換する」「変換しない」のどちらを選択しても構いません。そして、A1セル〜最終セル（今回のデータだとL7セル）をコピーして、先ほど作成したシートのA3セルに**値貼り付け**をしてください。

これで、見出しを設定しつつ、テストデータも入力できました。

日付の入力を年・月・日別々に入力できるように修正する

最後に、P列に数式を入力して、日付を自動計算するようにしましょう。P4セルに「=IFERROR(**DATE(A4,B4,C4)**,0)」と入力します。

「43831」など、日付のシリアル値が表示されている場合には、書式設定で日付形式を選択して日付が表示されるようにしてください。

「=IFERROR(DATE(A4,B4,C4),0)」と入力後、書式設定で日付を表示させる。

この数式では、DATE関数を使って、「入力」シートの「A4セル」年、「B4セル」月、「C4セル」日の、日付データを作っています。ただし、A4～C4セルが空欄の場合、DATE関数の計算結果はエラーになってしまいます。そこで、その場合にはIFERROR関数を使って0（＝表示上は1900/1/0と表示されます）になるようにしています。あとは、この数式をコピーして、P5～P1003セルに貼り付けてください。

P5～P1003セルにコピー・貼り付けする。

これで、「入力」シートの準備は完了です。

実際に使ってみる

それでは、実際にこのシートを使ってみましょう。「CSV」シートは、何も手を加

5-4 出納帳形式のインポートシートを工夫する

えていませんが、「入力」シートを切り取り・貼り付け・列の挿入で整形したため、「CSV」シートの数式は壊れておらず、そのまま使える状態になっています。

必要に応じて「補助科目」シートに補助科目を追加した後、「摘要」シートのA列に、今回出てきた摘要を入力し、B〜D列に対応する勘定科目、補助科目、税区分を入力しましょう。「CSV」シートに、仕訳データが生成されます。

「摘要」シート

「入力」シート

「摘要」シートから、摘要に応じた勘定科目などが転記される。

「CSV」シート

「CSV」シートにインポート用データが作成される。

267

売上明細からインポートデータを作成する

■ 「1行のデータ」から「一つの仕訳」を作成する

売上取引をエクセルで管理している場合、そのデータを直接弥生会計に取り込めると便利です。そこで、売上明細から直接インポート用のCSVデータを作成してみましょう。今回は、「売上明細1行」から「一つの仕訳」を作成する方法を紹介していきます。

売上明細データ

	A	B	C	D	E	F	G	H
1	売上日	取引先	商品	摘要	単価	数量	金額	
2	2024/5/29	大森物産株式会社	緑茶		68	643	43,724	
3	2024/6/15	株式会社ひまわり	ミネラルウォーター	習志野倉庫宛	45	62	2,790	
4	2024/6/25	シマヤ有限会社	紅茶		78	192	14,976	
5	2024/7/2	株式会社エムエム商事	炭酸水		62	246	15,252	
6	2024/7/15	アップリンク株式会社	サイダー		64	329	21,056	
7								
8								

⌄

インポート用データ

	A	B	C	D	E	F	G	H	I	J	K	L	M	N	O
1															
2	#識別フラグ	必須		必須	必須				必須		必須				必須
3		伝票No.	決算	取引日付	借方勘定科目	借方補助科目	借方部門	借方税区分	借方金額	借方税金額	貸方勘定科目	貸方補助科目	貸方部門	貸方税区分	貸方税金額
4	#			2024/5/29	売掛金	大森物産株式会社		対象外	0		売上高			課税売上込10%	0
5		2000		2024/6/15	売掛金	株式会社ひまわり		対象外	2790		売上高			課税売上込10%	2790
6		2000		2024/6/25	売掛金	シマヤ有限会社		対象外	14976		売上高			課税売上込10%	14976
7	#			2024/7/2	売掛金	株式会社エムエム商事		対象外	0		売上高			課税売上込10%	0
8	#			2024/7/15	売掛金	アップリンク株式会社		対象外	0		売上高			課税売上込10%	0
9	#			1900/1/0	売掛金			対象外	0		売上高			課税売上込10%	0
10	#			1900/1/0	売掛金			対象外	0		売上高			課税売上込10%	0
11	#			1900/1/0	売掛金			対象外	0		売上高			課税売上込10%	0
12	#			1900/1/0	売掛金			対象外	0		売上高			課税売上込10%	0
13	#			1900/1/0	売掛金			対象外	0		売上高			課税売上込10%	0

今回作成するエクセルブックでは、**転記する日付の「範囲」を指定して、その日付内の仕訳だけをCSVファイルとして出力する**ようにします。

5-5 売上明細からインポートデータを作成する

■ エクセルシートを作るときの方針

　現金・預金科目以外の入力シートを作る場合には、「仕訳帳形式」のブックをベースにするとわかりやすくなります。

　そこで、今回は、4-5で作成した、仕訳帳のブックをベースにして、①「売上」シートを作成し、②「入力」シートに数式を入力します。そうすることで、「売上」シートに売上データをコピー・貼り付けすするだけで、CSVデータができあがります。

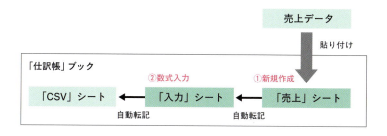

■ 「売上明細」シートを作成する

　まず、仕訳帳のブックに、下記のような「売上明細」シートを付け加えます。

「売上明細」シート

	A	B	C	D	E	F	G	H
1	仕訳作成期間		2024/6/1	～	2024/6/30			
2								
3	売上日	取引先	商品	摘要	単価	数量	金額	
4	2024/5/29	大森物産株式会社	緑茶		68	643	43,724	×
5	2024/6/15	株式会社ひまわり	ミネラルウォーター	習志野倉庫宛	45	62	2,790	○
6	2024/6/25	シマヤ有限会社	紅茶		78	192	14,976	○
7	2024/7/2	株式会社エムエム商事	炭酸水		62	246	15,252	×
8	2024/7/15	アップリンク株式会社	サイダー		64	329	21,056	×
9								×
10								×

　以下、このシートを作る手順を見ていきましょう。

転記期間の指定し、売上明細を入力する

　売上明細を転記する「期間」を指定して、**その期間の仕訳だけ**を転記するようにします。そこで、次のように入力しましょう。

269

A1セル	仕訳作成期間
B1セル	2024/6/1（※転記したい月初の日付）
C1セル	～
D1セル	=EOMONTH(B1,0)

　D1セルのEOMONTH関数は、月末の日付を計算する関数で、**B1セルで入力された日付の、月末日付が表示されます**。B1セルは、都度入力する必要があるので、背景色を薄緑色にするとともに、ロックを解除しておきましょう。

「売上明細」シート

　次に、「入力」シートに合わせて、3行目に売上明細の見出し、4行目以下に売上明細を入力します。今回は、あらかじめ作成してある売上明細を、見出しも含めそのままコピーして、3行目以下に貼り付けましょう。
　さらに、「入力」シートに合わせて、4行目～1003行目までを入力可能な領域としましょう。A4～G1003セルを薄緑色に設定するとともに、ロックを解除してください。

「売上明細」シート

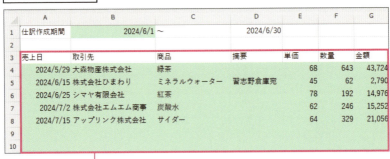

転記対象の行か判定する

　H列では、その行が転記対象かを判定します。売上日が仕訳作成期間に含まれる場合「○」、そうでない場合「×」を表示しましょう。H3セルに「転記対象」と入力し、H4セルに下記の数式を入力しましょう。

セル	数式	補足
H4セル	=IF(AND($B$1<=A4,A4<=$D$1),"○"," × ")	売上日が仕訳作成期間に含まれる場合「○」、そうでない場合「×」を表示

　数式を入力したら、H4セルを選択してコピーし、H5 〜 H1003セルに貼り付けてください。

「売上明細」シート

「=IF(AND($B$1<=A4,A4<=$D$1),"○"," × ")」と入力して、H5 〜 H1003セルにコピー・貼り付けする。

　日付同士を比較すると「未来日付のほうが値が大きい」と判定されます（83ページ参照）。

　ですから、「AND($B$1<=A4,A4<=$D$1)」という条件は「仕訳作成期間開始日≦売上日」かつ「売上日≦仕訳作成期間終了日」、つまり、**「仕訳作成期間開始日≦売上日≦仕訳作成期間終了日」という条件を表している**ことになります。そのため、I14セルの数式では仕訳作成期間内の場合には「○」と表示され、そうでない場合には「×」と表示されることになります。

　これで、「売上明細」シートの準備は完了です。

■ 「売上明細」シートから「入力」シートに転記をする

　以下の数式・値を入力して、「売上明細」シートから「入力」シートに値を転記

します。なお、入力規則によりC4セルの数式を入力できないときは、先に入力規則をクリアしてください。

セル	数式	補足
A4セル	=売上明細!A4	「売上日」を転記
B4セル	売掛金	
C4セル	=売上明細!B4 &""	取引先を転記（「&""」で空欄の場合は空欄のままにする）
D4セル	対象外	
E4セル	売上高	
F4セル		（空欄）
G4セル	課税売上込10%	
H4セル	=IF(売上明細!H4 ="○",売上明細!G4,0)	転記対象明細の場合は「金額」、そうでない場合は「0」を表示する
I4セル	=TRIM(売上明細!C4&" "&売上明細!D4)	商品名、空白、摘要をつなげて表示する（※余計な空白は削除）

数式を入力したら、コピーして1003行目まで貼り付けてください。

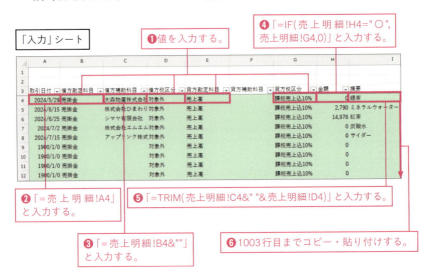

ポイントはH4セル、I4セルです。

H4セルは、売上金額を入力する欄ですが、**売上日が転記対象でない場合には、CSVデータに仕訳が出力されないように金額を強制的に「0」にしています。**

「CSV」シートに、**金額が0の行は出力しないような**数式が入力されているので、金額を「0」にすることで、CSVデータの出力対象から除外されます（245ページ参照）。

I4セルでは「売上明細!C4&" "&売上明細!D4」という数式で、「商品名・空白・摘要」を結合しています。ただ、摘要が空欄の場合、このままだと「商品名」の後に**空白が残って**しまいます。そこで、TRIM関数を使って、末尾の空白を削除しています。

最後に「入力」シートに入力不要であることを示すために、「入力」シートのA4〜I1003セルまでの背景色を消して白色にして、書式設定からセルのロックをかけるとともに、シートの保護をかけておきましょう。

「入力」シート

「CSV」シートにデータが作成されたことを確認する

これで、売上明細の入力シートができあがりました。「CSV」シートを見てみると、インポート用のCSVデータができあがっています。また、転記対象である6月の売上明細以外は、A列に「#」と表示され、転記対象外となっていることがわかります。

「CSV」シート

5-6 売上日計表から支払方法別のインポートデータを作成する

■ 「1行のデータ」から「複数の仕訳」を作成する

1日ごとに売上高の仕訳を複数計上する

　飲食店などでは、売上高を「売上集計表」で管理するケースが多いです。そこで、その売上集計表のデータから、インポートデータを作成してみましょう。今回は、日付ごと・売上種別ごと（現金・クレジットカード）に、仕訳データを作成します。つまり、今回は、**1行のデータから二つの仕訳を作成する**ことになります。

売上集計表

	A	B	C	D	E	F	G	H
1	売上集計表			2024年2月				
2	日付	曜日	売上金額			来店者数		
3			合計	現金	クレジット			
4	1	木	84,800	48,800	36,000	13		
5	2	金	57,400	46,200	11,200	9		
6	3	土	59,200	34,200	25,000	11		
7	4	日	78,600	56,700	21,900	12		
30	27	火	0	0	0	0		
31	28	水	40,800	27,600	13,200	6		
32	29	木	43,600	23,400	20,200	7		
33								
34								
35	合計		1,512,100	1,000,200	511,900	230		

日付ごとに、現金売上とクレジットカード売上の仕訳データを作成する

　今回は、4-5で作成した「仕訳帳」のエクセルブックをベースにして、①「売上」シートを作成し、②「入力」シートに数式を入力していきます。

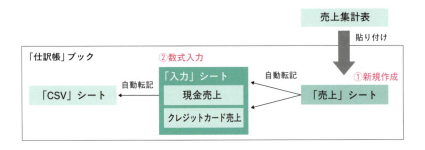

仕訳帳形式のエクセルブックに、売上集計表をコピーする

最初に、仕訳帳形式のエクセルブックに売上集計表のシートをコピーして、シート名を「売上」にしましょう。

「入力」シートには、次の図のように、二つに分けて仕訳を転記していきます。

- 「入力」シートの4行目〜34行目までに「現金」取引の仕訳
- 「入力」シートの35行目〜65行目までに「クレジットカード」取引の仕訳

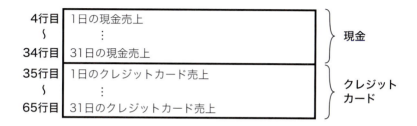

「日付」データを転記する

次に、「売上」シートの情報を使って「入力」シートのA列（日付）を入力していきます。「売上」シートを見ると、D1セルに年月（文字列データで「2024年2月」）、A4セル〜A34セルに日付（「1」〜「29」。最後の2行は空欄）が入力されています。そこで、これらの値を使って、日付データを作成します。

■ A4セルに数式を入力

「入力」シートに入力されている値をすべて消した後に、「入力」シートのA4セルに次の数式を入力してください。

```
=IFERROR((売上!$D$1&売上!A4&"日")*1,"")
```

この数式では、まず、次の三つのデータを結合しています。

- 売上シートのD1セル（「2024年2月」）
- 売上シートのA4セル（「1」）
- 「日」という文字

その結果、「2024年2月1日」という**文字列データ**ができあがります。

　D1セルの「2024年2月」は、文字列データとして入力されています。そのため、「=売上!$D$1& ... 」のようにセルの内容を結合するだけで年月日の文字列データができあがります。

　このようにして作成した「2024年2月1日」という文字列データに「*1」という数式で「1を掛ける」と、この文字列データが日付データ（数値）に変換されます（33ページ参照）。

　最後に、IFERROR関数を使って、うまく日付が変換されずエラーが生じたときは空欄にしています。たとえば、31日の行を見ると、2月31日が存在しないため空欄になっています。この行を上記数式で処理すると、「2024年2月日」というように日付が入っていないデータができてしまい、「*1」で日付に変換するときにエラーになってしまいます。

　そこで、IFERROR関数で囲んで、エラーの場合には「空欄」になるようにしています。

■ A5セル〜A34セルにコピー・貼り付けして月末までの日付を生成

この数式をコピーして、A5〜A34セルに貼り付けてください。これで、2月1日〜2月29日までの日付が生成されます。**31日まで存在する月に備えて、「31日」の日付が入るはずの34行目まで貼り付け**をするようにしてください。

また、A35セルに「=A4」と入力後、その数式をコピーしてA36〜A65セルに貼り付けてください。これで、2月1日〜2月29日の日付が2回分作成されます。

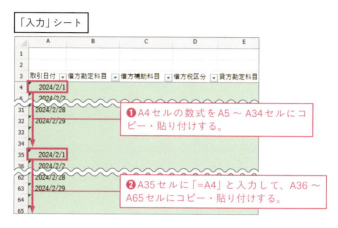

勘定科目・補助科目・税区分を入力する

次のように、勘定科目と税区分欄に手入力しましょう。

	B列 （借方勘定科目）	D列 （借方税区分）	E列 （貸方勘定科目）	G列 （貸方税区分）
5行目〜34行目	現金	対象外	売上高	課税売上込10%
35行目〜65行目	売掛金	対象外	売上高	課税売上込10%

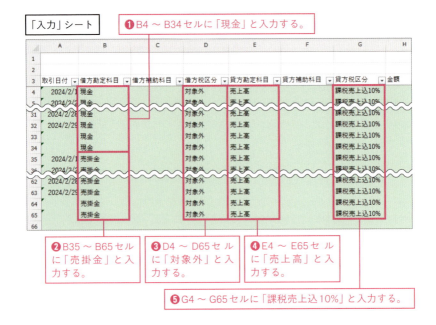

今回の例では、補助科目は空欄のままにしています。もし、実務で使う場合に補助科目が必要な場合には、C列、F列に補助科目を入力してください。

金額を入力する

H4セルに「=売上!D4」と入力して、2月1日の現金売上を転記します。その数式をコピーして、H5〜H34セルに貼り付けましょう。同様に、H35セルに「=売上!E4」と入力し、2月1日のクレジットカード売上を転記しましょう。その数式をコピーして、H36〜H65セルに貼り付けてください。

「売上」シート

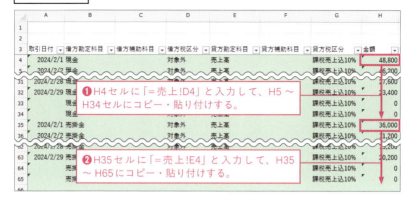

❶ H4セルに「=売上!D4」と入力して、H5〜H34セルにコピー・貼り付けする。

❷ H35セルに「=売上!E4」と入力して、H35〜H65にコピー・貼り付けする。

摘要を入力する

摘要には売上年月日を入力していきます。

まず、I4セルに「=TEXT(A4,"YYYY/M/D売上")」と入力しましょう。その後、数式をコピーしてI65セルまで貼り付けてください。

「売上」シート

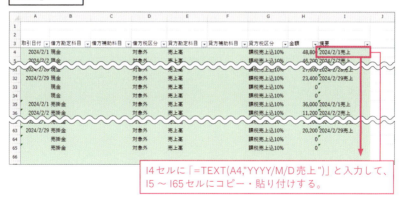

I4セルに「=TEXT(A4,"YYYY/M/D売上")」と入力して、I5〜I65セルにコピー・貼り付けする。

なお、単に「=A4&"売上"」という数式を入れると、「45323売上」のように年月日が適切に表示されません。**日付データから文字列データを作る場合には、必ずTEXT関数を使う**ようにしましょう。

最後に「入力」シートに入力不要であることを示すために、「入力」シートのA4〜I1003セルまでの背景色を消して白色にして、書式設定からセルのロックをか

けるとともに、シートの保護をかけておきましょう。

「入力」シート

背景色を消してセルのロックをかける。

これで、売上日計表の仕訳への変換ができるようになりました。「CSV」シートの内容をCSVデータとして出力して、弥生会計に取り込んでください。

「CSV」シート

_Chapter 6

会計ソフトから
データをエクスポートして
活用する

6-1 会計ソフトのデータをエクスポートする

弥生会計から詳細なデータをエクスポートする

　弥生会計からは、様々なデータを弥生会計の外で使える形にデータを出力することができます。この**データを出力することをエクスポートと呼びます**。たとえば、次のようなデータをエクスポートすることができます。

- 総勘定元帳・補助元帳
- 仕訳日記帳
- 残高試算表（年間推移）
- 補助残高一覧表（年間推移）
- 消費税集計表
- 勘定科目一覧、補助科目一覧など

　一般的には、**元データとして、仕訳日記帳や総勘定元帳などできるだけ細かいデータを使うほうが、精緻な分析ができます**。ただ、仕訳日記帳のデータ構造は、借方・貸方の仕訳が1行に表示されるので、分析には不向きです。そのため、基本的には総勘定元帳を元データに使った分析手法を紹介していきます。

　総勘定元帳だとデータ量が多すぎてエクセルでの分析に時間がかかりすぎる場合や、明細からデータを集計するのでは工程が複雑になってしまう場合には、残高試算表（年間推移）、消費税集計表など、ある程度集約されたデータを元データとして使いましょう。

　ただし、残高試算表や消費税集計表は、いわゆるデータベースの形ではなく集計表の形をしています。そのため、元データとして少し使いにくい面もあり、加工するには、少し工夫が必要なことに注意しましょう。

■ 弥生会計からエクスポートするときの注意点

弥生会計でデータをエクスポートするには、まず、弥生会計で、出力したい帳票を表示させましょう。たとえば、総勘定元帳をエクスポートしたいときには、メニューから「帳簿・伝票」→「総勘定元帳」で、総勘定元帳を開きましょう。この総勘定元帳の画面から、データのエクスポートを行います。エクスポートするときには、次の3通りの方法があります。

メニュー操作	動作	取り込み易さ	元データとしての使いやすさ	注意点
「ファイル」→「Excelへの書き出し」	エクセルシートに直接出力	◎	△	下記二つと出力レイアウトが違う
「ファイル」→「エクスポート」	タブ区切り形式で出力	○	◎	
同上	CSV形式で出力	△	◎	

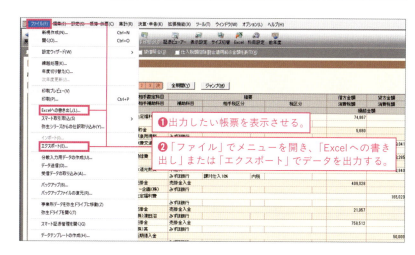

❶出力したい帳票を表示させる。
❷「ファイル」でメニューを開き、「Excelへの書き出し」または「エクスポート」でデータを出力する。

総勘定元帳を含め、多くの場合、この三つのすべての方法で出力できます。ただし、**「Excelへの書き出し」とそれ以外の方法では出力されるデータのレイアウトが違うことに注意が必要です**。

操作自体は、エクセルシートに直接出力するほうが簡単なので、データのレイアウトに問題がなければ、**エクセルに直接出力をするのがおすすめです**。

一方で、そのデータが使いにくい時には、比較的処理が簡単なタブ区切り形

式、それも無理なときはCSV形式でデータを出力するようにしましょう。

　この章で紹介する例では、**エクセルに直接出力するデータのレイアウトでは加工がしにくいため、タブ区切り形式を使ってデータを出力していきます。**

■ 三つの方法ごとのエクスポートの処理手順

1. エクセルシートに直接出力する場合の処理の流れ

　エクセルシートに直接出力をすると、新しいブックにデータが出力されます。そのまま使うか、必要に応じて、あらかじめ準備したブックにコピー・貼り付けして使ってください。

2. タブ区切り形式で出力する場合の処理の流れ

　タブ区切り形式というのは、「タブ」と呼ばれる特殊な記号で列を区切られた、文字データから構成されるファイルです。CSV形式とほとんど同じですが、列が「カンマ」ではなく「タブ」で区切られている点が違います。

　メモ帳など、多くのソフトでは、「タブ」には、一定間隔で文字を揃える効果があります。たとえば、メモ帳で「タブ」を入れると、その次の文字が8文字ごとの区切りに合わせて表示されます。さきほどの図では「c」「h」「i」の後に「タブ」が入力されているため、次の文字が「8文字ごとの区切り」（＝9文字目、17文字目、25文字目）に合わせて表示されています。

タブのあとの文字が「8文字ごとの区切り」に合わせて表示される。

　タブ区切り形式のファイルは、多くの場合、拡張子を「.txt」に設定して出力します。そのため、出力したファイルをダブルクリックすると、メモ帳が起動して、ファイルが読み込まれます。

　エクセルで、このデータを処理するためには、まずメモ帳でCSVファイルを開いて、Ctrl+Aでファイル全体を選択し、Ctrl+Cでコピーしてください。そして、エクセルを開き、貼り付けたいシートのA1セルを選択してCtrl+Vで貼り付けま

284

しょう。これで、データが自動的に展開され、各セルに貼り付けられます。

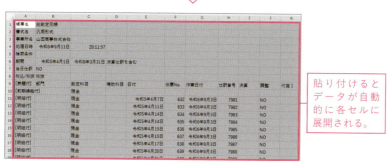

なお、「1-2-3」「00001」などのデータが含まれていると、貼り付けたときにデータが変化してしまいます。このような値が含まれている場合には、**データを貼りつける前に**、セルの表示形式を文字列形式に変更しておきましょう。その後にタブ区切りデータを貼りつけると、データを文字列形式で貼り付けることができます。

3. CSV形式で出力する場合の処理の流れ

弥生会計からCSV形式で出力をする場合、タブ区切り形式の場合と同様、ファイルの拡張子は「.txt」になっています。そのため、出力したファイルをダブルクリックすると、メモ帳が起動します。エクセルで、このデータを扱うためには、次のように操作をしていきましょう。

■ メモ帳のデータをエクセルに貼り付ける

メモ帳でCSVファイルを開いたら、Ctrl+Aで、すべての文字を選択して、Ctrl+Cでコピーしてください。エクセルを開き、貼り付けたいシートのA1セルを選択してCtrl+Vで貼り付けましょう。通常の場合、**カンマで区切られたデータがA列に入力されます**。

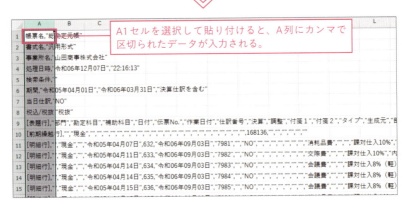

なお、貼り付けの操作をする前に、次の「区切り位置」の操作を行っていた場合には、自動的に各セルに展開された状態になります。その場合には、次の「カンマ区切りデータを各セルに展開する」操作を行う必要はないので、次のステップは飛ばしてください。

■ **カンマ区切りデータを各セルに展開する**

貼り付け直後のA列のデータが選択されている状態で、メニューから「データ」→「区切り位置」を選択しましょう。「区切り位置指定ウィザード - 1/3」ウィンドウが表示されるので、「コンマやタブなどの区切り文字によってフィールドごとに区切られたデータ」が選択されていることを確認して、「次へ」をクリックします。

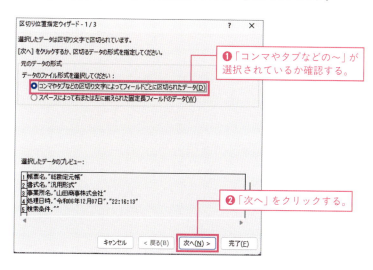

「区切り位置指定ウィザード - 2/3」ウィンドウで、区切り文字欄の「コンマ」にチェックを入れましょう。データのプレビュー画面で、縦線で区切られていることを確認して「次へ」をクリックしてください。最後に、「区切り位置指定ウィザード - 3/3」ウィンドウで、列のデータ形式を設定します。今回は、このウィンドウでは何も操作せずに「完了」をクリックして、データをエクセルに取り込みましょう。

なお、「1-2-3」「00001」などのデータが含まれていると取り込み時にデータが変化してしまいます。それを防ぐために特定の列を文字列データとして取り込みたいときには、「完了」をクリックする前に、列のデータ形式を文字列に設定してください。

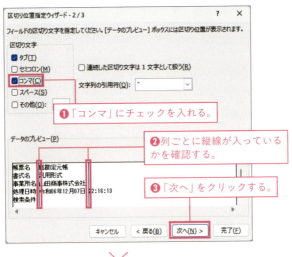

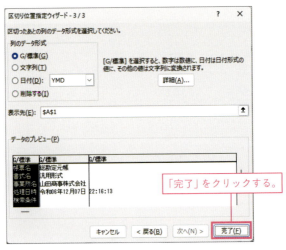

	A	B	C	D	E	F	G	H	I	J
1	帳票名	総勘定元帳								
2	書式名	汎用形式								
3	事業所名	山田商事株式会社								
4	処理日時	#######	22:16:13							
5	検索条件									
6	期間	#######	#######	決算仕訳を含む						
7	当日仕訳	NO								
8	税込/税抜	税抜								
9	[表題行]	部門	勘定科目	補助科目	日付	伝票No.	作業日付	仕訳番号	決算	調整
10	[前期繰越行]	現金								
11	[明細行]		現金		#######		632	#######	7981		NO
12	[明細行]		現金		#######		633	#######	7982		NO
13	[明細行]		現金		#######		634	#######	7983		NO
14	[明細行]		現金		#######		635	#######	7984		NO
15	[明細行]		現金		#######		636	#######	7985		NO
16	[明細行]		現金		#######		637	#######	7986		NO

4. CSVファイルの拡張子を「csv」に直してダブルクリックする

　CSVファイルの拡張子を「csv」に直したうえで、エクスプローラでダブルクリックをすると、エクセルでCSVファイルを直接読み込むことができます。

　ただし、読み込み時に、意図せず内容が変わってしまいトラブルの原因となる場合があるので注意してください。

　どのデータが変化するかは、エクセルのバージョンによって変わります。

データの種類	元データ		通常の場合	Microsoft 365で「変換しない」を選択した場合
数字の先頭が0	0001		1	（変化しない）
括弧で囲まれた数字	(1)		-1	-1
年/月	2024/1		Jan-24	Jan-24
月/日	2/3		2月3日	2月3日
ハイフン区切りの二つの数字	4-5		4月5日	4月5日
ハイフン区切りの三つの数字	6-7-8		2006/7/8	2006/7/8
桁数が多い数字	1234567890123456		1.23E+15	（変化しない）

　Excel 2021以前のバージョンを使っている場合には、上の表の「通常の場合」のようにデータが変化します。この中では、特に、数字の先頭の0が消えることがトラブルの原因になることが多いです。そのため、Excel 2021以前のバージョンを使っている場合には、CSVファイルは、エクセルで開かずメモ帳で開くことをおすすめします。

一方で、Excel 2024やMicrosoft 365のエクセルでは、取り込み時にデータ変換をするかどうかを選択するダイアログボックスが表示されます。ここで「変換しない」をクリックすると、「数字の先頭が0」「桁数が多い数字」などは、そのまま取り込めます。ただし、その場合でも、たとえば「年／月」などその他のパターンは、データが変化してしまいます。これらのバージョンを使っている場合には、CSVデータが変化しても問題ないか確認をしたうえで、CSVファイルをダブルクリックで取り込むようにしてください。

6-2 売上の内訳分析を行う

■ エクセルだと売上高の分析の操作がしやすい

　弥生会計で売上高の分析を行おうとしても、操作性が悪くて面倒です。そこで、エクセルで売上高の内訳分析をしてみましょう。エクセルを使うと、資料のレイアウト調整なども簡単にできます。今回、売上高の取引先別・月別推移を、次のようなシート構成で作成していきます。

■ 仕訳入力方法により難易度が変わる

　エクセルで分析資料を作成するときには、**分析しやすい形に仕訳入力しておくことが非常に重要**です。次のように、仕訳データの形に応じて、集計の難易度は大きく変わります。

難易度	説明
易	補助科目や部門、相手科目、相手補助科目などの**独立した項目**を元に集計できる
中	**一定の規則で入力された摘要**を元に集計できる
難	**不規則な摘要**を元に集計をするしかない

　集計時の手間を省くためには、**仕訳を入力する段階で、「独立した項目」で分析したい切り口の金額が把握できるようにしておくことが非常に重要**です。
　それが無理なときには、できるだけ（後述するように）摘要の入力をルール化しておきましょう。逆に、不規則な摘要を元に分析せざるを得ない場合には、分析

時に非常に手間がかかることを覚悟しておきましょう。今回は、あらかじめ補助科目に取引先が入力されていることを前提に、売上高の取引先別・月別推移を作成します。

勘定科目の内訳分析は総勘定元帳データを使う

　総勘定元帳を、直接、エクセルにエクスポートすると、一つの勘定科目しかエクスポートできず不便です。一方で、「タブ区切り形式」でエクスポートすれば、複数の勘定科目をまとめてエクスポートすることができます。ですから、総勘定元帳を出力するときには「タブ区切り形式」でエクスポートするようにしましょう。

COLUMN
仕訳日記帳ではなく総勘定元帳を使う理由

　仕訳日記帳は一見「1行1データ」の形をしているように見えますが、実際には、**1行に借方・貸方二つのデータが入っているため、そのままの形では集計・分析に向いていません**。一方で、総勘定元帳は、借方・貸方のそれぞれが別の行に入力されていて、1行1データの形式になっています。そのため、総勘定元帳を元データとして使うと、比較的簡単に仕訳の分析をすることができます。

「貼付」シートに弥生会計のデータを貼り付ける

総勘定元帳データをタブ区切り形式でエクスポートする

　まずは下準備からはじめます。弥生会計で、総勘定元帳のデータをタブ区切り形式でエクスポートしてみましょう。弥生会計のメニューから「帳簿・伝票」→「総勘定元帳」を選択して総勘定元帳を表示します。**期間をすべて選択した状態**で、メニューから「ファイル」→「エクスポート」を選択しましょう。

　「エクスポート」ウィンドウで、「区切り文字」は「タブ形式」を選択後、出力先ファイル名を指定しましょう。「出力する勘定科目」の「選択」欄は「売上高」を選択してください。

6-2 売上の内訳分析を行う

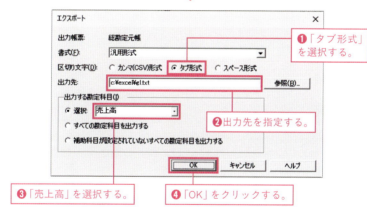

その後、「OK」をクリックすれば、売上高の総勘定元帳データをエクスポートできます。出力先ファイル名は、好きなファイル名を入力してください。今回の例では、出力先を「C:¥excel¥gl.txt」と指定しています。「エクスポートは正常に終了しました。」というメッセージが表示されたら出力完了です。

メモ帳でファイルを開いてエクセルに貼り付ける

次に、エクスポートしたファイルをダブルクリックしてメモ帳で開いてください。

開いたら、Ctrl+Aで全体を選択して、Ctrl+Cでコピーします。そして、エクセルの新規ブックを開き、A1セルを選択してCtrl+Vで貼り付けましょう。タブ区切り形式のデータをエクセルに貼り付けると、自動的に列の区切りを認識して、エクセルの各セルに値が入力されます。最後に、このシートのシート名を「貼付」に変更しておいてください。

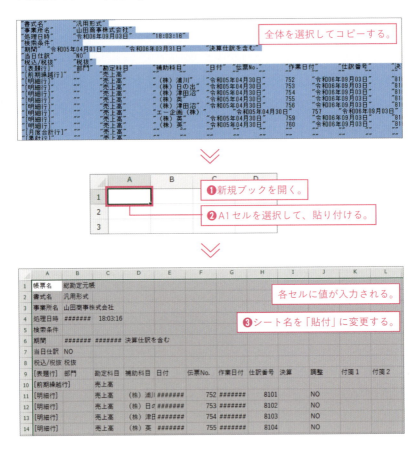

COLUMN

データを更新するときには

データを貼り付けし直すときには、まず「貼付」シートの全データを消去しましょう。「貼付」シートを選択して、シート左上の「三角」部分を右クリックしてシート全体を選択した後に、右クリックメニューから「数式と値のクリア」をクリックすると、全データが消去されます。その後、メモ帳から、新しいデータを貼り付けなおしてください。

なお、「数式と値のクリア」ではなく「削除」をしてしまうと、**次以降で入力する数式が壊れてしまいます**。必ず、「数式と値のクリア」を使ってください。

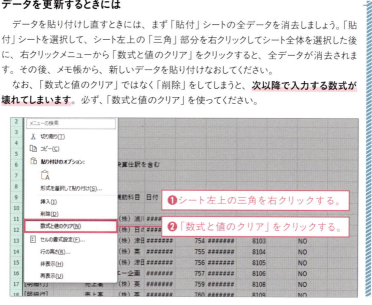

❶シート左上の三角を右クリックする。
❷「数式と値のクリア」をクリックする。

金額の集計には「明細行」だけ使う

それでは、今回エクスポートしたデータの中身を確認してみましょう。1行目〜8行目には、出力したデータについての情報が表示されています。A9セル以下には［表題行］、［前期繰越行］、［明細行］、［月度合計行］、［累計行］、［翌期繰越行］と入力されており、各行には、それに応じた内容が入力されています。

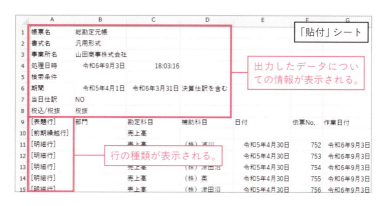

「貼付」シート
出力したデータについての情報が表示される。
行の種類が表示される。

基本的には、**金額の集計には［明細行］だけを使い、その他の行は使いません**。そのため、次のステップで、［明細行］だけが集計に含まれるように、その他の行を除外して転記していきます。

「貼付」シートの情報を転記し、集計に使う列を追加する
数値・文字列を意識して、別シートに必要なデータを転記する

次に、シートを一つ挿入、シート名を「元」に変更しましょう。「元」シートに、「貼付」シートから必要な情報を転記し、右側に必要な列を追加していきます。

まず、「元」シートの9行目に列見出しを入力します。「貼付」シートの9行目をコピーして、「元」シートの9行目に貼り付けましょう。その後、見やすくするために「［表題行］」「勘定科目」「補助科目」「日付」「税区分」「相手勘定科目」「相手補助科目」「借方金額」「貸方金額」「摘要」**以外の列を非表示**にします。A、C ～ E、P、R、S、W、Y、AB列とAH列以降だけを残し、その他の列は非表示にしましょう。削除すると次の数式が入力しにくくなるので、削除ではなく非表示を使っていることに注意してください。

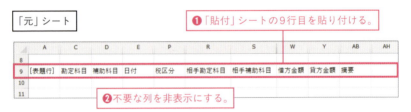

次に、「貼付」シートのデータを転記していきます。まず、A10セル・E10セルに次の数式を入力しましょう。

セル	数式
A10セル	=IF(貼付!$A10 ="[明細行]",貼付!A10&"","")
E10セル	=IF(貼付!$A10 ="[明細行]",貼付!E10,0)

A10セルの数式は文字列データ転記用、E10セルの数式は数値データ転記用の数式です。

この二つの数式をコピーして、それぞれ下記のセルに貼り付けてください。

- A10セル　→　C10、D10、P10、R10、S10、AB10セル
- E10セル　→　W10、Y10セル

6-2 売上の内訳分析を行う

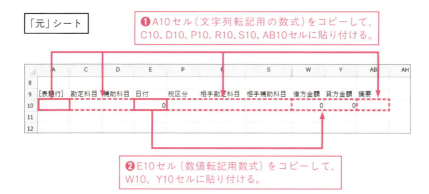

「元」シート

❶ A10セル（文字列転記用の数式）をコピーして、C10、D10、P10、R10、S10、AB10セルに貼り付ける。

❷ E10セル（数値転記用数式）をコピーして、W10、Y10セルに貼り付ける。

　今回の集計では、「貼付」シートのA列が［明細行］の行しか使いません。そこで、IF関数を使って「貼付」シートのA列が［明細行］の場合だけ値を転記しています。A列が［明細行］以外の場合には、集計の邪魔にならないように、A10セルの文字列転記用数式では空文字列、E10セルの数値転記用数式では「0」を表示させています。また、文字列転記用の数式では、転記元が空欄の場合にも空欄のまま表示されるように、セル参照（貼付!A10）の直後に「&""」を付けています。

　これらの数式をコピーして、十分下まで貼り付けておきましょう。今回は1000行目まで貼り付けます。10行目全体をコピーして、10〜1000行目を選択して貼り付けましょう。また、表示形式を見やすく整えるため、日付列（E列）の表示形式を「日付」形式に直しておきましょう。

「元」シート

❶ A10〜AB10セルの数式を1000行目までコピー・貼り付けする。

❷ E列の表示形式を「日付」形式に変更する。

必要な情報を付け足す

次に、「元」シートのAH・AI列にSUMIFS関数で集計するために必要な情報を付け足します。まず、AH9、AI9セルに「月」「貸方-借方」と入力しましょう。その後、AH10セル、AI10セルに下記の数式を入力してください。

セル	内容	数式
AH10セル	月	=TEXT(E10,"m月")
AI10セル	貸方-借方	=Y10-W10

数式が入力できたら、コピーして、さきほどと同じ行まで貼り付けましょう。10行目全体をコピーして、10～1000行目を選択して貼り付ければ、準備完了です。

AH列では、TEXT関数を使って、「m月」という形式のデータを作っています。また、AI列では、借方・貸方金額を一つにまとめて、SUMIFS関数で集計しやすい形にしています。売上勘定の場合、貸方金額は「売上のプラス」、借方金額は「売上のマイナス」ですので、「貸方-借方」列の金額を合計すると売上金額を計算することができます。これで準備は完了です。

■ 売上高の内訳分析表を作成する

SUMIFS関数で売上高を集計する

下準備が完了したところで、新しいシートを挿入してSUMIFS関数で集計をしていきます。

新規シートを挿入して、シート名を「集計」にします。そして、A3セルに「取引先」と入力し、A4セルから下に集計したい「補助科目」、B3セルから右に「取引月」を入力します。

B4セルには、次の数式を入力しましょう。

=SUMIFS(元!$AI:$AI,元!$D:$D,$A4,元!$AH:AH,B3)
　　　　　①　　　　②　　　③　　　④　　　⑤

上記の数式では、次のような金額を集計しています。

引数	意味
①	貸方-借方(「元」シートのAI列)のうち
②	補助科目(「元」シートのD列)が
③	「(株)浦川」(A4セル)かつ
④	月(「元」シートのAH列)が
⑤	「4月」(B3セル)であるものの合計

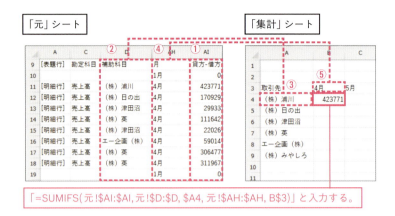

B3セル(表の上端)への参照は「B$3」、A4セル(表の左端)への参照は「$A4」と、絶対参照の付け方のルールに従っていることを確認してください(60ページ参照)。あとは、この数式をコピーして、B4〜M9セルに貼り付けましょう。これで、売上高を補助科目別・月別に集計することができました。

最後に、下記のように、追加の数式を入力し見た目を整えれば完成です。

- A10セル、N3セルに「合計」と入力
- オートSUMを使って10行目、N列に合計を計算する
- 表のタイトル(「取引先別売上高月次推移表」)をA1セルに入力
- 表の列見出し(3行目)を太字にする
- 表の見出し(3行目、A列)に背景色を付ける
- B4〜N10セルの表示形式をカンマ区切り形式に指定
- 10行目に上罫線、下二重線を引く

6-2 売上の内訳分析を行う

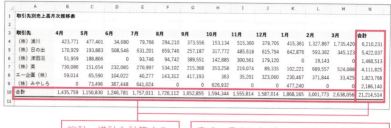

「集計」シート

縦計・横計を計算する。　　書式・見出しなど、レイアウトを整える。

COLUMN

同じシートへの参照は、数式入力後に削除しよう

数式を入力するときに、他のシートへの参照を入力すると、その後のセル参照入力時に、自動的にシート名が挿入される場合があります。たとえば、300ページの「=SUMIFS(元!$AI:$AI, 元!$D:$D, $A4, 元!$AH:AH, B3)」という数式を入力するときに、三つ目の引数「$A4」が「集計!$A4」になる場合があります。**これを放置すると不具合が出る場合があるので**、「集計!」の部分は削除してください。

ただ、シート名を引数入力時に削除するのは手間がかかります。そこで、「=SUMIFS(元!$AI:$AI, 元!$D:$D, **集計!**$A4, 元!$AH:$AH, **集計!**B$3)」のように、余分なシート名が入力された状態でも構わないので、いったん数式の入力を完了しましょう。その後、余分な「集計!」の部分を削除するようにしてください。

スピルする数式を使って必要なデータを転記する

Excel 2021以降（Microsoft 365を含む）では、新しく導入された関数・機能を使うと、「元」シート、「集計」シートを、もう少し楽に作ることができます。

そこで、最初にMicrosoft 365環境で各シートを作成する方法を紹介し、後でExcel 2021やExcel 2024で作成する方法を紹介します。

必要な行を抽出する

まずは、「元」シートを作ってみましょう。今回入力する数式では「貼付」シートと「元」シートとで見出しを同じ行に揃えるメリットがないので、「元」シートの1行目に見出しを作ります。「貼付」シートの9行目を「元」シートの1行目に貼り付けて、先ほどと同じように不要な列を非表示にしてください。

そして、A2セルとE2セルには、次のような数式を入力しましょう。

セル	数式
A2セル	=FILTER(貼付!A:A,貼付!$A:$A="[明細行]")&""
E2セル	=FILTER(貼付!E:E,貼付!$A:$A="[明細行]")

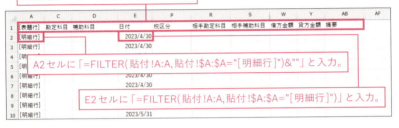

296ページと同じように、A2セルの数式は文字列データ転記用、E2セルの数式は数値データ転記用の数式です。

この二つの数式をコピーして、それぞれ下記のセルに貼り付けてください。

- A2セル → C2、D2、P2、R2、S2、AB2セル
- E2セル → W2、Y2セル

これで、必要な行が抽出できました。

最初に、E2セルの数式を見てみましょう。E2セルの数式では、「貼付」シートのE列の中から「貼付」シートのA列が[明細行]のものを抽出しています。

FILTER関数の仕様で、転記元セルが空欄の場合、計算結果は「0」と表示されてしまうことに注意してください。

次に、A2セルの数式を見てみましょう。A2セルの数式では、「貼付」シートのA列の中から「貼付」シートのA列が[明細行]の行を抽出しています。そして、転記元のセルが空欄の場合にも空欄のまま表示されるように、数式の末尾に「&""」を加えています。考え方は、297ページで解説したのとまったく同じです。

なお、これらの数式は、コピーして下まで貼り付ける必要はありません。2行目にこれらの数式を入力するだけで、必要な行数分のデータが作成されます。

必要な情報を付け足す

次に、必要な情報を付け足します。

AH1、AI1セルに「月」「貸方 - 借方」と入力しましょう。その後、AH2セル、AI2セルに下記の数式を入力してください。

セル	数式
AH2セル	=TEXT(E2#,"yyyy年mm月 ")
AI2セル	=Y2#-W2#

AH2セルに「=TEXT(E2#,"yyyy 年mm月 ")」と入力。

AI2セルに「=Y2#-W2#」と入力。

297ページで入力した数式とほとんど同じですがいくつか違う点があります。

まず、セルへの参照の部分の末尾に「#」を付けています。「#」を付けると、そのセルからスピルしたセル全体を参照する意味になります。たとえば、AH2セルに入力したTEXT関数の一つ目の引数「E2#」では、E2セルからスピルした範囲（E2 ～ E101セル）を参照できます。

次に、TEXT関数の一つ目の引数に、本来は一つのセルを指定するところで

すが、セル範囲を指定しています。そうすることで、そのセル範囲のそれぞれの値を使って計算をして、計算結果が複数セルに表示されます。

最後に、TEXT関数の二つ目の引数を「yyyy年mm月」と、年4桁＋月2桁を表示するようにしています。次のステップでPIVOTBY関数を使うときに、自動的に見出しの値で並べ替えられて表が作られるので、正しい順番で表示されるように年4桁＋月2桁を表示させています。

スピルする数式を使うメリット

このように、「元」シートの作成で、FILTER関数やスピルを使うメリットは次の四つがあります。

■ 1. 不要な行が転記されない

「元」シートを作る目的は、A列が［明細行］の行以外の行を集計の邪魔にならないように除外することでした。ただ、通常の数式では、［明細行］以外を実質的に空欄にするしか手段がありませんでした。一方で、FILTER関数を使えば、文字通り［明細行］以外を除外できるので、不要な行を転記する必要がありません。

■ 2. 数式を下まで貼り付ける操作が不要

2行目に数式を入力するだけで、必要なデータがすべて抽出されるので、数式を下まで貼り付ける必要がありません。

■ 3. 列ごとの処理が同一であることが保証される

スピルする関数を使わない場合、入力した数式を下のセルに貼り付けているので、気づかないうちに、このうちの一部（たとえば50行目）の数式が別の数式や値に修正されてしまうリスクがあります。一方で、スピルする数式を使う方法では、各列ごとに一つの数式しか入力していないので、各列の処理が同一であることが保証されます。

■ 4. 元データの行数が何行でも対応できる

スピルを使わない場合、「元」シートの数式は1,000行目まで貼り付けています。ですから、「貼付」シートのデータが1,000行を超えると「元」シートに転記できません。一方で、スピルする数式を使う方法なら「貼付」シートのデータが何行でも対応できます。

6-2 売上の内訳分析を行う

スピルする数式を使うメリットは非常に大きいので、使える環境であれば、積極的に使うようにしましょう。

売上高の内訳分析表を作成する

次に「集計」シートです。Microsoft 365のエクセルでPIVOTBY関数が使える場合には、「集計」シートのA3セルにPIVOTBY関数を使った数式を入れると、見出し・合計行も含めた集計表全体を一気に作ることができます。

セル	数式
A3セル	=PIVOTBY(元!D:D, 元!AH:AH, 元!AI:AI,SUM,1,,,,,元!AI:AI<>0)

A3セルに「=PIVOTBY(元!D:D,元!AH:AH, 元!AI:AI,SUM,1,,,,,元!AI:AI<>0)」と入力すると、A3～N10セルに集計表が表示される。

一つ目の引数の「元!D:D」で元シートD列の「補助科目」を縦方向に、二つ目の引数「元!AH:AH」で元シートAH列の「月」を横方向に並べること、三つ目の引数の「元!AI:AI」で元シートAI列の「借方-貸方」を集計すること、四つ目の引数「SUM」で「合計」を取ることを指定しています。

五つ目の引数の「1」では、元データに見出しを含め、出力データには「補助科目」「月」という列を表す見出しを表示しないことを指定しています。

最後に、10個目の引数で「元!AI:AI<>0」と指定して、元シートAI列の金額が0や空欄でない行だけを集計するように設定しています。この指定をしないと、102行目以降の空行が集計結果に含まれてしまい表示が乱れてしまうことに注意してください。

COLUMN

Excel 2021・2024でスピルする数式を使って必要なデータを転記する

Excel 2021やExcel 2024の場合、「元」シートは、Microsoft 365環境の場合と同じ方法で作れますが、「集計」シートは、PIVOTBY関数が使えないため別の方法で作成す

る必要があります。

　月別や補助科目別の合計を計算しようとすると数式が複雑になるので、ここでは、合計を取らず個別の集計だけに限定してスピルを使って集計する方法を紹介します。

列見出し・行見出しを作成し、売上高を集計する

　「元」シートを作成した後、下記の手順で「集計」シートを作っていきます。
　まず、列見出し・行見出しを、数式で作成します。A4セル、B3セル、B4セルに、それぞれ次の数式を入力しましょう。

> B3セルに「=TRANSPOSE(UNIQUE(元!AH2#))」と入力する。

> B4セルに「=SUMIFS(元!AI:AI,元!D:D,A4#,元!AH:AH,B3#)」と入力する。

	A	B	C	D	E	F	G	H	I	J	K	L	M
1													
2													
3		2023年04月	2023年05月	2023年06月	2023年07月	2023年08月	2023年09月	2023年10月	2023年11月	2023年12月	2024年01月	2024年02月	2024年03月
4	(株) 浦川	423,772	477,401	34,680	79,786	294,210	373,556	153,134	515,360	379,705	415,361	1,327,867	1,735,420
5	(株) 日の出	170,929	193,883	508,546	631,201	659,746	257,187	317,772	485,618	615,794	642,876	593,362	345,123
6	(株) 津田沼	51,959	188,806	0	93,746	94,742	389,551	142,885	300,561	179,120	0	19,143	0
7	(株) 轟	730,086	151,654	232,085	270,997	534,102	215,368	353,258	219,074	89,335	102,221	689,557	524,080
8	エ一企画 (株)	59,014	65,590	104,022	40,277	143,312	417,193	363	35,201	323,060	230,467	371,844	33,425
9	(株) みやしろ	0	73,496	367,448	641,024	0	0	626,932	0	0	477,240	0	0
10													

> A4セルに「=UNIQUE(元!D2#)」と入力する。

セル	数式
A4セル	=UNIQUE(元!D2#)
B3セル	=TRANSPOSE(UNIQUE(元!AH2#))
B4セル	=SUMIFS(元!AI:AI, 元!D:D, A4#, 元!AH:AH, B3#)

　A4セルの数式では、元シートのD2セル以下に入力された全補助科目の重複を除いた一覧を作成しています。セルへの参照を「元!D2#」のように「#」を付けているので、元シートのD2セルから（スピルして値が入力されている）D101セルまでを参照します。

　B3セルの数式では、元シートのAH2セル以下に入力されたすべての月の重複を除いた一覧を作成しTRANSPOSE関数で、その結果を横に表示させています。

　B4セルの数式では、金額を集計しています。ポイントは、三つ目の引数「A4#」と五つ目の引数「B3#」です。これらの引数は、本来は一つのセルだけを指定するところを、「#」を付けて複数のセルを指定しています。これで、SUMIFS関数をスピルさせています。

　三つ目の引数の「A4#」はA4 〜 A9セル（6行×1列）、五つ目の引数はB3 〜 M3セル（1行×12列）を指しています。この場合、3-18の「既存関数に違う形のセル範囲を指定してスピルする」とまったく同じように、指定したセル範囲を縦・横に伸ばして、各マスごとに計算をします。その結果、B4セルの数式で、B4 〜 M9セルに計算結果が表示されます。

　なお、今回の数式では、スピルをさせて必要な計算を行っているため、数式をコピー・貼り付けする必要はなく、絶対参照や複合参照を使う必要はありません。

6-3 摘要欄の内容別に売上高を分析をする

規則性のある摘要を使って売上高を分析する

補助科目など独立した項目で分析できない場合、摘要欄を使って分析をすることが多いです。ここでは、補助科目は使わず、**摘要欄に「取引先名（半角空白）（任意の文字）」というルールで摘要が入力されている**場合に、売上高の分析資料を作ってみましょう。

先ほど作成したブックの「元」シートと「集計」シートを改良して、摘要欄の情報を使って売上高の分析資料を作っていきます。

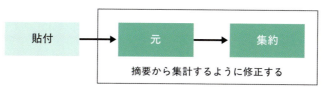

摘要から集計するように修正する

まず、前節で作成した補助科目別に売上を分析するブックを開き、「貼付」シートに今回のデータを貼り付けましょう「元」シートを見ると、「貼付」シートの情報が転記されています。

「元」シート

	A	C	D	E	W	Y	AB	AH	AI
8									
9	[表題行]	勘定科目	補助科目	日付	借方金額	貸方金額	摘要	月	貸方-借方
10				1900/1/0	0	0		1月	0
11	[明細行]	売上高		2023/4/30	0	423771	(株)浦川 2023年4月商品売上	4月	423771
12	[明細行]	売上高		2023/4/30	0	170929	(株)日の出 2023年4月商品売上	4月	170929
13	[明細行]	売上高		2023/4/30	0	29933	(株)津田沼 2023年4月商品売上	4月	29933
14	[明細行]	売上高		2023/4/30	0	111642	(株)葵 2023年4月商品売上	4月	111642
15	[明細行]	売上高		2023/4/30	0	22026	(株)津田沼 2023年4月商品売上	4月	22026
16	[明細行]	売上高		2023/4/30	0	59014	E-企画(株) 2023年4月商品売上	4月	59014
17	[明細行]	売上高		2023/4/30	0	306477	(株)葵 2023年4月商品売上	4月	306477
18	[明細行]	売上高		2023/4/30	0	311967	(株)葵 2023年4月商品売上	4月	311967

このままでは、摘要欄を使って取引先別に売上高を集計できない。

とはいえ、現状では、摘要欄に様々な情報が混在しているため、このままの形では、摘要欄を使って取引先別に売上高を集計することができません。そこで、摘要欄から取引先名だけを取り出して独立した列に表示させましょう。今回のように、摘要欄に「取引先名（半角空白）（任意の文字）」というルールで摘要が入力されている場合には、FIND関数とLEFT関数を組み合わせることで、取引先名部分だけを抽出することができます。

まず、AJ9セルに「空白の位置」、AK9セルに「取引先」と入力します。次に、AJ10、AK10セルに次のような数式を入れましょう。なお、AJ10セルの数式の「"」の間には半角空白が入っていることに注意してください。

セル	数式	意味
AJ10セル	=IFERROR(FIND(" ",AB10),999)	AB10セルの中で「半角空白」が何文字目にあるかを表示する。半角空白がない場合（＝エラーの場合）は999を表示する
AK10セル	=LEFT(AB10,AJ10-1)	AB10セルの左から「AH10セル-1」文字目（＝半角空白の直前）までを抽出する

AJ10セルの数式では、半角空白が見つからなかった場合には、すべての文字を表示させる意味で「999」を表示させています。あとは、数式をコピー・貼り付けします。10行目をコピーして、11行目〜最終行まで貼り付けましょう。

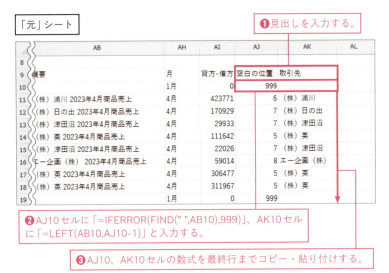

❶見出しを入力する。

❷AJ10セルに「=IFERROR(FIND(" ",AB10),999)」、AK10セルに「=LEFT(AB10,AJ10-1)」と入力する。

❸AJ10、AK10セルの数式を最終行までコピー・貼り付けする。

あとは、「集計」シートでB3セルのSUMIFS関数の数式を次のように修正しましょう。

6-3 摘要欄の内容別に売上高を分析をする

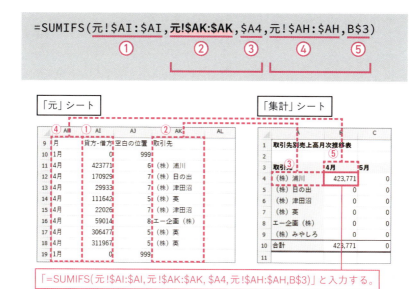

「=SUMIFS(元!$AI:$AI,元!$AK:$AK, $A4,元!$AH:AH,B3)」と入力する。

6-2で入力した数式と比べると、「元」シートで、取引先の情報がD列ではなくAK列に入っているので、二つ目の引数だけ参照先を変えていますが、他はまったく同じです。あとは、その数式を（合計欄を除く）表全体に貼り付けてください。すでに前節までで合計の計算や書式設定は完了しているので、これで集計作業は完了です。

B4セルの数式をB4～M9セルにコピー・貼り付けする。

COLUMN

摘要から指定した文字数を抽出する

摘要の一部を文字数を指定して抽出するには、本文で紹介したLEFT関数のほか、MID関数、RIGHT関数も使えます。状況により適切な関数を使いましょう。
たとえば、「=RIGHT(AB11,3)」と入力すると、AB11セルの最後から3文字を抽出できます。

規則性がない場合でもSUMIFS関数に集計させる

　もし、数式で処理できるような規則性が見つからない場合であっても、**手作業で集計表に金額を転記することだけは止めましょう**。あくまで、転記はSUMIFS関数に任せることが非常に大事です。**手作業でも構わないので、必ずSUMIFS関数の転記に必要な列を追加して**、集計はSUMIFS関数を使うようにしてください（145ページ参照）。

　たとえば、下記のように、**摘要列に規則性がない（あるいは、規則があったとしても、数式で抽出するのが難しい）場合には、AJ列に取引先名を手で入力してください**。あとは、SUMIFS関数の条件範囲（二つ目の引数や四つ目の引数など）にAJ列を指定すれば、自動的に取引先別に集計することができます。

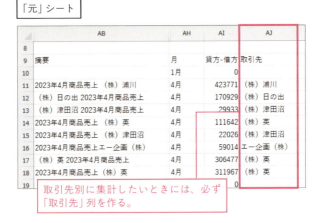

スピルする数式を使ってデータを転記する

必要な行を抽出する

　A～AI列までは6-2と同じ方法でFILTER関数を使った数式を入力します。AJ列、AK列については、Excel 2024やMicrosoft 365を使っている場合には、FIND関数、LEFT関数を組み合わせる代わりに、TEXTBEFORE関数で一気に処理が書けます。

セル	数式
AJ2セル	（入力不要）
AK2セル	=TEXTBEFORE(AB2#," ",,,"")

6-3 摘要欄の内容別に売上高を分析をする

「=TEXTBEFORE(AB2#," ",,,,"")」と入力する。

TEXTBEFORE関数では、AB2セル以下の各セルから、二つ目の引数で指定した「空白」より前の部分を抜き出して表示します。もし、「空白」文字が含まれていなかった場合には、六つ目の引数で指定した「空欄」が表示されます。

なお、一つ目の引数は、本来は一つのセルを指定して使うところです。そこに、末尾に「#」を付けたセル範囲を指定して、結果をスピルさせていることに注意してください。

売上高の内訳分析表を作成する

Microsoft 365を使っている場合には、6-2と同じようにPIVOTBY関数を使いましょう。A3セルに次の数式を入力すると集計表が作れます。

=PIVOTBY(元!AK:AK,元!AH:AH,元!AI:AI,SUM,1,,,,,元!AI:AI<>0)

見出しの書式や値部分の表示形式を設定するなどして、表示を整えると次のようになります。

A3セルに「=PIVOTBY(元!AK:AK,元!AH:AH,元!AI:AI,SUM,1,,,,,元!AI:AI<>0)」と入力すると、A3～N10セルに集計表が表示される。

COLUMN

Excel 2021・2024でスピルする数式を使って必要なデータを転記する

使っているエクセルのバージョンによっては、先ほど紹介したTEXTBEFORE関数やPIVOTBY関数が使えない場合があります。これらの関数を使わずに、スピルで処理するには、次のようにしましょう。

311

必要な行を抽出する

A～AI列までは6-2と同じ方法でFILTER関数を使った数式を入力します。AJ列、AK列には、次のように数式を入力しましょう。

セル	数式
AJ2セル	=IFERROR(FIND(" ",AB2#),999)
AK2セル	=LEFT(AB2#,AJ2#-1)

AJ2セルに「=IFERROR(FIND(" ",AB2#),999)」、AK2セルに「=LEFT(AB2#,AJ2#-1)」と入力する。

いずれも、308ページの数式とほとんど同じですが、末尾に「#」を付けているところと、数式を2行目に入れているため、参照先のセルの行がずれていることに注意してください。これで、AJ～AK列に必要な値が入力できました。

売上高の内訳分析表を作成する

6-2と同じような方法で列見出し・行見出しを表示し、金額を集計する数式を作ることができます。ここでは、合計を取らず、個別の集計だけに限定してスピルを使って集計する方法を紹介します。

A4セル、B3セル、B4セルに、それぞれ次の数式を入力しましょう。

セル	数式
A4セル	=UNIQUE(元!AK2#)
B3セル	=TRANSPOSE(UNIQUE(元!AH2#))
B4セル	=SUMIFS(元!AI:AI,元!AK:AK,A4#,元!AH:AH,B3#)

A4セルの数式や、B4セルの二つ目の引数の数式の参照先が元シートのAK2セルやAK列になっている以外6-2の数式と同じです。

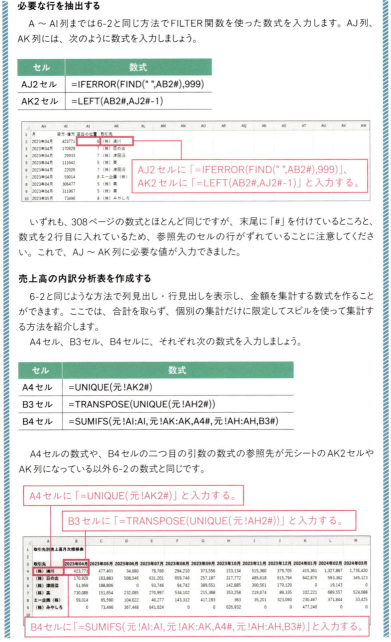

A4セルに「=UNIQUE(元!AK2#)」と入力する。

B3セルに「=TRANSPOSE(UNIQUE(元!AH2#))」と入力する。

B4セルに「=SUMIFS(元!AI:AI,元!AK:AK,A4#,元!AH:AH,B3#)」と入力する。

6-4 売上高の前期比較をする

■ データを二つのシートに貼り付けて前期比較をする

ここでは、ある勘定科目について、増減分析をするために、前年の内訳と今年の内訳を比較する方法を紹介します。今回は、6-2で作成した補助科目別に売上を分析するブックの「貼付」「元」シートをコピーして「前期貼付」「前期元」シートを作った後、「集計」シートを作り変えて、前期比較表を作成します。

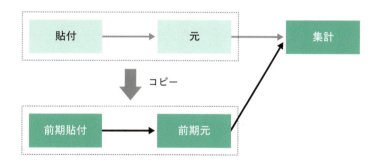

この項で作成したエクセルファイルを開いて、弥生会計の当期の総勘定元帳データを「貼付」シートに、前期の総勘定元帳データを「前期貼付」シートに貼り付けると、次のような比較表が自動で作成されます。

この節で作成する「集計」シートの完成イメージ

	A	B	C	D	E
1		前期	当期	増減額	増減割合
2	（株）浦川	4,033,004	6,210,231	2,177,227	54.0%
3	（株）日の出	5,051,031	5,422,037	371,006	7.3%
4	（株）津田沼	1,275,416	1,460,513	185,097	14.5%
5	（株）英	3,858,861	4,111,825	252,964	6.6%
6	エー企画（株）	1,606,905	1,823,768	216,863	13.5%
7	（株）みやしろ	1,948,214	2,186,140	237,926	12.2%
8	合計	17,773,431	21,214,514	3,441,083	108.1%

■ 前期のデータ用に「貼付」「元」シートをコピーする

まずは、前期のデータを貼り付ける場所を準備しましょう。「貼付」「元」の二つのシートを、**同時にコピーして**、それぞれの名前を「前期貼付」「前期元」としてください。

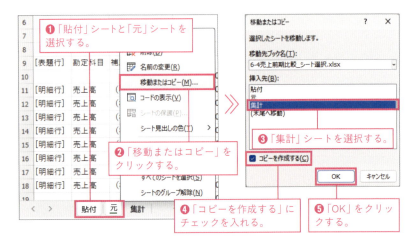

同時にコピーすることで、**「前期元」シートに入力された数式は、すべて「前期貼付」シートを参照するようになります。**ここで、「前期貼付」シートに前期のデータを貼り付けましょう。すると、そのデータは「前期元」シートに転記されます。

■ 前期・当期の補助科目別売上高を並べて表示する

あとは「集計」シートで前期比較表を作成していきます。今回は、「集計」シートを最初から作り直すので、**いったん「集計」シートの中身を全部消去してください。**

まず、A2セル以下に「補助科目」を入力します。また、B1セルに「前期」、C1セルに「当期」と入力します。そして、B2セル、C2セルには、次の数式を入力しましょう。

セル	内容
B2セル	=SUMIFS(前期元!AI:AI, 前期元!D:D, A2)
C2セル	=SUMIFS(元!AI:AI, 元!D:D, A2)

B2セル～C2セルをコピーして下に貼り付けると、取引先別に前期、当期の売上金額を集計することができます。

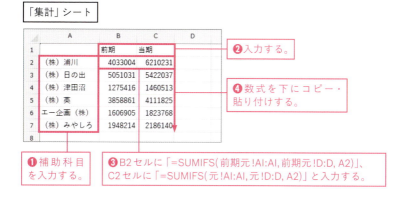

B2セルの数式では、次のような金額を集計しています。

- 貸方 - 借方（「前期元」シートのAI列）のうち
- 補助科目（「前期元」シートのD列）が
- 「（株）浦川」（A2セル）の行の合計額

今回は、マトリックス型の集計ではなく、141ページの「一つの切り口で集計をする」方法を使っています。

また、C2セルの数式は、B2セルの数式と比較すると、参照先シートが「前期元」シートから「元」シートに変わっただけで、それ以外はまったく同じです。

あとは、合計欄を加えたり体裁を整えたりすれば作業完了です。D1セルに「増

減額」、E1セルに「増減割合」、A8セルに「合計」と入力後、下記のように数式を入力してください。

- B8セルに「=SUM(B2:B7)」と入力後、コピーしてC8セルに貼り付け
- D2セルに「=C2-B2」と入力後、コピーしてD3 〜 D8セルに貼り付け
- E2セルに「=D2/B2」と入力後、コピーしてE3 〜 E8セルに貼り付け

あとは、B 〜 D列にカンマ区切り、E列にパーセント表示の書式を設定して、適宜、罫線や背景色などを付ければ完成です。

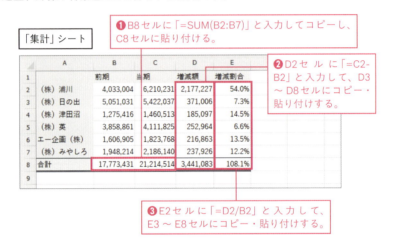

■ スピルする数式を使って必要なデータを転記する

必要な行を抽出する

前期元シート、元シートのA 〜 AI列までは6-2と同じ方法で数式を入力しておきましょう。

売上高の内訳分析表を作成する

今回の表はPIVOTBY関数で集計するのは大変なので、Microsoft 365も含むExcel 2021以降のすべてのバージョンについて、同じ方法で表を作ります。

まず、6-2や6-3で解説した、Excel 2021やExcel 2024で表を作る方法と同じようにして、列見出し・行見出しを表示し、金額を集計する数式を作ります。A2 〜 E2セルに、それぞれ次の数式を入力しましょう。

6-4 売上高の前期比較をする

セル	数式
A2セル	=UNIQUE(VSTACK(元!D2#,前期元!D2#))
B2セル	=SUMIFS(前期元!AI:AI,前期元!D:D,A2#)
C2セル	=SUMIFS(元!AI:AI,元!D:D,A2#)
D2セル	=C2#-B2#
E2セル	=D2#/B2#

A2セルに「=UNIQUE(VSTACK(元!D2#,前期元!D2#))」と入力する。

B2セルに「=SUMIFS(前期元!AI:AI,前期元!D:D,A2#)」と入力する。

C2セルに「=SUMIFS(元!AI:AI,元!D:D,A2#)」と入力する。

	A	B	C	D	E	F
1		前期	当期	増減額	増減割合	
2	（株）浦川	4,033,004	6,210,231	2,177,227	54.0%	
3	（株）日の出	5,051,031	5,422,037	371,006	7.3%	
4	（株）津田沼	1,275,416	1,460,513	185,097	14.5%	
5	（株）英	3,858,861	4,111,825	252,964	6.6%	
6	エー企画（株）	1,606,905	1,823,768	216,863	13.5%	
7	（株）みやしろ	1,948,214	2,186,140	237,926	12.2%	
8						

D2セルに「=C2#-B2#」と入力する。

E2セルに「=D2#/B2#」と入力する。

　A2セルの数式については、VSTACK関数を使って「元」シートのD2セル以下と「前期元」シートのD2セル以下を縦につないだものをUNIQUE関数の引数にしています。こうすることで、「元」シートと「前期元」シートのどちらかまたは両方に出てくる補助科目を列見出しに表示できます。その他の数式の考え方は6-2や6-3の数式とほとんど同じです。

　また、全取引先の合計行を作りたいときには、6-2で解説した方法で作ることができます。必要に応じて6-2を参照してください。

Chap
6

会計ソフトからデータをエクスポートして活用する

6-5 経費の内訳分析を行う

複数の勘定科目にまたがる分析を行う

経費の内訳分析をする場合も、流れは売上高の分析とほとんど同じです。6-2で作成したブックをベースに、4月と5月の経費の比較をする月次比較表を作成します。今回は、「元」シートと「集計」シートを修正します。

この節で作成する「集計」シートの完成イメージ

	A	B	C	D	E
1	前月比較表				
2					
3		4月	5月	前月差額	前月比
4	役員報酬	350,000	350,000	0	0.0%
5	給料手当	244,254	210,544	-33,710	-13.8%
6	法定福利費	73,831	73,831	0	0.0%
7	荷造運賃	55,501	33,080	-22,421	-40.4%
8	交際費	4,391	13,981	9,590	218.4%
9	会議費	8,646	12,418	3,772	43.6%
10	旅費交通費	39,958	12,467	-27,491	-68.8%
11	通信費	22,748	24,104	1,356	6.0%
12	消耗品費	62,523	4,764	-57,759	-92.4%
13	修繕費	0	9,333	9,333	-
14	水道光熱費	20,265	28,532	8,267	40.8%
15	支払手数料	2,813	2,613	-200	-7.1%
16	車両費	36,114	58,486	22,372	61.9%
17	地代家賃	70,000	70,000	0	0.0%
18	雑費	3,257	0	-3,257	-100.0%
19	販売管理費合計	994,301	904,153	-90,148	-9.1%

6-5 経費の内訳分析を行う

■ データをエクスポートしてエクセルに取り込む

総勘定元帳データをタブ区切り形式でエクスポートする

手順は「売上高」の分析の場合と、ほとんど同じです。弥生会計のメニューから「帳簿・伝票」→「総勘定元帳」を選択して総勘定元帳を表示します。そして、すべての期間を選択した状態で、メニューから「ファイル」→「エクスポート」を選択しましょう。「エクスポート」ウィンドが表示されたら、「区切り文字」を「タブ形式」に設定し、出力先を指定します。ここまでは、「売上高」の分析と同じですが、今回は、**「出力する勘定科目」で「全ての勘定科目を出力する」を選択**してください。

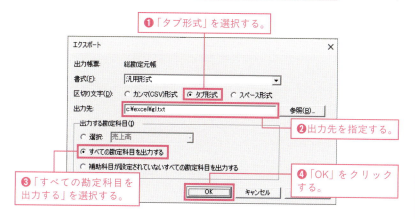

これで「OK」をクリックすると、**期中に取引がある**全勘定科目の総勘定元帳データをエクスポートすることができます。

売上高で作成したブックを流用する

エクスポートしたデータを、6-2で作成した補助科目別に売上を分析するブックの「貼付」シートに貼り付けましょう。

「貼付」シートにエクスポートしたデータを貼り付ける方法は、売上高分析の場合とまったく同じです。エクスポートしたデータをメモ帳で開き、Ctrl + A、Ctrl + C で全体コピー。「貼付」シートに Ctrl + V で貼り付けてください。

売上分析のときに「元」シートに作成した勘定科目列・月列は、今回の経費分析でも使えます。「貼付」シートにデータを貼り付ければ、「元」シートに、集計に使う情報が自動反映します。

ただし、今回は「売上高」だけでなく全科目を出力しているため、「元」シート

の数式の行数が足りなくなっているかもしれません。そこで、必要に応じて、「元」シートの数式を十分な行数分だけ下にコピーしておきましょう。今回は、5000行まで数式を貼り付けておきます。**10行目の数式をコピーして、11〜5000行まで貼り付けましょう。**

「貼付」シート

「貼付」シートにエクスポートしたデータを貼り付ける。

「元」シート

10行目の数式を5000行目までコピー・貼り付けする。

これで元データの準備は完了です。

「集計」シートを作り変えて比較表を作る

数式を入力し直して金額を集計する

あとは、「集計」シートで、経費科目の前月比較をする表を作成していきます。**売上高集計で入力した値・数式をすべて消去して**新たに値・数式を入力してい

きましょう。まず、「集計」シートのA4セル以下に集計したい勘定科目、B3セル・C3セルに集計したい月を入力します。

次に、B4セルに、次のような数式を入力しましょう。

引数	意味
①	貸方 - 借方（「元」シートのAI列）のうち
②	**勘定科目**（「元」シートの**C列**）が
③	「給料手当」（A4セル）かつ
④	月（「元」シートのAH列）が
⑤	「4月」（B3セル）であるものの合計

SUMIFS関数部分は、集計の条件が補助科目から勘定科目に変わった（＝二つ目の引数が「元!$D:$D」から「元!$C:$C」に変わった）以外は、299ページの売上高の集計と同じです。

今回の数式では、SUMIFS関数の後に「*-1」で「-1」を掛けているのがポイントです。SUMIFS関数で「貸方 - 借方」（AI列）を集計しているため、単純に合計

を取ると、**貸方**残高の場合にプラスの金額で表示されます。一方で、費用科目は**借方**残高となるため、単に合計をとっただけでは**金額がマイナスで表示されてしまう**のです。そこで、最後に「-1」を掛けて、符号を調整しています。

あとは、B4セルの数式をコピーして、B〜C列の最終行まで貼り付けると勘定科目別・月別に金額を集計できます。

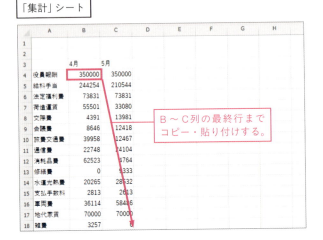

前月差額と比率を計算する

さらに、必要な項目を付け加えていきます。まずは、19行目に費用合計、D列に前月差額、E列に前月比を入れます。

セル	内容	補足
B19セル	=SUM(B4:B18)	C19セルに貼り付け
D4セル	=C4-B4	D5〜D19セルに貼り付け
E4セル	=IFERROR(D4/B4,"-")	E5〜E19セルに貼り付け

あとは、次のようにタイトル・見出しを入力して、書式を整えれば完成です。

セル	内容
A1セル	前月比較表
A3セル	勘定科目
D3セル	前月差額
E3セル	前月比
A19セル	販売管理費合計

6-5 経費の内訳分析を行う

スピルする数式を使って必要なデータを転記する

「元」シート、「集計」シートの両方とも、Microsoft 365環境も含むExcel 2021以降のすべてのバージョンについて、同じ方法で表を作ります。

必要な行を抽出する

「元」シートには、A〜AI列までは6-2、6-3と同じようにスピルする数式を使う方法で数式を入力しておきましょう。

売上高の内訳分析表を作成する

次に「集計」シートです。今回の例では、「元」シートのC列（勘定科目）に対して、単にUNIQUE関数を使っただけでは、記帳された全勘定科目の一覧は取得できますが、販売管理費に限定した全勘定科目の一覧を作ることはできません

し、並び順を指定することもできません。そこで、勘定科目名は手入力で対応しましょう。

　金額の集計や、前月差額、前月比の計算に関してはスピルを使って計算できます。ここでも、合計を取らず、個別の集計だけに限定してスピルを使って集計する方法を紹介します。B4 〜 E4セルに、それぞれ次の数式を入力しましょう。

セル	数式
B4セル	=SUMIFS(元!$AI:$AI,元!$C:$C,$A4:$A18,元!$AH:$AH,B$3)*-1
C4セル	(B4セルの数式をコピーして貼り付け)
D4セル	=C4#-B4#
E4セル	=IFERROR(D4#/B4#,"-")

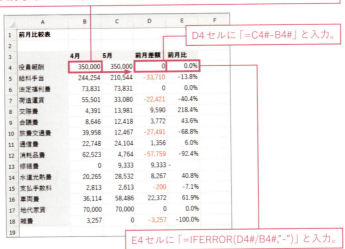

B4セルに「=SUMIFS(元!$AI:$AI,元!$C:$C,$A4:$A18,元!$AH:$AH,B$3)*-1」と入力してコピーし、C4セルに貼り付ける。

D4セルに「=C4#-B4#」と入力。

E4セルに「=IFERROR(D4#/B4#,"-")」と入力。

　A列の勘定科目を手入力したことに伴い、B4セルに入力するSUMIFS関数の三つ目の引数は「#」で表現できないので「$A4:$A18」とセル範囲を指定しています。なお、B4セルの数式では、D4セルとE4セルの数式を入力しやすくするために、あえて横方向にはスピルさせていません。その代わりに、B4セルの数式をコピーしてC4セルに貼り付けられるように、B4セルの数式は、通常通り、絶対参照や複合参照を付けています。

　その他の数式の考え方は6-4の数式とほとんど同じです。

6-6 見やすい月次推移表を作成する①
〜会計ソフトのデータを貼り付ける

月次推移表をエクセルで作る理由

経営者に月次決算の内容を報告するときに、弥生会計のレポートを使わずに、エクセルで試算表を作ると次のようなメリットがあります。

レイアウトや表示を変更できる

弥生会計から出力する帳票は細かいレイアウトが変えられません。たとえば、次のようなレイアウトは変更できません。

- 上半期残高（合計）欄を消す
- 重要科目のみ表示して、残りの科目を「その他」にまとめる
- 科目の表示順を変える

こうした変更を行うには、エクセルで加工をする必要があります。

利益予測をできる

期中で利益・納税額の予測をしたい場合には、実績データだけでなく将来の予測データと合わせて分析をすることになります。ただ、弥生会計には、そのような分析をする機能はありません。

そこで、弥生会計の「月次推移表」を貼り付けるだけで、A4用紙1枚に必要な情報をまとめたオリジナルの月次推移表を作成する方法を紹介していきます。最終的には、次のように、過去月の実績値と、将来月の予算値を合算して、年度末の売上高や利益を予測するシートを作成します。

Chap
6

会計ソフトからデータをエクスポートして活用する

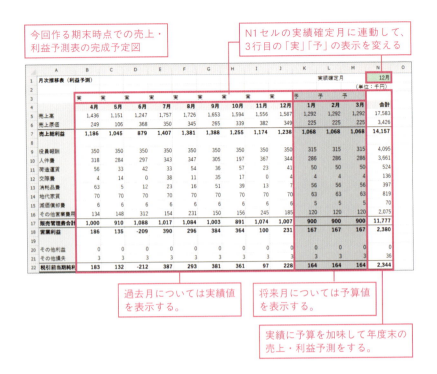

今回は、次のような流れで表を作っていきます。

- 1.「貼付」シートに弥生会計から出力した月次推移表データを貼り付ける
- 2.「元」シートに、仮の集計表を作り、集計の元データとして使いやすい形に加工する
- 3.「実績」シートに月次推移表データを転記する

月次推移表をエクスポートして「貼付」シートに貼り付ける

まずは、弥生会計から月次推移表をエクスポートして、「貼付」シートに貼り付けます。

6-6 見やすい月次推移表を作成する①〜会計ソフトのデータを貼り付ける

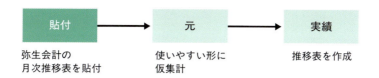

弥生会計から残高試算表をエクスポートする

　弥生会計のメニューから「集計」→「残高試算表」→「年間推移」をクリックして、月次推移表を表示します。その後、「ファイル」→「エクスポート」を選択しましょう。「エクスポート」ウィンドウが表示されるので、「書式」に「汎用形式」、「区切り文字」に「タブ形式」と入力して「OK」をクリックしてください。

　なお、出力先ファイル名の拡張子は「.txt」にしておきましょう。今回は出力先ファイル名を「tb.txt」にします。「OK」をクリックすると、貸借対照表と損益計算書のデータがタブ区切り形式で出力されます。

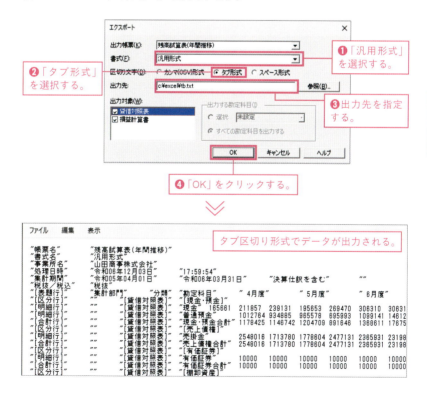

このファイルをメモ帳で開いて、Ctrl + A、Ctrl + C で全体をコピーして、新規エクセルファイルに Ctrl + V で貼り付けてください。シート名は「貼付」にしておきましょう。

	A	B	C	D	E	F	G	H	I
1	帳票名	残高試算表(年間推移)			新規エクセルファイルに貼り付けて、				
2	書式名	汎用形式			シート名を「貼付」にする。				
3	事業所名	山田商事株式会社							
4	処理日時	######	17:59:54						
5	集計期間	######	######	決算仕訳を含む					
6	税抜／税込税抜								
7	[表題行]	集計部門	分類	勘定科目	4月度	5月度	6月度	7月度	8月度
8	[区分行]		[貸借対照	[現金・預金]					
9	[明細行]		[貸借対照	現金	165661	211857	239131	195653	269470
10	[明細行]		[貸借対照	普通預金	1012764	934885	965578	695993	1099141
11	[合計行]		[貸借対照	現金・預金	1178425	1146742	1204709	891646	1368611
12	[区分行]		[貸借対照	[売上債権]					
13	[明細行]		[貸借対照	売掛金	2548016	1713780	1778604	2477131	2365931
14	[合計行]		[貸借対照	売上債権	2548016	1713780	1778604	2477131	2365931

エクスポートした月次推移表のレイアウト

さきほどエクセルに貼り付けた月次推移表を見ると、1行目〜6行目に出力した帳票についての情報が表示されていて、7行目以降がデータ本体です。7行目以降の各行の意味は、A列を見るとわかります。

A列の表記	その行の意味
[表題行]	列見出しの行です
[区分行]	売上債権・販売管理費など、複数の勘定科目を集約する区分が表示される行です
[明細行]	勘定科目ごとの残高が表示される行です
[合計行]	[区分行]に属する勘定科目の合計残高が表示される行です

基本的には、**[明細行]の行の値をすべて転記・集計すればオリジナルの月次推移表**を作れます。ただし、[明細行]だけでは集計がうまくできない場合には、[合計行]の情報も併用していきます。

6-7 見やすい月次推移表を作成する②
～必要な行・列だけを転記する

■「元」シートに現金勘定の各月残高を転記する

前節に引き続き、月次推移表を作成する下準備をしていきます。新規に「元」シートを作成して、前項で作成した「貼付」シートのデータを転記します。

VLOOKUP関数で転記する

この節で「元」シートに入れる値・数式の概略は以下のとおりです。次ページの図と合わせてご覧ください。

■ 1. C4セルより右に列見出しを入力する

C4～N4セルにEOMONTH関数で「転記する月の**月末日**」を表示させます。これは、列見出しとして使うとともに、「実績」シートに表示する「月」の転記元データとしても使います。

■ 2. A5セル以下に勘定科目などを入力する

「貼付」シートから転記する勘定科目などを手入力します。これは、下記「4.」「5.」のVLOOKUP関数の一つ目の引数に指定します。

■ 3. 1行目、2行目にVLOOKUPで使う列番号を入力する

「貼付」シートから転記する列番号（「貼付」シートのD列から数えて何列目か）を手入力します。これは、下記「4」「5」のVLOOKUP関数の三つ目の引数に指定します。

■ 4. C5～N22セルに貸借対照表科目の金額を転記する

VLOOKUP関数を使って、「貼付」シートから貸借対照表項目について、各月

の**決算整理後の**残高を転記します。

5. C24 〜 N51 セルに損益計算書科目の金額を転記する

VLOOKUP関数を2回使って、「貼付」シートから損益計算書項目について、各月の**決算整理後の**発生額を転記・集計します。

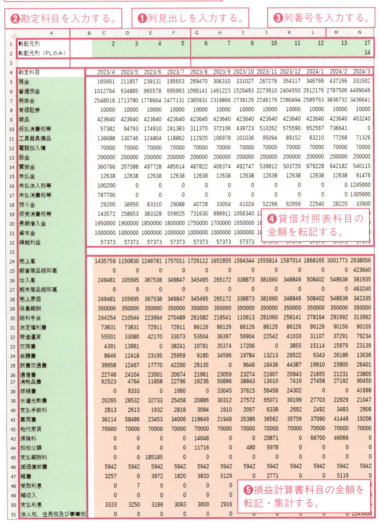

1. 列見出し（月末日付）を入力する

まず、新規シートを作成して、シート名を「元」にしましょう。その後、C4セルに「=EOMONTH(貼付!B5,0)」、D4セルに「=EOMONTH(C4,1)」と入力します。D4セルの数式をコピーして、E4～N4セルまで貼り付けてください。

さらに、ユーザー定義書式でC4セル～N4セルの表示形式を「yyyy/m」に設定しましょう。これで、「貼付」シートのデータに合わせて、会計年度の「開始月」から「終了月」までの末日の日付が自動的に表示されます。

今回の例では、C4～N4セルの日付を「シリアル値」の形で入力しているのがポイントです。こうしておくことで、353ページで利益予測表を簡単な数式で作ることができます。

C4セル、D4セルの数式の意味は、次のとおりです。

C4セルの数式は「会計年度開始月の月末日付」を計算している

先ほど入力したC4セルの数式「=EOMONTH(貼付!B5,0)」では「貼付」シートのB5セル（期首日付）の「月末日」を計算しています。

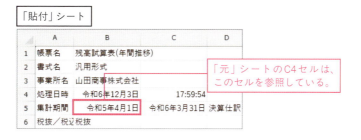

D4セルの数式は「一つ左のセルの翌月末日付」を表示

　D4セルの数式「=EOMONTH(C4,1)」では「C4セルの翌月末の日付」を計算しています。これは、相対参照ですので「C4セル」というよりも「一つ左のセル」の翌月末の日付を計算していると考えましょう。この数式をコピーして、右に貼り付けていくことで、次々と翌月末の日付を計算することができます。

勘定科目などを入力する

　「貼付」シートに含まれる全ての勘定科目を、「元」シートのA5セル以下に転記します。また、後の処理の都合上、「売上原価」の行を追加し、貸借対照表科目と損益計算書科目の間に空行を入れましょう。具体的な作業手順は、次のとおりです。

残高試算表の[明細行]の勘定科目を「元」シートA列に転記する

　「元」シートのA4セルに「勘定科目」と入力しましょう。次に、A5セル以下に勘定科目を入力します。「貼付」シートでフィルターをかけて、A列が[明細行]である行のD列（勘定科目）をすべてコピーして、「元」シートのA5セル以下に貼り付けます。さらに、手入力したことがわかるように背景色を薄緑色にしましょう。

332

COLUMN

全勘定科目の一覧は「残高0を表示」して入手する

先ほどの手順では「現時点で」月次推移表に表示されている項目だけしか転記できません。そのため、後々使用する勘定科目が増えたときには、「元」シートのA列に勘定科目を追記しないと、その勘定科目の残高は「元」シートに転記されなくなります。

全勘定科目の一覧が欲しいときには、弥生会計で、月次推移表を「残高0を表示」にチェックをしてデータをエクスポートすることをおすすめします。そのデータを「貼付」シートに貼り付けて、先ほどの手順で勘定科目を転記すれば、全勘定科目を転記することができます。いったん全勘定科目をA列に転記しておけば、新しい勘定科目を作成しない限り、「元」シートのA列に勘定科目を付け足す必要はなくなります。

「売上原価」を挿入して貸借対照表項目と損益計算書項目の間に空行を入れる

貸借対照表項目と損益計算書項目では、入力すべき数式が変わるので、わかりやすいように、その間に空行を入れておきます。

また、「期末商品棚卸高」の下に行を挿入して「売上原価」と入力しておきましょう。売上原価を挿入する理由は後で説明します（340ページ参照）。

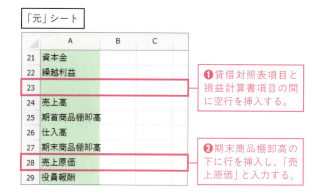

■ VLOOKUPで使う列番号を入力する

VLOOKUP関数の第3引数に指定する列番号を準備する

1行目、2行目に次のように入力しましょう。また、手入力している目印としてC1～N2セルの背景色を薄緑色にしておきましょう。

区分	入力内容
転記元列	A1セルに「転記元」、C1セルから右に「2」「3」「4」「5」「6」「7」「9」「10」「11」「12」「13」「17」
転記元列（PLのみ）	A2セルに「転記元（PLのみ）」、N2セルに「14」

「元」シート

C1〜N2セルの列番号は「貼付」シートのD列（勘定科目列）から数えた「転記したい列」を表しています。

C1セルから右の「2」「3」「4」「5」「6」「7」「9」「10」「11」「12」「13」「17」は、**貸借対照表科目の**転記すべき列を表しています（「8」が抜けていることに注意してください）。基本的には各月の金額欄を指していますが、最終月だけは決算整理仕訳を含めて転記をするため、「決算残高（合計）」欄を指しています。

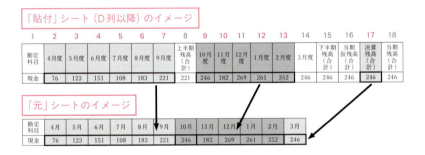

損益計算書科目の場合も、最終月以外は貸借対照表科目と同じように転記します。一方で、最終月は「決算残高（合計）」に「3月度」の金額を加算する必要があります。そこで、2行目（N2セル）に「14」と入れておきます。これが、「損益計算書項目の場合だけ、さらに14列目（3月度の金額）を足す」ことを表しています。

6-7 見やすい月次推移表を作成する②〜必要な行・列だけを転記する

COLUMN
中間決算仕訳を使う設定にした場合には列がずれる

弥生会計で、中間決算仕訳を使う設定にした場合には、エクスポートした残高推移表のレイアウトが変わります。具体的には、「9月度」の横に「中間決算残高（合計）」列などが挿入されるため、それ以降、列がずれていきます。その場合は、残高推移表のレイアウトに合わせてC1〜N2セルに入力する列番号の指定を変えてください。

■ VLOOKUP関数で必要な金額を転記・集計する

貸借対照表項目を転記する数式を入力する

C5セルに次の数式を入力してください。なお、絶対参照の付け方は、115ページの「複合参照を付ける法則」とまったく同じです。

IFERROR関数	VLOOKUP関数	意味
①	①	「現金」（「元」シートA5セル）を
	②	「貼付」シートのD列〜U列の一番左の列から探して
	③	2列目（「元」シートC1セル）の値を転記する
	④	完全一致検索（FALSE）
②		①（VLOOKUP関数）の結果がエラーのときは「0」を表示する

これで、「貼付」シートの現金勘定、4月度の金額を、「元」シートのC5セルに転記できました。

VLOOKUP関数をコピーして、各月の残高を計算する

　C5セルの数式をコピーして、貸借対照表項目が入力された行のC列～N列に貼り付けましょう。これで、各月の残高が計算できます。

6-7 見やすい月次推移表を作成する②〜必要な行・列だけを転記する

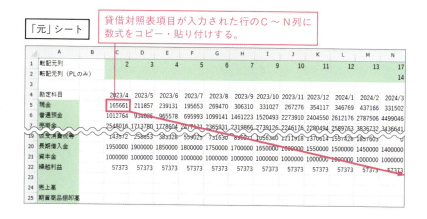

損益計算書項目の各月別残高の数式を入力する

損益計算書項目については、先ほどの数式は使えません。C24セルに、次の数式を入力してください。

```
=IFERROR(VLOOKUP($A24,貼付!$D:$U,C$1,FALSE),0)
+IFERROR(VLOOKUP($A24,貼付!$D:$U,C$2,FALSE),0)
```

この数式の1行目は前ページの数式とほとんど同じです。また、2行目は「C$1」が「C$2」に変わっている以外、1段目とまったく同じ形です。紙幅の都合で、数式は2行に分かれていますが、改行を入れても入れなくても数式の計算結果は同じです。改行を入れずに1行で入力するか、数式中で Alt + Enter で改行を入れて入力してください。

入力が終わったら、この数式をコピーして、損益計算書項目が入力された行のC列〜N列に貼り付けましょう。今回のC列〜N列のように、同じ表の「同じ列」に「違う数式」が入っていると、意図せず、数式を上書きするミスが起きやすくなります。そこで、今、数式を貼り付けた範囲の背景色を「薄オレンジ色」にして、数式が違うことを思い出しやすくしておきましょう。

「元」シート

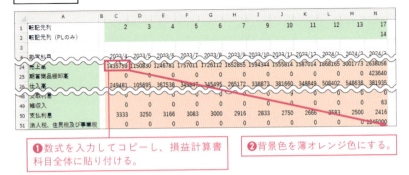

❶数式を入力してコピーし、損益計算書科目全体に貼り付ける。　❷背景色を薄オレンジ色にする。

これで、「貼付」シートから「元」シートに、勘定科目別、月別に、決算修正後の金額を転記することができました。

列番号が空欄の場合は数式の後半が「0」になる

C24セルに入力した数式の2行目のIFERROR関数では、三つ目の引数にC2セルを指定しています。

```
=IFERROR(VLOOKUP($A24,貼付!$D:$U,C$1,FALSE),0)
+IFERROR(VLOOKUP($A24,貼付!$D:$U,C$2,FALSE),0)
```

このとき、C2セルが空欄だとVLOOKUP関数がエラーになり、上記の数式の2行目部分の計算結果はIFERROR関数の効果で「0」になることに注意しましょう。つまり、C2セル（〜N2セル）が空欄の場合には、2行目は無視されて1行目の数式の結果だけが表示されることになります。

COLUMN

24行目以外に数式を入力するとき

前ページの数式を24行目以外に入力するときには、数式中の「$A24」の「24」を、入力する行に合わせて修正してください。たとえば、損益計算書項目が25行目から始まる場合には、次のように「$A24」を「$A25」に変えた数式を入力してください。

```
=IFERROR(VLOOKUP($A25,貼付!$D:$U,C$1,FALSE),0)
+IFERROR(VLOOKUP($A25,貼付!$D:$U,C$2,FALSE),0)
```

6-8 見やすい月次推移表を作成する③
～集計区分を入力する

■ SUMIFS関数で残高データを集約して表示する

前節に引き続き、月次推移表を作成していきます。この節では、前節で作成した「元」シートに情報を追記した後に、「実績」シートを追加して要約月次推移表を作成します。

この節では、次の二つの作業を行います。

- 「元」シートに、それぞれの勘定科目の集約先を表す「列」を作り、その列に集約先項目を入力する
- 「実績」シートに、SUMIFS関数を入力して金額を集計する

考え方は、145ページの「必要な列を付け足して好きな切り口で集計する」や、147ページの「売上金額を請求先ごとに集計する」とまったく同じです。

■ 「元」シートに集約先項目を入力する

「元」シートのB4セルに「集約先項目」と入力し、B5セル以下を手入力することがわかるように、背景色を薄緑色にしておきましょう。そして、B5セル以下に集約先となる項目名を入力していきましょう。

必ずしも、すべての勘定科目に対応する集約先項目を入力する必要はありません。**推移表に表示したい行だけB列に集約先項目を入力**してください。次の図では、貸借対照表項目について集約先項目を指定しています。現金と普通預

金は「現預金」に集約して表示、借入金は「長期借入金」として表示することを表しています。

今回は、貸借対照表項目については、現預金・借入金以外はレポートに表示させないので、その他の勘定科目のB列は空欄のままにしておきます。

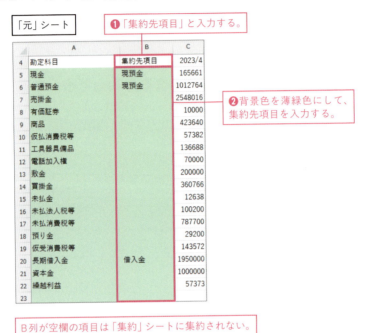

次のページの図のように、損益計算書項目も同じように入力してください。

COLUMN

「元」シートのA列に売上原価を入力した理由

今回の集約方法では、表示されている数値の合計は計算できますが、差引計算はできません。たとえば、期首商品棚卸高＋仕入高－期末商品棚卸高のように各項目を足し引きして売上原価を計算したり、収益項目と費用項目の差引金額を表示したりすることはできません。とはいえ、売上原価の金額が計算できないのは困るので、今回は、A列に「売上原価」と入力することで「貼付」シートの「売上原価」行の値を転記しています。月次推移表に売上原価を表示するときには、この「売上原価」行（今回の例では「元」シートの28行目）の値を集計するようにしてください。

6-8 見やすい月次推移表を作成する③〜集計区分を入力する

SUMIFS関数で金額を転記する

前項で「元」シートの準備ができましたので、「実績」シートに月次推移表を作成してみましょう。

この節で作成する「実績」シートの完成イメージ

341

集計項目と集計月を入力する

まず、新規シートを作成し、シート名を「実績」にします。その後、A5セルから下に、集計項目を手で入力していきましょう。ここでの表記は、必ず、前ページで入力した「元」シートのB列（集計項目列）と一致させてください。

次に、B4セルから右に、月度を入力します。「元」シートのC4〜N4セルに、表示する月の月末日を表示しているので、それを使います。B4セルに「=元!C4」と入力したら、その数式をコピーしてC4〜M4セルに貼り付けましょう。

その後、表示形式を適当に調整しましょう。今回は、ユーザー定義書式で表示形式を「m月」に変更して、月の部分だけを表示させます。

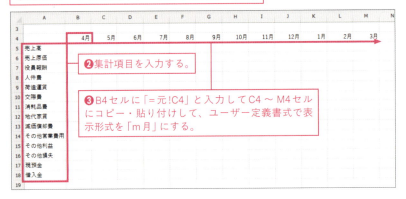

金額を転記する

B5セルに、次の数式を入力しましょう。

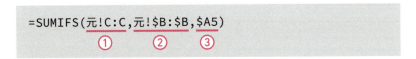

=SUMIFS(元!C:C,元!$B:$B,$A5)
　　　　　①　　　　②　　　③

このSUMIFS関数では、次の計算をしています。

引数	意味
①	「4月の金額」（「元」シートのC列）のうち
②	集約先項目（「元」シートのB列）が
③	「売上高」（A5セル）であるものの合計

6-8 見やすい月次推移表を作成する③〜集計区分を入力する

「元」シート

	A	B	C	D	E
4	勘定科目	集約先項目	2023/4	2023/5	2023/6
24	売上高	売上高	1435759	1150830	1246781
25	期首商品棚卸高		0	0	0
26	仕入高		249481	105695	367538
27	期末商品棚卸高		0	0	0
28	売上原価	売上原価	249481	105695	367538
29	役員報酬	役員報酬	350000	350000	350000
30	給料手当	人件費	244254	210544	223664
31	法定福利費	人件費	73831	73831	72911

② ①

「実績」シート

	A	B	C	D	E	F	G
1							
2							
3							
4	③		4月	5月	6月	7月	8月
5	売上高	1435759					
6	売上原価						
7	役員報酬						
8	人件費						

「=SUMIFS(元!C:C,元!$B:$B,$A5)」と入力する。

　この数式では一つ目の引数は相対参照（「元!C:C」）にする一方で、二つ目の引数を絶対参照（「元!$B:$B」）、三つ目の引数を横方向だけ絶対参照（「$A5」）にしているのがポイントです。こうすることで、B5セルに入力した数式をコピーしてC〜M列に貼り付けられるようになります。

　あとは、この数式を、B5セル〜M18セル（M列の最終行）まで貼り付けましょう。

Chap
6

会計ソフトからデータをエクスポートして活用する

343

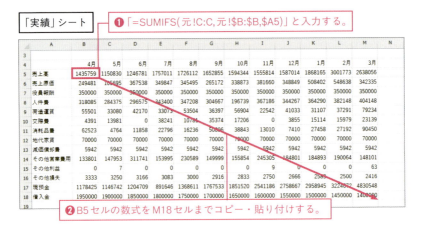

B5 ～ M18セルには、ユーザー定義書式で「#,##0,」と入力し、千円単位で表示させます。これで、月次推移表の数値が集計できました。

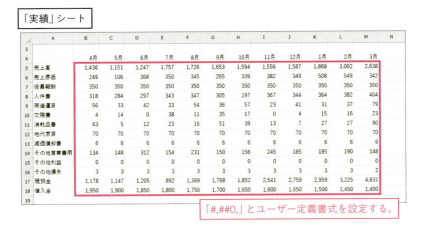

合計金額や段階利益を計算し、スタイルを調整する

あとは、細かい部分を整えていきましょう。まず、段階利益を計算していきます。「売上原価」の下に2行、「その他営業費用」の下に3行、「その他損失」の下に2行、行を挿入します。

	A	B	C	D	E	F	G	H	I	J	K	L	M
4	行を挿入する。		5月	6月	7月	8月	9月	10月	11月	12月	1月	2月	3月
5	売上高		151	1,247	1,757	1,726	1,653	1,594	1,556	1,587	1,868	3,002	2,638
6	売上原価	249	106	368	350	345	265	339	382	349	508	549	342
7													
8													
9	役員報酬	350	350	350	350	350	350	350	350	350	350	350	350
10	人件費	318	284	297	343	347	305	197	367	344	364	382	404
11	荷造運賃	56	33	42	33	54	36	57	23	41	31	37	79
12	交際費	4	14	0	38	11	35	17	0	4	15	16	23
13	消耗品費	63	5	12	23	16	51	39	13	7	27	27	90
14	地代家賃	70	70	70	70	70	70	70	70	70	70	70	70
15	減価償却費	6	6	6	6	6	6	6	6	6	6	6	6
16	その他営業費用	134	148	312	154	231	150	156	245	185	185	190	148
17													
18													
19													
20	その他利益	0	0	0	0	0	0	0	0	0	0	0	0
21	その他損失	3	3	3	3	3	3	3	3	3	3	3	2
22													
23													
24	現預金	1,178	1,147	1,205	892	1,369	1,768	1,852	2,541	2,759	2,959	3,225	4,831
25	借入金	1,950	1,900	1,850	1,800	1,750	1,700	1,650	1,600	1,550	1,500	1,450	1,400
26													

そして、以下のように入力していきましょう。

セル	区分	セル	数式
A7セル	売上総利益	B7セル	=B5-B6
A17セル	販売管理費合計	B17セル	=SUM(B9:B16)
A18セル	営業利益	B18セル	=B7-B17
A22セル	税引前当期純利益	B22セル	=B18+B20-B21
N4セル	合計	N5セル	=SUM(B5:M5)

　入力が終わったら、B7、B17、B18、B22セルの数式を、コピーしてC～M列に貼り付けてください。これで、各月ごとに段階利益を計算することができます。

　またN5セルの数式はコピーして、N6～N7、N9～N18、N20～N22セルに貼り付けましょう。これで、各集計項目ごとの年間合計を計算することができます。なお、現預金、借入金などの貸借対照表科目については、すでにB列～M列に各月ごとの残高が表示されています。ですから、N列に数式を入力してはいけません。

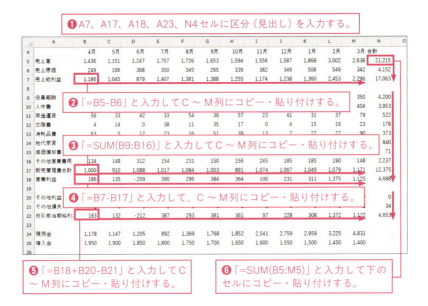

最後に、A1セルに「月次推移表」、N2セルに「(単位:千円)」と記入して、適宜書式を整えれば完成です。これで、月次推移表がA4用紙1枚に収まります。

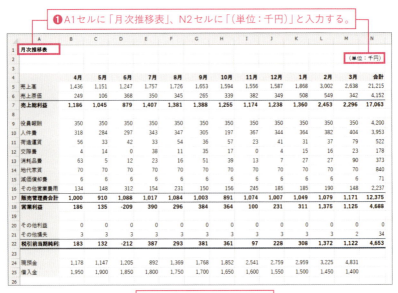

6-9 月次推移表に便利な機能を付ける

年間の業績見込みを計算する

　業績予測は、経理業務の重要な仕事の一つです。そこで、先ほど作成した残高推移表に、1年間の業績見込みを計算できる機能を追加します。

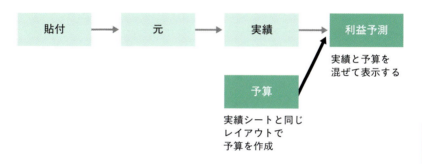

　今回は、4月〜3月が1事業年度の会社を例に、年間の売上と利益見込を作成しようと思います。具体的には、12月の月次が締まった段階で、1月〜3月の予算を加味した年間の売上と利益見込を作成します。

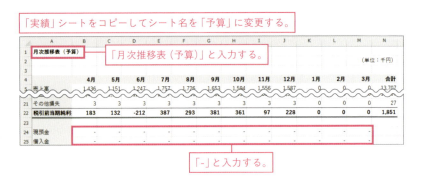

「予算」シートを「実績」シートと同じレイアウトで作成する

「実績」シートと「予算」シートを同じレイアウトにすると、「実績」と「予算」を組み合わせて表示させやすくなります。そこで、「実績」シートと同じレイアウトで「予算」シートを作成します。**「実績」シートをコピーして**、シート名を「予算」とします。また、A1セルも「月次推移表（予算）」と変更しておきましょう。

今回は、損益計算書項目だけ予算を作成するので、貸借対照表項目（24～25行目）の入力欄（B24～M25セル）には「-」を入力しておきましょう。また、見やすくなるように表示形式を右詰めに設定しておきましょう。

■ 「予算」を手入力する

次に、予算の金額を入力していきます。「予算」シートのB5 〜 M6セル、B9 〜 M16セル、B20 〜 M21セルの背景色を薄緑色にして、予算額を手入力してください。

もし、どういう値を入力したらいいか思いつかないときには、仮の金額を入力しておきましょう。B5セルに「＝実績!$B5*90%」と入力した後、コピーしてB5 〜 M6セル、B9 〜 M16セル、B20 〜 M21セルに貼り付けてください。これで、すべての月の金額が、4月の実績値の90%の値になります。

「予算」シート

背景色を薄緑色にして、予算を入力する。

	A	B	C	D	E	F	G	H	I	J	K	L	M
		4月	5月	6月	7月	8月	9月	10月	11月	12月	1月	2月	3月	合計
5	売上高	1,292	1,292	1,292	1,292	1,292	1,292	1,292	1,292	1,292	1,292	1,292	1,292	15,506
6	売上原価	225	225	225	225	225	225	225	225	225	225	225	225	2,694
7	売上総利益	1,068	1,068	1,068	1,068	1,068	1,068	1,068	1,068	1,068	1,068	1,068	1,068	12,812
9	役員報酬	315	315	315	315	315	315	315	315	315	315	315	315	3,780
10	人件費	286	286	286	286	286	286	286	286	286	286	286	286	3,435
11	荷造運賃	50	50	50	50	50	50	50	50	50	50	50	50	599
12	交際費	4	4	4	4	4	4	4	4	4	4	4	4	47
13	消耗品費	56	56	56	56	56	56	56	56	56	56	56	56	675
14	地代家賃	63	63	63	63	63	63	63	63	63	63	63	63	756
15	減価償却費	5	5	5	5	5	5	5	5	5	5	5	5	64
16	その他営業費用	120	120	120	120	120	120	120	120	120	120	120	120	1,445
17	販売管理費合計	900	900	900	900	900	900	900	900	900	900	900	900	10,803
18	営業利益	167	167	167	167	167	167	167	167	167	167	167	167	2,009
20	その他利益	0	0	0	0	0	0	0	0	0	0	0	0	0
21	その他損失	3	3	3	3	3	3	3	3	3	3	3	3	36
22	税引前当期純利	164	164	164	164	164	164	164	164	164	164	164	164	1,973

「予算」シートには、必ずしも予算値を入れる必要はありません。利益予測表を作るときに、将来月の欄に表示させたい金額を入力してください。たとえば、「予算」シートに前期実績を入力しておけば、利益予測表の将来月の欄に前期実績を表示できます。

■ 「実績」と「予算」を組み合わせて表示する

実績・予算を表示する月を識別するセルを作る

次に、「実績」と「予算」を組み合わせて表示するシートを作成します。**「実績」シートをコピーして**、シート名を「利益予測」に変更してください。また、A1セルを「月次推移表（利益予測）」に変更してください。

B3 〜 M3セルに、月ごとに「実績」を表示させるか「予算」を表示するかがわかるように値を入力します。まずは、いったん手入力をしてみましょう。B3セル〜J3セルに「実」、K3 〜 M3セルに「予」と手で入力してください。

❶「実績」シートをコピーして、シート名を「利益予測」に変更する。

	A	B	C	D	E	F	G	H	I	J	K	L	M	N
1	月次推移表（利益予測）													
2													(単位：千円)	
3		実	実	実	実	実	実	実	実	実	予	予	予	
4		4月	5月	6月	7月	8月	9月	10月	11月	12月	1月	2月	3月	合計
5	売上高	1,436	1,151	1,247	1,757	1,726	1,653	1,594	1,556	1,587	0	0	0	13,707
6	売上原価	249	106	368	350	345	265	339	382	349	0	0	0	2,753
7	売上総利益	1,186	1,045	879	1,407	1,381	1,388	1,255	1,174	1,238	0	0	0	10,954
8														
9	役員報酬	350	350	350	350	350	350	350	350	350	0	0	0	3,150
10	人件費	318	284	297	343	347	305	197	367	344	0	0	0	2,803
11	荷造運賃	56	33	42	33	54	36	57	23	41	0	0	0	374
12	交際費	4	14	0	38	11	35	17	0	4	0	0	0	124
13	消耗品費	63	5	12	23	16	51	39	13	7	0	0	0	228
14	地代家賃	70	70	70	70	70	70	70	70	70	0	0	0	630
15	減価償却費	6	6	6	6	6	6	6	6	6	0	0	0	53
16	その他営業費用	134	148	312	154	231	150	156	245	185	0	0	0	1,714
17	販売管理費合計	1,000	910	1,088	1,017	1,084	1,003	891	1,074	1,007	0	0	0	9,076
18	営業利益	186	135	-209	390	296	384	364	100	231	0	0	0	1,878
19														
20	その他利益	0	0	0	0	0	0	0	0	0	0	0	0	0
21	その他損失	3	3	3	3	3	3	3	3	3	0	0	0	27
22	税引前当期純利	183	132	-212	387	293	381	361	97	228	0	0	0	1,851
23														

❷「月次推移表（利益予測）」と入力する。

❸B3〜J3セルに「実」、K3〜M3セルに「予」と入力する。

次に、B5セルに次の数式を入力します。

=IF(B$3="実",実績!B5,予算!B5)
     ①   ②   ③

この数式は、以下のような意味の数式です。

引数	意味
①	B3セルに「実」と入力されていれば
②	「実績」シートのB5セルを表示
③	それ以外のときは、「予算」シートのB5セルを表示

B3セルへの参照は、「B$3」と縦方向だけ絶対参照を入れているので、縦にコピーしても参照先は、ずれません。

さて、この数式をコピーしてB5〜M6セル、B9〜M16セル、B20〜M21セル、B24〜M25セルに貼り付けてください。

350

6-9 月次推移表に便利な機能を付ける

「利益予測」シート　❶数式を入力する。

	A	B	C	D	E	F	G	H	I	J	K	L	M	N
3		実	実	実	実	実	実	実	実	実	予	予	予	
4		4月	5月	6月	7月	8月	9月	10月	11月	12月	1月	2月	3月	合計
5	売上高	1,436	1,151	1,247	1,757	1,726	1,653	1,594	1,556	1,587	1,292	1,292	1,292	17,583
6	売上原価	249	106	368	350	345	265	339	382	349	225	225	225	3,426
7	売上総利益	1,186	1,045	879	1,407	1,381	1,388	1,255	1,174	1,238	1,068	1,068	1,068	14,157
8														
9	役員報酬	350	350	350	350	350	350	350	350	350	315	315	315	4,095
10	人件費	318	284	297	343	347	305	197	367	344	286	286	286	3,661
11	荷造運賃	56	33	42	33	54	36	57	23	41	50	50	50	524
12	交際費	4	14	0	38	11	35	17	0					
13	消耗品費	63	5	12	23	16	51	39	13	0				
14	地代家賃	70	70	70	70	70	70	70	70					
15	減価償却費	6	6	6	6	6	6	6	6					
16	その他営業費用	134	148	312	154	231	150	156	245	185	120	120	120	2,075
17	販売管理費合計	1,000	910	1,088	1,017	1,084	1,003	891	1,074	1,007	900	900	900	11,777
18	営業利益	186	135	-209	390	296	384	364	100	231	167	167	167	2,380
19														
20	その他利益	0	0	0	0	0	0	0	0	0	0	0	0	0
21	その他損失	3	3	3	3	3	3	3	3	3	3	3	3	36
22	税引前当期純利	183	132	-212	387	293	381	361	97	228	164	164	164	2,344
23														
24	現預金	1,178	1,147	1,205	892	1,369	1,768	1,852	2,541	2,759	-	-	-	
25	借入金	1,950	1,900	1,850	1,800	1,750	1,700	1,650	1,600	1,550				

❷B5セルの数式をコピーして貼り付ける。

これで、4月～12月には実績値、1月～3月には予算値が表示されます。

実績か予算か表示を自動で切り替える

　現状では、「利益予測」シートの3行目に、実績値を入れる月を手動で設定しています。これだと、1セル1セル修正しないといけなくて少し手間がかかります。

　そこで、N1セルに「実績確定月」を入力して、それに連動して、B3～M3セルの「実」「予」が自動的に切り替わるようにしましょう。

「利益予測」シート

この節で作成する「利益予測」シートの完成イメージ

N1セルの実績確定月に連動して、3行目の「実」「予」の表示を変える。

N1セルに入力規則を設定する

　まず、L1セルに「実績確定月」と入力します。次に、N1セルに入力規則を設定していきます。N1セルを選択して、メニューから「データ」→「データの入力

規則」をクリックします。

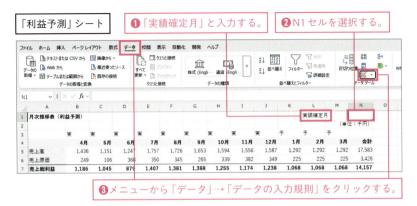

「データの入力規則」ウィンドウが出てくるので、「入力値の種類」は「リスト」を選択します。また、「元の値」は「=$B$4:$M$4」と入力します。この数式は入力欄をクリックしてB4 〜 M4セルまでを選択すると、入力できます。入力し終わったら「OK」をクリックしてください。

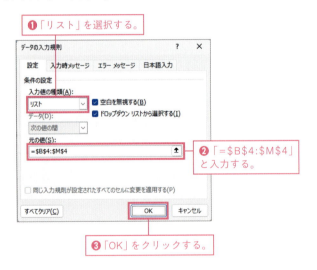

　これで、N1セルに入力候補が表示されるようになります。ただ、この状態で、「▼」をクリックすると5桁の数値（シリアル値）が表示されてしまいます。たとえば「12月」（＝今回の例では、実際のデータは「2023年12月31日」）を選択すると

「45291」と表示されます。

そこで、ユーザー定義書式で「m月」に設定しましょう(37ページ参照)。また、N1セルが入力用セルだということがわかるように、背景色を薄緑色にしておいてください。

B3 〜 M3セルの値をN1セルに連動させる

それでは、B3 〜 M3セルの値をN1セルに連動させていきます。B3セルに、次の数式を入力します。

その数式をコピーして、C3 〜 M3セルに貼り付けましょう。N1セルに12月と入力されている場合、4月〜 12月は「実」、1月〜 3月は「予」と表示されます。

B3セルの数式は、次のような計算をしています。

引数	意味
①	N1セルがB4セルより小さいときには(=「実績確定月の月末日」が「その列で表示する月の月末日」より過去のときには)
②	「予」と表示する
③	それ以外の場合は「実」と表示する

今回のポイントは、N1セルとB4〜M4セルに。それぞれの月の「月末日付のシリアル値」が入っていることです。そのため、「$N$1<B4」という条件で、どちらが過去日付か、未来日付かを判定することができます（83ページ参照）。

条件付き書式で予算を表示している月をわかりやすく表示する

今のままでは、各月の金額が実績値か予算値かがわかりにくいので、条件付き書式で予算値を表示している列を目立たせます。

まず、B3〜M25セル（M列で、数値が入力されている一番下のセル）を選択してください。このとき、**必ず、B3セルから選択を始めて、M25セルまで選択してください**。B3セルからセルを選択するとB3セルが白色、その他のセルが灰色になります。

この状態で、メニューから「ホーム」→「条件付き書式」→「新しいルール」を選択してください。

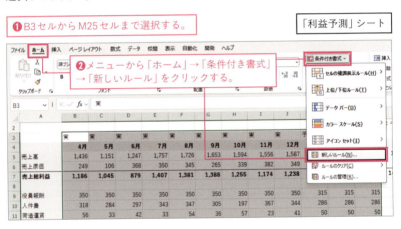

「数式を使用して、書式設定するセルを決定」を選択し、「次の数式を満たす場合に値を書式設定」欄に「=B$3="予"」と入力しましょう（数式の意味は後のColumnで説明します）。数式を入力し終わったら、「書式」ボタンをクリックします。

6-9 月次推移表に便利な機能を付ける

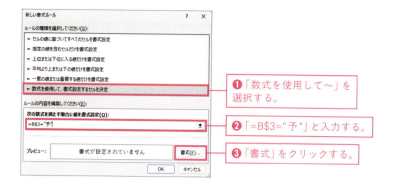

「セルの書式設定」ウィンドウが表示されたら、「塗りつぶし」を選択して、灰色を選択します（好きな色があれば、それで構いません）。色を選択した後に「OK」を**2回クリック**してください。

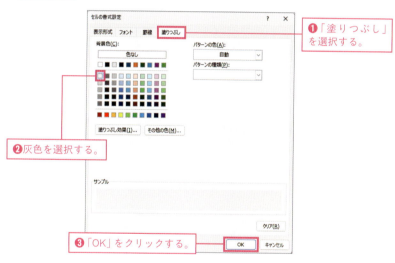

これで、条件付き書式が設定され、B3～M3セルに「予」と入力されている列だけ、背景色がグレーで表示されます。

	A	B	C	D	E	F	G	H	I	J	K	L	M	N
3		実	実	実	実	実	実	実	実	実	予	予	予	
4		4月	5月	6月	7月	8月	9月	10月	11月	12月	1月	2月	3月	合計
5	売上高	1,436	1,151	1,247	1,757	1,726	1,653	1,594	1,556	1,587	1,292	1,292	1,292	17,583
6	売上原価	249	106	368	350	345	265	339	382	349	225	225	225	3,426
7	売上総利益	1,186	1,045	879	1,407	1,381	1,388	1,255	1,174	1,238	1,068	1,068	1,068	14,157
8														
9	役員報酬	350	350	350	350	350	350	350	350	350	315	315	315	4,095
10	人件費	318	284	297	343	347	305	197	367	344	286	286	286	3,661
11	荷造運賃	56	33	42	33	54	36	57	23	41	50	50	50	524
12	交際費	4	14	0	38	11	35	17	0	4	4	4	4	136
13	消耗品費	63	5	12	23	16	51	39	13	7	56	56	56	397
14	地代家賃	70	70	70	70	70	70	70	70	70	63	63	63	819
15	減価償却費	6	6	6	6	6	6	6	6	6	5	5	5	70
16	その他営業費用	134	148	312	154	231	150	156	245	185	120	120	120	2,075
17	販売管理費合計	1,000	910	1,088	1,017	1,084	1,003	891	1,074	1,007	900	900	900	11,777
18	営業利益	186	135	-209	390	296	384	364	100	231	167	167	167	2,380
19														
20	その他利益	0	0	0	0	0	0	0	0	0	0	0	0	0
21	その他損失	3	3	3	3	3	3	3	3	3	3	3	3	36
22	税引前当期純利	183	132	-212	387	293	381	361	97	228	164	164	164	2,344
23														
24	現預金	1,178	1,147	1,205	892	1,369	1,768	1,852	2,541	2,759	-	-	-	
25	借入金	1,950	1,900	1,850	1,800	1,750	1,700	1,650	1,600	1,550				

予算値の列だけ背景色がグレーで表示される。

COLUMN

条件付き書式を「数式」で指定するときのイメージ

条件付き書式の「数式」を理解するためのポイントは、この数式がどのセルに適用されるかです。まず、この数式は、セル範囲を選択開始したB3セルに適用されます。

その他のセルについては、次の図のように「B$3="予"」という数式を、通常の相対参照・絶対参照でのルールで参照先を変えて、条件を満たしているか判定されます。

条件付き書式の「条件」

	B	C	D
3	B$3="予"	C$3="予"	D$3="予"
4	B$3="予"	C$3="予"	D$3="予"
5	B$3="予"	C$3="予"	D$3="予"

セルの内容

	B	C	D
3	実	実	予
4			
5			

条件付き書式を適用した結果

	B	C	D
3	実	実	予
4			
5			

「B$3」なので、縦方向に数式をコピーしても数式は変わらない（通常の絶対参照と考え方は同じ）。

条件を満たしたセルだけ書式が設定される。

_Chapter 7

ピボットテーブルで
データを集計する

7-1 SUMIFS関数の代わりにピボットテーブルを使う

■ ピボットテーブルとは?

　ピボットテーブルとは、指定した切り口で元データを集計する機能です。たとえば、ピボットテーブルを使うことで、様々な集計表を作ることができます。

 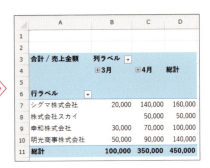

　基本的に、ピボットテーブルで作れる集計表の多くは、SUMIFS関数・COUNTIFS関数や、GROUPBY関数、PIVOTBY関数で作れる集計表と同じです。メリット・デメリットを比較して、関数を使うかピボットテーブルを使うか選びましょう。

■ ピボットテーブルを使うメリット

　SUMIFS関数と比べて、ピボットテーブルには、次のようなメリットがあります。

マウス操作だけで集計表を素早く作成できる

　ピボットテーブルを使うと、マウス操作だけで簡単に集計表を作成することができます。SUMIFS関数を使うと、引数が多かったり、$マークの付け方を考える必要があるなど、どうしても数式が複雑になりがちです。その点、ピボットテーブ

ルなら、直感的な操作で集計表を作成することができます。集計の切り口を変更するのも一瞬で、売上明細を「取引先」別に集計していたものを「月」別への集計に変更するなどが簡単にできます。

集計元の明細にさかのぼれる

ピボットテーブルで集計された金額の上でダブルクリックをすると、集計元の明細の一覧を表示することができます。異常値の原因究明やデータ検証のために集計元の明細にさかのぼりたい場合には、非常に便利です。

集計表の見出しが自動で作成される

Excel 2021より前のスピルが使えないバージョンでは、ピボットテーブルを使うと、集計表の見出しが自動で作成されるのも大きなメリットです。スピルの機能を使わずにSUMIFS関数を使うときには、集計表の見出しを事前に作っておく必要があるため、手間がかかります。特に、元データに新たな項目が追加された場合、SUMIFS関数だと、あらかじめ見出しに項目を追加しておかないと集計もれが発生します。一方で、**ピボットテーブルは、表自体が自動的に広がるので集計もれが発生しません**。なお、Excel 2021以降では、スピルの機能を使えば、関数で集計表を作る場合でも集計表の見出しを自動で作れます。そのため、この点ではピボットテーブルの優位性はありません。

■ ピボットテーブルのデメリット

逆に、ピボットテーブルには、次のようなデメリットもあります。

元データの変更を自動反映しない

ピボットテーブルは、元データが変更されても、**集計表の集計結果は、自動で変わりません**。元データの変更を反映するためには「更新」処理が必要になります。ですから、元データを貼り付けるだけで、全自動で反映させるという用途には向きません。

レイアウトの自由度が低い

SUMIFS関数に比べて、ピボットテーブルでは、作成する表のレイアウトがある程度、自動的に決められてしまいます。そのため、レポートのレイアウトが厳密

に決められている場合には、向いていません。

ピボットテーブルの結果を参照する数式が壊れやすい

ピボットテーブルは集計表の見出しがデータの内容に合わせて自動で作成されます。ですから、**データに含まれる項目が変化すると、集計表の大きさが自動的に変わる可能性があります**。ピボットテーブルの集計結果を数式で処理する場合には、集計表の大きさが変わることにともない、数式が壊れたり、不完全になる場合もあり得ます。ですから、ピボットテーブルの結果を、数式で参照する処理は避けましょう。

■ ピボットテーブルが向いている業務

上記のメリット・デメリットを踏まえると、ピボットテーブルは次のような業務に向いています。

非定型の分析・集計業務

基本的には、一回限りの分析業務や、集計の切り口が頻繁に変わる場合など、**非定型の分析・集計業務には、ピボットテーブルが向いています**。マウス操作だけで、集計方法を変えられるので、集計の手間がかかりません。

PCの画面で集計表を見る業務

画面上でレポートを見る場合、ピボットテーブルを使うと、レポートを使う人自身で表示項目・集計の切り口を変えたり、ダブルクリックするだけで明細にさかのぼれるので、とても便利です。

7-2 ピボットテーブルの基本操作

■ ピボットテーブルで売上明細を取引先別に集計する

次のような売上明細があるときに、ピボットテーブルを使って、売上金額を取引先別に集計してみます。

テーブルに変換する

ピボットテーブルを使うときには、**ピボットテーブルで集計する前に**、元データをテーブル化することをおすすめしています。テーブル化しておくことで、**元データに行の追加・削除、列の追加・削除をしたときも、「更新」（366ページ参照）をすることで、元データの変更が反映される**ので、データの範囲選択もれを防ぎやすくなります。

それでは、元データをテーブル化してみましょう。まず、「元データ」シートのA1セルを選択した状態で、メニューから「挿入」→「テーブル」を選択しましょう。次に、「テーブルの作成」ウィンドウが表示されるので「OK」をクリックします。これで、元々の表がテーブルに変化して、自動的に表に縞模様が付きます。

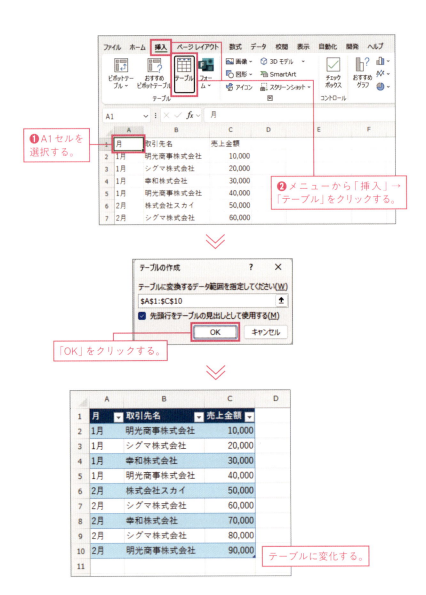

ピボットテーブルを作成する

　続けてピボットテーブルを作成します。A1セルを選択した状態で、メニューから「挿入」→「ピボットテーブル」をクリックします。「ピボットテーブルの作成」ウィンドウが表示されるので、「OK」をクリックします。

7-2 ピボットテーブルの基本操作

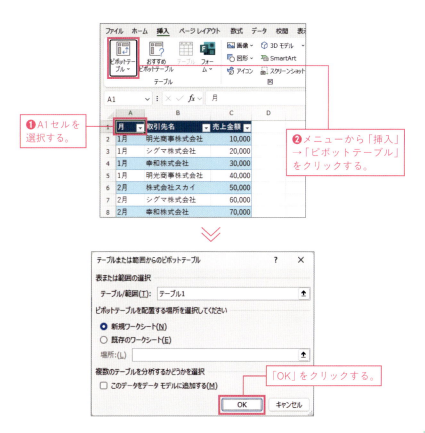

フィールドを「値」エリア・「行」エリアに移動する

　新しいシートが作成され、画面右側に「ピボットテーブルのフィールド」ウィンドウが表示されます。そこで、「売上金額」フィールドを、ドラッグアンドドロップで「値」エリアに移動させましょう。これで、売上の合計金額が表示されます。

　ここで、**売上金額合計が、正しい金額になっていることを必ず確認しましょう**。たとえば、1年間の売上金額の分析をするのであれば、売上金額合計が「損益計算書の年間売上高」と一致していることを確認してください。**元データの抜け・もれがあると**、正しい集計結果が得られませんので、気を付けてください。

　最後に、「取引先名」フィールドを、ドラッグアンドドロップで「行」エリアに移動させると、取引先別に売上金額が集計されます。

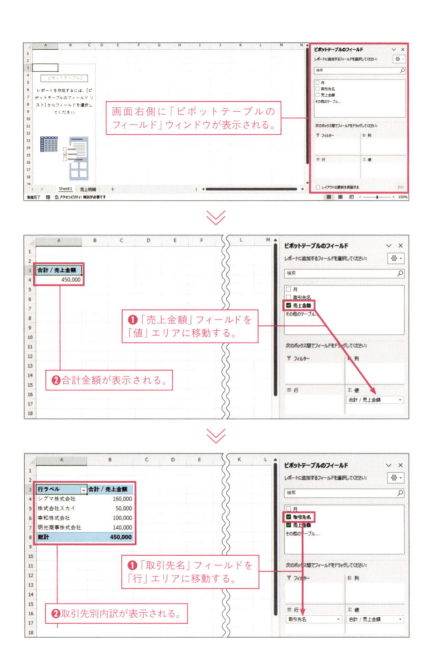

売上明細の集計方法を変更して月別に集計する

先ほど作成した集計表の、集計方法を変更して、月別に集計してみます。「行」エリアにある「取引先名」フィールドを、ドラッグアンドドロップで元の場所に戻します。次に、「月」フィールドを「行」エリアに移動させましょう。これで、月別に売上金額が集計されます。

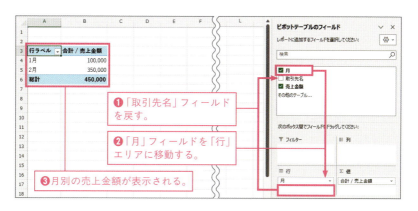

❶「取引先名」フィールドを戻す。
❷「月」フィールドを「行」エリアに移動する。
❸月別の売上金額が表示される。

COLUMN

ピボットテーブルのフィールドエリアが表示されないとき

ピボットテーブル関連の操作をするときには、**いったんピボットテーブル内部をクリック**するようにしてください。そうすることで、右側に「ピボットテーブルのフィールドエリア」ウィンドウが表示されます。また、メニューに「ピボットテーブル分析」「デザイン」という項目が追加されます。

月別の金額を横方向に集計・表示する

フィールドを「列」エリアに移動させることで、集計した結果を横方向に並べることもできます。たとえば、「月」フィールドを「列」エリアに移動すると、横方向に月別に集計することができます。

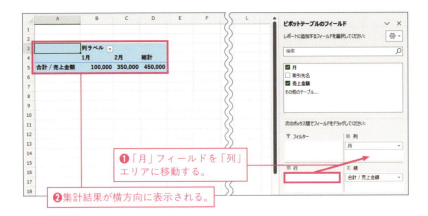

取引先別・月別に集計する

最後に、取引先別・月別に集計をしてみます。「月」フィールドが「列」エリアにある状態で、さらに、「取引先」フィールドを「行」エリアに移動させましょう。

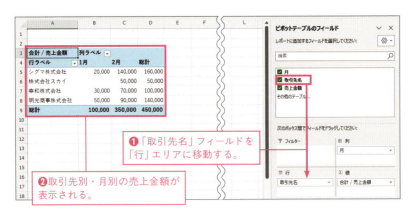

これで、売上高が、取引先別・月別に集計されました。

データの更新を集計表に反映する

ピボットテーブルでは、**元データの変更が、自動で集計表に反映されない**ことに注意が必要です。

たとえば、次の図のように、C10セルの金額を「90001」に変更してみます。

この段階では、ピボットテーブルの数値は変わっていません。

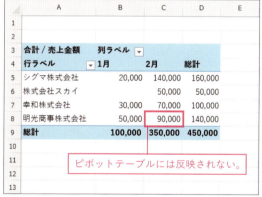

　元データの変更をピボットテーブルに反映させるには、ピボットテーブルの内部（今回の例だと、A3〜D9セルの中の好きなセル）で右クリックをして、右クリックメニューから「更新」をクリックしてください。これで、元データの変更が、ピボットテーブルに反映されます。

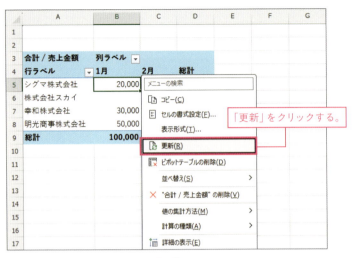

金額の内訳を表示する

　金額欄をダブルクリックをすると、内訳明細を表示することができます。たとえば、C5セルをダブルクリックすると、「シグマ株式会社」「2月」の明細だけが**別シートに表示されます**。

7-2 ピボットテーブルの基本操作

「シグマ株式会社」の「2月」の
セルをダブルクリックする。

	A	B	C	D	E
1					
2					
3	合計 / 売上金額	列ラベル			
4	行ラベル	1月	2月	総計	
5	シグマ株式会社	20,000	140,000	160,000	
6	株式会社スカイ		50,000	50,000	
7	幸和株式会社	30,000	70,000	100,000	
8	明光商事株式会社	50,000	90,001	140,001	
9	総計	100,000	350,001	450,001	

	A	B	C	D	E
1	合計 / 売上金額 の詳細 - 取引先名: シグマ株式会社、月: 2月
2					
3	月	取引先名	売上金額		
4	2月	シグマ株式会社	60000		
5	2月	シグマ株式会社	80000		

「シグマ株式会社」の「2月」の
明細が別シートに表示される。

確認後、明細を残す必要がない場合には、シートを削除しておきましょう。

COLUMN

ピボットテーブル内部の書式を設定する

Microsoft 365 や Excel 2024 などの最近のバージョンでは、ピボットテーブル内部の表示形式は、元の列の表示形式に合わせて決められます。

一方で、前のバージョンを使っている場合には、ピボットテーブル作成時に、表示形式がカンマ区切りに設定されないこともあります。表示形式を変更したいときには、金額が表示されているセルを選択して、通常の方法で表示形式を指定してください。

7-3 ピボットテーブルに表示する項目の並び順を整える

■ 項目を並べ替えるには工夫が必要

行ラベル・列ラベルの右の「▼」マークをクリックすると、行・列に配置した項目の昇順または降順で並べ替えることができます。

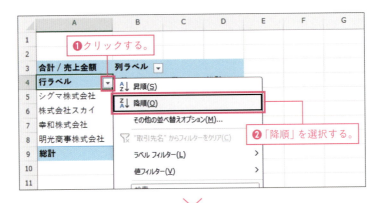

7-3 ピボットテーブルに表示する項目の並び順を整える

基本的には、ピボットテーブルでは、指定した列の**昇順または降順にしか並べ替えることができません**。ですから、先ほどの表で、取引先を好きな順番で並べ替えるには工夫が必要です。ここでは、二つの方法を紹介していきます。

方法1：取引先名の前にコードを付ける

一つは、取引先名の前に「コード」を付ける方法です。この状態でピボットテーブル集計をすると、コードの順に並べ変わります。

方法2：取引先名とは別に取引先コード列を作る

二つめの方法は、新たに取引先コード列を付け加える方法です。取引先一覧など、取引先コードと取引先名の対応表が準備されている場合には、VLOOKUP関数やXLOOKUP関数などを使って、取引先名に対応する取引先コードを表示させられます。

取引先コードを表示したら、ピボットテーブル集計をしていきます。ピボットテーブルを作るときに、「行」エリアに「取引先コード」と「取引先」フィールド、「列」エリアに「月」フィールドを配置しましょう。

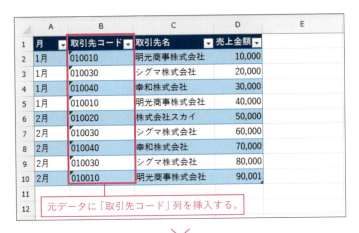

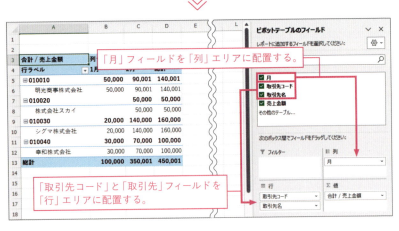

レイアウトを表形式に変更する

これだけでは、取引先コードと取引先名が別の行に表示され、見にくい表ができあがってします。そこで、ピボットテーブルの様式を調整していきます。まず、メニューから「デザイン」→「レポートのレイアウト」→「表形式で表示」をクリックしましょう。これで、取引先コードと取引先名が同じ行で表示されます。

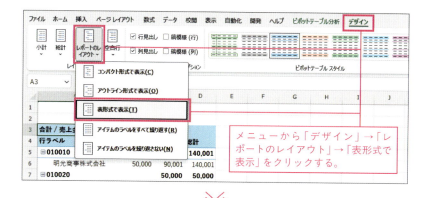

メニューから「デザイン」→「レポートのレイアウト」→「表形式で表示」をクリックする。

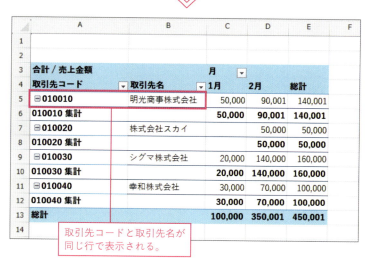

取引先コードと取引先名が同じ行で表示される。

小計を消す

小計行（「010010 集計」などと書かれた行）が邪魔なので、小計を消しましょう。「010010 集計」と書かれているセルで右クリックをしてください。そして、右クリックメニューから「"取引先コード"の小計」のチェックをはずしてください。

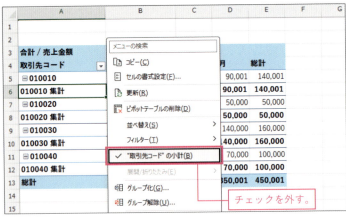

これで、見やすいレイアウトの表ができあがりました。

COLUMN

小計を再表示させてレイアウトを元に戻す

　小計を再度表示させたいときには、再度、「"取引先コード"の小計」のチェックを入れてください。「010010」など取引先コードが表示されているセルで右クリックをしてください。右クリックメニューから「"取引先コード"の小計」のチェックを入れると、小計が表示されるようになります。

　また、元のレイアウトに戻したいときには、メニューから「デザイン」→「レポートのレイアウト」→「コンパクト形式で表示」をクリックしてください。

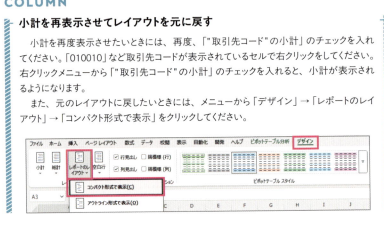

7-4 ピボットテーブルで売上高を月別・年度別に集計をする

■ 集計したい切り口を表す列を作る

たとえば、次のような売上明細を取引先別・月別に集計したい、という場合を考えます。

この場合、月別に集計をしたいのであれば、SUMIFS関数と同じように月列を作った後にピボットテーブル集計をするのが基本です。

D1セルに「月」と入力します。次に、D2セルに「=MONTH(A2)」という数式を入れましょう。テーブルに数式を入れると、通常は、表の最下行まで自動的に数式が入力されます。もし、数式が自動的に最下行まで入力されない場合には、数式を入力したセルの右下の「fx」→「この列のすべてのセルをこの数式で上書き」をクリックすると、一番下の行まで数式が転記されます。

月列を加えたあとは、前節までで紹介した手順とまったく同じです。ピボットテーブルを使って、「取引先名」フィールドを「行」エリアに、「売上金額」フィールドを「値」エリアに、「月」フィールドを「列」エリアに配置すると、取引先別・月別に売上金額を集計することができます。

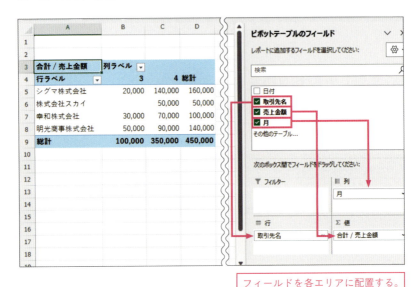

フィールドを各エリアに配置する。

　他の切り口で集計をしたいときにも、同じように考えましょう。
　たとえば、先ほどの元データを取引先別・年度別に集計をしたいのであれば「年度」列を作ります。D2セルに「=IF(MONTH([@日付])<4,YEAR([@日付])-1,YEAR([@日付]))」という数式を入れましょう。
　そのあとのピボットテーブルで集計をする流れは、さきほどとまったく同じです。年度列を加えたあと、ピボットテーブルを使って、「取引先名」フィールドを「行」エリアに、「売上金額」フィールドを「値」エリアに、「年度」フィールドを「列」エリアに配置すると、取引先別・年度別に売上金額を集計することができます。

7-4 ピボットテーブルで売上高を月別・年度別に集計をする

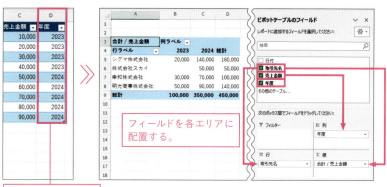

年度列を挿入する。

フィールドを各エリアに配置する。

COLUMN

構造化参照とは

数式内でテーブルのセルを参照する場合、「[@日付]」のように列名やテーブル名で、参照するセルを指定することができます。この参照形式のことを構造化参照と呼びます。数式入力中にマウスでテーブル内のセルを指定すると、自動的に構造化参照の形式でセル参照が挿入されます。

■ グループ化で日付列を月別・年別に集計する

グループ化の機能を使うと、わざわざ別の列を作らないでも、日付列から直接「月」「四半期」「年」ごとなどに集約して集計することができます。先ほどと同じデータを使って集計してみましょう。

377

Excel 2016以降のバージョンでは、「日付」が入力されているフィールドを「行」エリアまたは「列」エリアに配置すると、自動的に年や月（状況によっては四半期）でグループ化された状態になります。

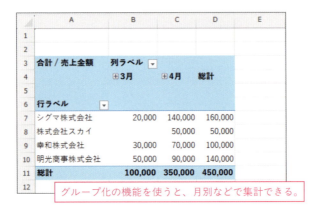

グループ化の機能を使うと、月別などで集計できる。

　手動でグループ化したい場合や、グループ化の切り口を変えたいときには、グループ化したい値が表示されているセル（たとえばB4セル）で右クリックをして、右クリックメニューから「グループ化」を選択しましょう。その後、グループ化したい項目（年など）を選択して「OK」をクリックすると、指定した項目で集約して集計することができます。
　なお、**月別に集計をしたいときには、「月」「年」の両方を選択しておきましょう。**こうすることで、同じ月でも別の年のデータは、別々の欄に集計されます。

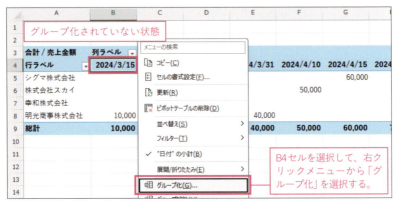

B4セルを選択して、右クリックメニューから「グループ化」を選択する。

7-4 ピボットテーブルで売上高を月別・年度別に集計をする

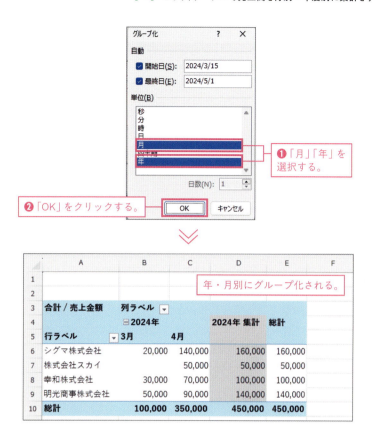

逆に、グループ化を解除したいときには、グループ化を解除したいセルで右クリックをして、右クリックメニューから「グループ解除」を選択しましょう。

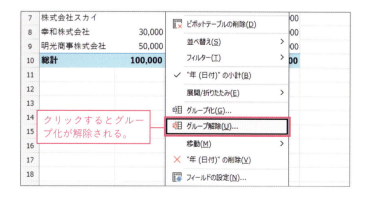

索引

■ 数字・記号

'	31
"	32,68
#	174,303
#N/A	116,119
$	57
&	33,166
=	69

■ A

AND関数	76,84
― 書式	76
― スピルへの対応	172
― 例	77
ASC関数	128

■ C

CLEAN関数	129,236
COUNTIFS関数	159,163
― 書式	160
― 例	159,162
CSV	193,285
― 注意点	194,289
― ファイルを作成する	206
Ctrl + C	21
Ctrl + S	27
Ctrl + Shift +矢印キー	26
Ctrl + V	21
Ctrl + Y	26
Ctrl + Z	26
Ctrl +矢印キー	22

■ D

DATE関数	85,87,89,90,266
― スピル	169,171
DAY関数	85

■ E

Enter	19
EOMONTH関数	89,270,329,331
― スピル	171
Esc	27

■ F

F2 キー	20
FILTER関数	52,178,303,304,310
― 書式	178
― 例	179
FIND関数	308

■ G

GROUPBY関数	184
― 書式	184

■ I

IFERROR関数	116,129,258,266,276,337
― 書式	117
― 使い方	118
― 入力する	118
IF関数	64,82,245,261,297,350,353
― 書式	66
― スピル	171
― 使う場面	65
― 例	70,73
ISNUMBER関数	222

■ J

JIS関数	128

■ L

LEFT関数	308

■ M

MAX関数	172
MID関数	309
MIN関数	172
MONTH関数	85,88,375

■ O

OR関数	76
― 書式	76
― スピルへの対応	172
― 例	77

■ P

PIVOTBY関数	187,305,311
― 書式	187
― 例	188

■ R

RIGHT関数	309
ROUNDDOWN関数	95
― 書式	95
ROUNDUP関数	95
― 書式	95
ROUND関数	95
― 書式	95
― スピル	171

S

Shift ＋矢印キー ··· 24
SORTBY 関数 ·· 176
　― 書式 ··· 176
　― 例 ·· 176
SUBSTITUTE 関数 ··································· 128
SUMIFS 関数 ····102,135,141,145,147,150,154,163,
　　　　　　　298,299,308,310,321,324,339,342
　― シート名を削除する ························· 155
　― 条件を複数指定する ························· 139
　― 書式 ··· 138
　― スピル ···································· 170,171
　― セル範囲を指定する ························· 140
　― 元データの形を変える ····················· 151
　― 例 ·· 135,136
SUM 関数 ·· 61,158
　― 書式 ··· 61
　― スピルへの対応 ······························· 172
　― 例 ··· 61,62

T

Tab ·· 19
TEXTBEFORE 関数 ·································· 310
TEXT 関数 ······························ 92,279,298
　― 書式 ··· 92
　― スピル ··· 171
　― 表示形式 ·· 93
TRANSPOSE 関数 ··································· 306
TRIM 関数 ······································ 128,273

U

UNIQUE 関数 ··································· 173,317
　― 書式 ··· 173
　― 例 ·· 174

V

VLOOKUP 関数 ·········102,108,112,119,122,127,129,
　　　　　　　　　　132,258,329,333,335
　― 動き ··· 109
　― 書式 ··· 110
　― スピル ··· 171
　― 注意点 ··· 130
　― 使う場面 ··· 111
VSTACK 関数 ·· 317

X

XLOOKUP 関数 ······································· 181
　― 書式 ··· 181
　― メリット・デメリット ····················· 182
　― 例 ·· 182

Y

YEAR 関数 ·· 85,88

あ

値貼り付け ······································ 34,232
新しいウィンドウを開く ··························· 28
按分計算 ··· 98,235

う

上書き保存する ·· 27

え

エラー値 ··· 30

か

拡張子 ·· 194
　― 表示する ··· 195
掛け算 ··· 78
貸方勘定科目 ·· 204
貸方金額 ··· 204
貸方補助科目 ·· 204
カスタムオートフィルター ················ 48, 52
借方勘定科目 ·· 204
借方金額 ··· 204
借方補助科目 ·· 204
簡易課税適用事業者 ······························· 199
勘定科目 ······················ 230,256,277,318,332
関数 ·· 16,54
　― 入れ子 ··· 55
　― 書式 ··· 54
　― 入力候補 ·· 56
　― 入力する ·· 56
　― メリット ·· 54
カンマ区切りで整数表示 ··························· 97

き

業績予測 ··· 347
行の削除 ··· 234
行の挿入 ··· 233
行 / 列の入れ替え ··································· 203
銀行の様式 ··· 262
近似値検索 ······································ 132,134

く

グループ化 ··· 377
　― 解除する ··· 379

け

警告メッセージ ······································ 208
形式を選択して貼り付け ························· 229

381

結合演算 57
結合演算子 166
月初 88
月末 88,331

こ
構造化参照 227,377
固定資産 253
コピー 21,68,232
コメント行 197
コンマやタブなどの区切り文字によって
　フィールドごとに区切られたデータ 287

さ
作業効率 16,103
算術演算子 166
参照 20,23,25,57
残高0を表示 333
残高試算表 327
残高推移表 347

し
シートのコピー 314
シートの保護 218,273,280
　— 解除する 220
識別フラグ 206,222
字句整形 128
四則演算 57
小計を消す 373
小計を再表示させる 374
条件付き書式 354,356
条件分岐 65
ショートカットキー 17
　— 覚え方 18
　— 指づかい 18
処理を中断する 27
シリアル値 80,331
仕訳帳形式 238,241,269,275
仕訳データ 14,192,238,251,268,274,291
　— 作るポイント 198
仕訳日記帳 292
仕訳の集約単位 240

す
図（貼り付け） 35
出納帳形式 241,249,255
数式と値のクリア 295
数式貼り付け 34,232
数値 30,296
　— 変換する 33

数値フィルター 48
スピル 165,169,221,306,310,312,316,323
　— 計算 166
　— 対応していない関数 172
　— 対応している関数 171
　— メリット 223,304

せ
税区分 198,205,224,256,277
絶対参照 57,58,144,300,335,343
　— 組み合わせ 60
　— 縦だけ 58
　— 横だけ 59,343
セルの切り取り・貼り付け 233
セルを移動する 19

そ
総勘定元帳 292,313,319
相対参照 57,58
損益計算書項目 337,348

た
貸借対照表科目 334
タイプ 206
足し算 78
タブ区切り形式 284,292,319

ち
置換 128
中間決算仕訳 335
調整 206

て
データ 30
　— 形式を統一する 32
　— 入力する 16
データの入力規則 227
テーブル 225,361
テキストフィルター 51
摘要 204,255,279

と
取引日付 204,222
ドロップダウンリスト 224

な
名前の定義 226
並べ替え 48

382

索引

に
入力規則 …………………………… 224,351
「入力」モード ………………………… 20

ぬ
塗りつぶし ……………………………… 355

は
端数処理 …………………………… 95,97,235
　― 関数を使う場面 ………………… 98
貼り付け …………………………… 21,68,232
貼り付け先の書式に合わせる ……… 201

ひ
比較演算子 …………………………… 68,166
引数 ……………………………………… 54
　― ヒント …………………………… 56
日付 ………………………… 39,134,214
　― 関数 ……………………………… 85
　― 計算する ………………………… 80,87
　― 比較する ………………………… 82,271
ピボットテーブル …………………… 358
　― 内訳を表示する ………………… 369
　― 項目を並べ替える ……………… 370
　― 作成する ………………………… 362
　― 集計する ………………………… 361,375
　― 変更を反映させる ……………… 367
　― 向いている業務 ………………… 360
　― メリット・デメリット ………… 358
　― レイアウト ……………………… 373
ピボットテーブルのフィールドエリア … 365
表記を統一する ……………………… 127
表示形式 ……………………………… 31,97
表の形 ………………………………… 104
表の作り方 …………………………… 23
表の端まで移動する ………………… 22
表の端まで選択する ………………… 26

ふ
フィルター ………………… 43,128,202
　― 解除する ………………………… 46
　― かける …………………………… 44
　― 複雑な条件を指定する ………… 48
　― 複数の列に条件を指定する …… 46
　― 利用を終了する ………………… 52
複合参照 …………………………… 58,114,124
複数ウィンドウを並べる …………… 29
複数セルを選択する ………………… 24
符号 ……………………………………… 62,156
振替取引 ……………………………… 249

へ
「編集」モード ………………………… 20

ほ
補助科目 …………………… 231,256,277,314

む
無効なデータが入力されたら
　エラーメッセージを表示する ……… 231

め
免税事業者 …………………………… 199

も
文字列 ……………… 30,126,215,296
　― 入力する ………………………… 31,32
　― 日付に変換 ……………………… 94
　― 変換する ………………………… 33
元に戻す ……………………………… 26

や
矢印キー ……………………………… 19,20
弥生インポート形式 ………………… 197
弥生会計 …………………………… 192,200
　― インポートする … 192,208,241,268,274
　― エクスポートする … 197,282,292,319,327
　― 項目の自動変換 ………………… 211
　― データのバックアップ ………… 236
　― データの様式 …………………… 196
やり直す ……………………………… 26

ゆ
有価証券売却取引 …………………… 253
ユーザー定義書式 ……… 37,94,342,344,353

よ
曜日 …………………………………… 40

り
リンクされた図（貼り付け） ……… 35

れ
レポートのレイアウト ……………… 373

ろ
ロック ………………………………… 219
論理式 ………………………………… 67
論理値 ………………………………… 30

383

デザイン・DTP _ 原真一朗
編集 _ 石井智洋

■著者略歴

羽毛田睦土 (はけたまこと)

公認会計士・税理士。東京大学理学部数学科を卒業後、デロイト トーマツ コンサルティング株式会社（現アビームコンサルティング株式会社）、監査法人トーマツ（現有限責任監査法人トーマツ）勤務を経て独立し、会計事務所を設立。データベーススペシャリスト・ネットワークスペシャリスト資格を保有する異色の公認会計士。ブログ「経理・会計事務所向けエクセルスピードアップ講座」やX（旧ツイッター）、セミナーで、日常業務を楽にするためのエクセルの使い方を発信している。著書に『関数は「使える順」に極めよう！ Excel 最高の学び方』『いちばんやさしい Excel ピボットテーブルの教本 人気講師が教えるデータ集計が一瞬で終わる方法』『できるExcel 2024 Copilot対応 Office 2024&Microsoft 365 版』（いずれもインプレス）。

最高効率を実現する 経理のExcel

2025年3月29日 初版 第1刷発行

著者　羽毛田睦土
発行者　片岡巌
発行所　株式会社技術評論社
　　　　東京都新宿区市谷左内町21-13
電話　　03-3513-6150（販売促進部）
　　　　03-3513-6185（書籍編集部）
印刷／製本　日経印刷株式会社

定価はカバーに表示してあります。
本書の一部または全部を著作権法の定める範囲を超え、無断で複写、複製、転載、あるいはファイルに落とすことを禁じます。

©2025 合同会社アクト・コンサルティング

造本には細心の注意を払っておりますが、万一、落丁（ページの抜け）や乱丁（ページの乱れ）がございましたら、弊社販売促進部へお送りください。送料弊社負担でお取り替えいたします。

ISBN 978-4-297-14794-5 C0034
Printed In Japan

お問い合わせについて

本書の内容に関するご質問は、下記の宛先までFAXまたは書面にてお送りいただくか、弊社Webサイトの質問フォームよりお送りください。お電話によるご質問、および本書に記載されている内容以外のご質問には、一切お答えできません。あらかじめご了承ください。

〒162-0846
東京都新宿区市谷左内町21-13
株式会社技術評論社 書籍編集部
「最高効率を実現する 経理のExcel」質問係
FAX：03-3513-6181
技術評論社Webサイト：
https://gihyo.jp/book/

なお、ご質問の際に記載いただいた個人情報は質問の返答以外の目的には使用いたしません。また、質問の返答後は速やかに削除させていただきます。